"互联网+党建"
——新时代下的基层党组织建设

何伟 程鹏 著

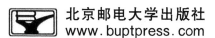
北京邮电大学出版社
www.buptpress.com

图书在版编目(CIP)数据

"互联网＋党建"：新时代下的基层党组织建设／何伟，程鹏著. -- 北京：北京邮电大学出版社，2020.10(2021.12重印)

ISBN 978-7-5635-6223-7

Ⅰ. ①互… Ⅱ. ①何… ②程… Ⅲ. ①互联网络—应用—中国共产党—基层组织—党的建设—研究 Ⅳ. ①D267-39

中国版本图书馆 CIP 数据核字(2020)第 194146 号

策划编辑：彭　楠　　责任编辑：徐振华　米文秋　　封面设计：七星博纳

出版发行：	北京邮电大学出版社
社　　址：	北京市海淀区西土城路 10 号
邮政编码：	100876
发 行 部：	电话：010-62282185　传真：010-62283578
E-mail：	publish@bupt.edu.cn
经　　销：	各地新华书店
印　　刷：	北京九州迅驰传媒文化有限公司
开　　本：	720 mm×1 000 mm　1/16
印　　张：	14.5
字　　数：	282 千字
版　　次：	2020 年 10 月第 1 版
印　　次：	2021 年 12 月第 2 次印刷

ISBN 978-7-5635-6223-7　　　　　　　　　　　　　　　　　定价：68.00 元

・如有印装质量问题，请与北京邮电大学出版社发行部联系・

前　　言

2018年,习近平总书记在全国组织工作会议上明确指出"要高度重视信息化发展对党的建设的影响,做到网络发展到哪里党的工作就覆盖到哪里,充分运用信息技术改进党员教育管理、提高群众工作水平"。互联网技术不仅是基层党组织建设的重要手段,也是基层党组织建设的重要资源。探索"互联网＋基层党组织建设"工作内容、活动方式的内在影响和机理,揭示运用互联网技术提高基层党组织建设科学化水平的内在规律,具有重要的理论意义。"互联网＋基层党组织建设"顺应基层党建工作与新技术"融合共生"的趋势,实现基层党建工作由"传统"向"现代"转变、由"相对封闭"向"有序开放"转变、由"单边灌输"向"多方互动"转变、由"管制型"向"服务型"转变,全面提升基层党组织工作的效率和水平,具有重要的实践意义。

本书主要研究以下六个方面的内容。

一是"互联网＋党建"的提出。互联网的快速发展给人类带来了新的资源、新的财富和新的社会生产力,也给国际社会带来了新的竞争方式、新的竞争手段和新的竞争内容。互联网技术给党的思想建设、组织建设、作风建设、廉政建设和制度建设带来了新的机遇和挑战。运用互联网技术加强和改进基层党组织建设,是党保持先进性的新要求,是党密切联系群众的新渠道,是党提高执政效率的新手段,是党打赢意识形态斗争的新战略。

二是"互联网＋基层党组织建设"的理论研究。"互联网＋"为改善信息不对称状况提供了新的物质技术条件,推动着组织结构的扁平化与权力的下放和分散,从而推动着信息规范度和信息分散度的提高,进而影响着治理结构。信息质量的优劣、传输速度的快慢、应用的合理与否已经成为影响政党执政能力的关键因素。"互联网＋"是促进党内和谐的新平台,是扩大党内民主的新载体,是沟通交流互动的新渠道,为反腐倡廉建设提供新动力,体现了科技力量与执政力量的结合,拓展了基层党组织工作的内涵和空间,提升了基层党组织服务的能级和管理的效能。

三是"互联网＋基层党组织建设"的实证研究。基层党组织着眼于网络阵地的占领、互联网技术的运用和工作机制的创新,在运用互联网技术"宣传政治主张""沟通交流互动""发展电子投票""加强流动党员管理""接受社会监督"等方面开展了一系列工作,降低了党务工作的运行成本,提升了党务工作的公信度,增强了国家综合竞争力,加强了党的执政能力建设,提高了基层党组织工作的智慧化水平。

四是"互联网＋基层党组织建设"的新模式研究。"互联网＋基层党组织建设"的新特点包括:及时性、交互性、虚拟性、共享性。"互联网＋基层党组织建设"的新模式包括:开放式管理模式、动态式管理模式、在线学习培训模式、网络社会动员模式、虚拟党组织模式。通过实施基层党建信息化工程,利用互联网管理基层党组织、利用局域网管理党员干部、利用手机网络管理党员、利用卫星电视网服务边远地区党员群众,实现了党的资源城乡共享、党的组织城乡共建、党的生活城乡互动,形成了统筹城乡基层党建的新格局。

五是"互联网＋基层党组织建设"的模式设计及运行机制研究。"互联网＋基层党组织建设"创新的领域主要有:工作理念、工作平台、管理方式、工作机制。"互联网＋基层党组织建设"的模式设计及运行机制的重点是:再造基层党组织工作业务流程,分析基层党组织智慧化建设的功能需求,探索基层党组织智慧化建设的运行模式,找准基层党组织智慧化建设的技术结构,有效发挥"党员学习园地、联系群众纽带、对外宣传窗口、工作交流平台、信息传播载体"的作用,实现基层党建工作的动态化、常态化、平台化管理和实时监督。

六是"互联网＋基层党组织建设"的实践路径研究。"互联网＋基层党组织建设"应正确处理"知与行、物与人、放与管、内与外、上与下、虚与实"六大关系,重点加强"领导机制、实施机制和保障机制"的创新。加强"互联网＋基层党组织建设"的思想建设、组织建设、作风建设、廉政建设和制度建设,对党员队伍实行开放式的管理,对流动党员实行动态式的管理,改进党员队伍的教育培训工作,提升基层党组织的社会动员能力,挖掘手机网络的党建功能,有效提高基层党组织服务基层、服务群众、服务发展的能力,有效提升基层党组织工作的智慧化水平。

本书在撰写过程中参考和借鉴了相关专家学者和政府网站的一些观点、数据和案例,并列出了参考文献,但可能挂一漏万,在此一并致谢。感谢合作者程鹏(我曾经的研究生,现系中共重庆市江津区委党校、重庆市江津广播电视大学教师)在书稿撰写中做的大量工作。感谢北京邮电大学领导和同事们的关怀,感谢研究生牛堃瑛的书稿校对工作。感谢家人给予的深沉关爱和无私帮助,以及对项目研究和书稿写作的充分理解和支持。

"互联网+"时代基层党组织智慧治理的复杂作用机理还有一些没有被人们认识,复杂和不确定环境下基层党组织建设还面临着诸多困境。限于作者的知识储备,本书得出的一些结论只是阶段性的,不足之处在所难免,恳请读者不吝赐教。

何 伟
2020年2月于北京邮电大学

目 录

第1章 导言 1
  1.1 研究背景及研究意义 1
    1.1.1 概念界定 1
    1.1.2 研究背景 2
    1.1.3 研究意义 5
  1.2 国内外研究现状综述 6
    1.2.1 国外研究现状 6
    1.2.2 国内研究现状 8
    1.2.3 研究现状述评 12
  1.3 主要内容和基本观点 13
    1.3.1 研究思路 13
    1.3.2 主要内容 14
    1.3.3 基本观点 18

第2章 新时期基层党组织建设变革:"互联网＋党建"的提出 20
  2.1 "互联网＋"时代人类生存方式的变革 20
    2.1.1 "互联网＋"时代的社会特征 20
    2.1.2 "互联网＋"时代人类生存环境的新变化 22
  2.2 "互联网＋"时代执政党建设创新 26
    2.2.1 "互联网＋"时代发达国家的政党建设 26
    2.2.2 "互联网＋"时代发展中国家的政党建设 30

2.2.3 "互联网＋"时代执政党建设创新的必然性 ……………… 31
2.3 "互联网＋"时代基层党组织建设环境的新变化 ……………… 37
　　2.3.1 "互联网＋"时代党员生活方式的现代性转型 ………… 37
　　2.3.2 "互联网＋"时代基层党组织建设所面临的新挑战 …… 39
2.4 "互联网＋"时代基层党组织建设的智慧化趋势 ……………… 45
　　2.4.1 "互联网＋"时代基层党建工作方式的转变 …………… 45
　　2.4.2 "互联网＋"时代基层党组织建设智慧化的重要意义 … 49
2.5 案例分析:宜昌市基层党组织"智慧党建"工作新模式 ……… 51
2.6 调查研究:"互联网＋"时代大学生党性意识调查 …………… 56

第3章 "互联网＋基层党组织建设"的理论研究 …………………… 61

3.1 "互联网＋"时代政党治理模式的新变化 ……………………… 61
　　3.1.1 互联网技术提高信息规范度和分散度 ………………… 61
　　3.1.2 "互联网＋"时代政党执政信息基础的新变化 ………… 62
3.2 "互联网＋党建"能够改善政党执政信息不对称 ……………… 66
　　3.2.1 政治生活领域中信息不对称的表象 …………………… 66
　　3.2.2 信息不对称状况影响政党执政能力 …………………… 67
　　3.2.3 "互联网＋党建"能够有效改善信息不对称 …………… 69
3.3 "互联网＋党建"能够促进党内和谐 …………………………… 70
　　3.3.1 "互联网＋党建"是党内和谐建设的助推器 …………… 70
　　3.3.2 "互联网＋党建"推动以人为本思想的实现 …………… 71
　　3.3.3 开放式"互联网＋党建"平台有效实现多方互动 ……… 72
3.4 "互联网＋党建"能够有效扩大党内民主 ……………………… 73
　　3.4.1 "互联网＋"是扩大党内民主的新机遇 ………………… 73
　　3.4.2 "互联网＋"是完善党内民主的新途径 ………………… 75
3.5 "互联网＋党建"为反腐倡廉建设提供新动力 ………………… 77
　　3.5.1 "互联网＋"时代腐败所具有的新特点 ………………… 77
　　3.5.2 "互联网＋党建"为反腐倡廉提供新机制 ……………… 78
3.6 "互联网＋党建"创新基层党组织工作机制 …………………… 80

3.6.1 基层党组织工作传统流程弊端 …………………………………… 80
   3.6.2 "互联网＋基层党组织建设"的新功能 ……………………………… 80
 3.7 案例分析：德兴市运用"互联网＋"为党建工作插上"智慧"的双翼 …… 82
 3.8 调查研究：基层党组织建设的智慧化与智能化 ……………………… 84

第4章 "互联网＋基层党组织建设"的实证研究 ……………………… 88
 4.1 国外执政党基层党组织对于互联网技术的应用领域及启示 ………… 88
   4.1.1 国外执政党基层党组织对于互联网技术的应用领域 ………… 88
   4.1.2 国外执政党基层党组织在运用互联网技术方面存在的问题 … 91
   4.1.3 国外执政党基层党组织运用互联网技术的有益启示 ………… 93
 4.2 国内"互联网＋党建"的现状及存在的问题 …………………………… 94
   4.2.1 国内"互联网＋党建"的四个阶段 ……………………………… 94
   4.2.2 国内"互联网＋党建"的基本情况 ……………………………… 96
   4.2.3 国内"互联网＋党建"存在的问题 ……………………………… 98
 4.3 基层党组织在推动"互联网＋党建"建设方面的探索与实践 ………… 101
   4.3.1 "互联网＋"时代的党员在线学习培训实践 …………………… 101
   4.3.2 "互联网＋"时代的社会动员能力实践 ………………………… 103
   4.3.3 "互联网＋"时代的反腐倡廉建设实践 ………………………… 104
 4.4 "互联网＋基层党组织建设"的效益分析 ……………………………… 108
   4.4.1 "互联网＋基层党组织建设"的基本估价 ……………………… 108
   4.4.2 "互联网＋基层党组织建设"的效益分析 ……………………… 108
 4.5 案例分析：村级党组织建立动态管理系统实现工作的快捷与高效 … 110
 4.6 调查研究：随州市加强基层服务型党组织建设的调查 ……………… 113

第5章 "互联网＋基层党组织建设"的新模式研究 ……………………… 117
 5.1 "互联网＋"时代基层党组织工作的新特点 …………………………… 117
 5.2 "互联网＋"时代智慧党建平台的特点 ………………………………… 122
 5.3 "互联网＋"时代基层党组织开放式管理模式 ………………………… 123
 5.4 "互联网＋"时代基层党组织动态式管理模式 ………………………… 125

5.5 "互联网+"时代基层党组织学习培训新模式 …………………… 127
    5.5.1 基层党组织传统学习培训模式的弊端 ………………… 127
    5.5.2 "互联网+"时代基层党组织学习培训模式的类别 …… 128
    5.5.3 "互联网+"时代基层党组织学习培训的特点及优势 … 130
5.6 "互联网+"时代基层党组织社会动员新模式 …………………… 132
    5.6.1 "互联网+"时代社会动员的特点 ……………………… 132
    5.6.2 "互联网+"时代消极社会动员的危害 ………………… 134
    5.6.3 "互联网+"时代社会动员的方法 ……………………… 137
5.7 "互联网+"时代基层党组织虚拟模式 …………………………… 139
    5.7.1 互联网技术挑战传统组织结构 …………………………… 139
    5.7.2 "互联网+"时代的虚拟组织 …………………………… 139
5.8 案例分析:宁国市以"智慧党建"模式提升基层党建工作水平 … 141
5.9 调查研究:杭州市高新技术开发区互联网企业党建工作的实践探索 … 144

第6章 "互联网+基层党组织建设"的模式设计及运行机制研究 ………… 151

6.1 "互联网+基层党组织建设"创新的领域 ………………………… 151
6.2 "互联网+基层党组织建设"的原则标准 ………………………… 152
    6.2.1 "互联网+基层党组织建设"的基本要求 ……………… 152
    6.2.2 "互联网+基层党组织建设"的设计原则 ……………… 153
    6.2.3 "互联网+基层党组织建设"的评价标准 ……………… 154
6.3 "互联网+"再造党建业务流程的环节 …………………………… 157
6.4 "互联网+基层党组织建设"的功能需求 ………………………… 160
6.5 "互联网+基层党组织建设"的运行模式 ………………………… 162
6.6 "互联网+基层党组织建设"的技术结构 ………………………… 165
6.7 案例分析:常州市钟楼区"三微"平台助推机关党建更有"温度" … 170
6.8 调查研究:夏县水头镇创建"掌心党建"为"三基"建设插上网络翅膀 … 172

第7章 "互联网+基层党组织建设"的实践路径研究 …………………… 175

7.1 "互联网+基层党组织建设"的总体思路 ………………………… 175

7.1.1 "互联网+基层党组织建设"应把握的几个问题 …………… 175
7.1.2 "互联网+基层党组织建设"的指导思想 ………………… 177
7.1.3 "互联网+基层党组织建设"的体制机制 ………………… 178
7.2 "互联网+基层党组织建设"的基础建设 ……………………… 181
7.2.1 "互联网+基层党组织建设"的思想建设 ………………… 181
7.2.2 "互联网+基层党组织建设"的组织建设 ………………… 182
7.2.3 "互联网+基层党组织建设"的作风建设 ………………… 183
7.2.4 "互联网+基层党组织建设"的制度建设 ………………… 185
7.2.5 "互联网+基层党组织建设"的廉政建设 ………………… 186
7.3 "互联网+"时代党员队伍的开放式管理 ……………………… 187
7.4 "互联网+"时代党员队伍的动态式管理 ……………………… 190
7.5 "互联网+"时代党员队伍的教育培训工作 …………………… 192
7.6 "互联网+基层党组织建设"提升基层党组织社会动员能力 … 194
7.7 利用"微信自媒体平台"深入挖掘手机网络的党建功能 ……… 195
7.8 案例分析:建设五大平台提高基层党组织建设智慧化水平 …… 196
7.9 调查研究:"互联网+"时代江苏省非公有制经济组织和社会组织
　　党员教育工作的调查 ……………………………………………… 201

第8章 研究结论 ……………………………………………………… 207

参考文献 ……………………………………………………………… 210

第1章 导　　言

1.1　研究背景及研究意义

1.1.1　概念界定

1. "互联网＋党建"

"互联网＋党建"的提出,一方面是顺应国外政党建设新趋势的积极回应,另一方面是适应互联网时代的新要求,是总结我党自身建设的生动实践和新鲜经验的必然选择。

西方学者曾相继提出"虚拟政党""电子政党""网络政党"等概念,国内也出现了"电子党务""网络党建""党务信息化""党建信息化"等类似的概念,并从不同视角进行了界定和探讨。本书认为,"互联网＋党建"就是党的各级组织顺应信息化时代潮流,综合运用互联网技术和相关技术改革创新党的自身建设和管党治党方式,以保证党的执政地位的巩固和执政使命的实现的活动过程。"互联网＋党建"包括以下四个方面的含义。

① "互联网＋党建"是党的建设与时代特征相结合的产物,体现了党的建设与时俱进,顺应信息化时代潮流的创新精神。

② "互联网＋党建"是各级党组织以科学方法推进党的建设的实践过程和预期状态,它的实现必须依赖于信息基础设施和相关互联网技术的综合运用,是一个不断提升完善的活动过程。

③ "互联网＋党建"不仅是互联网技术在党务工作的办公、业务和事务活动中的简单应用,更重要的是将这些技术导入党的建设的各个领域、各个方面。

④ "互联网＋党建"的目的和意义在于加强和改进党的自身建设,不断完善党的领导方式和执政方式,夯实党的执政基础,提高党的执政能力,最终保证党的执政地位的巩固和执政使命的实现。

2. "互联网＋"与基层党组织建设智慧化

随着互联网技术的迅猛发展,互联网正在潜移默化地改变着人们的学习、工作和生活方式,同时为党建工作的创新性开展带来了机遇和挑战。① 在网络思维的指导下,借助于互联网所提供的网络信息平台开展基层党建工作,既有利于拓展党的活动空间和活动方式,又使党面临着网上思想舆论阵地和网络舆论分析引导能力的挑战,既有利于增强决策透明度和公众参与度,又使党面临着网上虚拟社会呼声与网下现实社会问题相互交织的挑战,既有利于扩大党组织覆盖面和党员参与面,又使党面临着虚拟世界各种政治力量和虚拟组织的挑战,既有利于突发事件信息公开透明,又使党面临着应急管理能力的挑战等。这些都是对我们党执政能力的严峻考验,从而给我们党提出了新时代下党的领导和党的建设的新任务。党的建设必须主动适应互联网的发展趋势,"趋利避害,为我所用"。②

党的十九大报告作出了"要主动顺应新时代要求,坚持与时俱进,勇于改革创新,不断提高党建工作的科学化水平"的重大战略部署。2019年5月8日,中共中央办公厅印发了《关于加强和改进城市基层党的建设工作的意见》(以下简称《意见》),《意见》明确要求:要整合各级党建信息平台与政务信息平台、城市管理服务平台等,实现多网合一、互联互通,促进党建工作与社会管理服务深度融合。推广"互联网＋党建""智慧党建"等做法,利用大数据做好党建工作分析研判,利用微信、微博、移动客户端等新媒体和工具,丰富党建工作的内容和形式,巩固和扩大党的网上阵地。

"互联网＋党建"就是把互联网技术和理念运用于基层党建工作中,借助于网络信息传播技术和数据库管理系统,在加强党的组织管理、提高党员素质能力、传播党的政策主张、服务党员群众等工作中,实现党务信息的共享和党建资源的充分利用,拓展基层党组织开展活动、发挥作用的空间,从而不断提高基层党组织建设的智慧化水平。

1.1.2 研究背景

2019年8月,中国互联网络信息中心(CNNIC)发布第44次《中国互联网络发展状况统计报告》(以下简称《报告》),《报告》显示:截至2019年6月,我国网民规模达8.54亿,普及率达到61.2%,半数中国人已接入互联网。③ 互联网已经成为人们生活中不可或缺的获取信息的重要手段和交往工具,直接影响着党的领导和

---

① 刘榆芳."互联网＋"时代基层党建工作创新[J].中共山西省委党校学报,2018(2):41.
② 蔡向阳.党的建设信息化的创新与发展[J].信息化建设,2009(12):36-39.
③ 中国互联网络信息中心.中国互联网络发展状况统计报告[N].经济日报,2017-02-02.

党的建设的内外环境。①

1987年,中国的第一封电子邮件揭开了中国互联网时代的序幕。

2010年春节临近之际,全国24位省委书记、省长在网络拜年中采用网络流行语,拉近了与网民的距离。

2010年1月5日,习近平在北京出席全国基层党建工作手机信息系统开通仪式,通过系统向全国100万名基层党组织书记及大学生"村官"发出问候短信。该系统收集汇总了全国100万名基层党组织书记、大学生"村官"以及省区市党委组织部长的手机号码,能够在中央组织部、省区市党委组织部与基层党组织书记、大学生"村官"之间通过手机短信实现快捷、及时、双向、安全的联系沟通。②

2013年3月17日,李克强在其就任总理后的第一场新闻发布会上,对两千多万名党员在人民网推出的两会品牌栏目"我有问题问总理"上所提出的一些代表性问题进行了解答。

2014年2月25日,习近平总书记来到北京市规划展览馆,提到网民在网上给其提的建议——应多给城市留点"没用的地方",并对该建议表示赞同。

2014年2月27日,习近平总书记主持召开中央网络安全和信息化领导小组第一次会议并指出,做好网上舆论工作是一项长期任务,要创新改进网上宣传,运用网络传播规律,弘扬主旋律,激发正能量,大力培育和践行社会主义核心价值观,把握好网上舆论引导的时、度、效,使网络空间清朗起来。

2014年3月,中国政府网开设了"我向总理说句话"栏目,一些意见已经被送到了总理的办公桌上,总理也会定期对相关留言进行回复。

2014年9月29日,在中央网信办的指导下,"学习路上——习近平总书记系列重要讲话大型网络数据库"正式上线,意在提高习近平总书记重要讲话的效果,努力打造网络主流意识形态宣传阵地。

2014年11月18日,中央国家机关党建信息化工作推进会在北京召开,会议提出"加快推进信息技术装备机关党建,不断提高机关党建科学化水平"。

2015年1月7日,李克强总理在国务院常务会议上提出要鼓励在行政审批制度改革中强化"互联网思维",大多数的审批事项都可以实现网上办理。

2015年3月5日,李克强总理在第十二届全国人民代表大会第三次会议上提出"互联网+"行动计划,重点促进以云计算、物联网、大数据为代表的新一代信息技术与传统产业的融合创新,一场名为"互联网+"的浪潮席卷中华大地。"互联网+"被纳入国家经济社会发展战略的顶层设计,是全面深化改革的技术引领,将

---

① 赵颖萍.对互联网时代下网络党建工作的探索[J].沈阳干部学刊,2014(5):11.
② 尤仁林.网络信息环境与民族地区党的建设[J].云南民族大学学报(哲学社会科学版),2010(4):21-24.

深刻变革经济社会结构和社会生活方式。①

2016年4月19日,习近平总书记在网络安全和信息化工作座谈会上提出:"各级党政机关和领导干部要学会通过网络走群众路线,经常上网看看,潜潜水、聊聊天、发发声,了解群众所思所愿,收集好想法好建议,积极回应网民关切、解疑释惑。善于运用网络了解民意、开展工作,是新形势下领导干部做好工作的基本功。"

2017年10月18日,中国共产党第十九次全国代表大会在北京人民大会堂隆重开幕,习近平代表第十八届中央委员会向大会作报告,报告中八次提到互联网相关内容。习近平强调,党员领导干部要增强改革创新本领,保持锐意进取的精神风貌,善于结合实际创造性推动工作,善于运用互联网技术和信息化手段开展工作。

2018年5月26日,习近平总书记向2018中国国际大数据产业博览会致贺信。习近平指出,当前,以互联网、大数据、人工智能为代表的新一代信息技术日新月异,给各国经济社会发展、国家管理、社会治理、人民生活带来重大而深远的影响。我们要把握好大数据发展的重要机遇,促进大数据产业健康发展,处理好数据安全、网络空间治理等方面的挑战,共同推动大数据产业创新发展,共创智慧生活,造福世界各国人民,共同推动构建人类命运共同体。

2019年8月26日,习近平总书记向2019中国国际智能产业博览会致贺信。习近平指出,以互联网、大数据、人工智能等为代表的现代信息技术日新月异,新一轮科技革命和产业变革蓬勃推进,智能产业快速发展,对经济发展、社会进步、全球治理等方面产生重大而深远影响,要积极主动利用互联网技术,创造智能时代。

美国未来学家托夫勒曾说过,"一枚信息炸弹正在我们中间爆炸,急剧改变着我们每个人内心据以感觉和行动的方式,以信息为载体的知识将成为资源和运输的替代品"②。互联网的发展形成了虚拟空间(或称赛伯空间、网络空间、虚拟世界),在这个空间里,没有时间、空间、国界的限制,IP地址是确认个体位置和身份的唯一标识。在虚拟空间里,人的地位是平等的,尼葛洛庞帝认为信息世界的四个特质是"分散权力、全球化、追求和谐和赋予权力"③。虚拟空间的平等性大大增加了群众参与政治的热情,如果党对虚拟空间领导得好,可以把这种政治热情和合理化建议转换成党的方针政策,更好地贴近实际、贴近群众,这就成了机遇;如果党对虚拟空间领导得不好,就可能引发虚拟空间的"动荡",并最终折射显现到

---

① 黄威威,崔伟.浅谈"互联网+"干部教育培训[J].党政干部学刊,2015(7):60.
② 阿尔温·托夫勒.第三次浪潮[M].北京:生活·读书·新知三联书店,1984:533.
③ 尼葛洛庞帝.数字化生存[M].海口:海南出版社,1997:269.

现实世界中。

在中国这个拥有十几亿人口的发展中大国,党在推进改革开放和社会主义现代化建设中肩负任务的艰巨性、复杂性、繁重性世所罕见,"随着20世纪90年代中期信息化在国内快速普及,党的领导和党的建设又面临着互联网飞速发展带来的新考验。也就是说,我们应该看到,党今天面临的考验已经由长期执政和改革开放的双重考验拓展到长期执政、改革开放和互联网化的三重考验"[①]。

领导虚拟空间是新时代赋予中国共产党人的新使命,必须在推进整个社会智慧化的过程中推进党建智慧化,充分利用互联网技术加强党的建设,使党的建设的各个方面都适应信息化的要求,也就是开展党建智慧化工作。[②]

运用互联网技术提高基层党组织建设的智慧化水平是时代的要求,是中国共产党人的现实选择。信息化背景下加强和改进党的建设工作,归根结底要把党建规律和互联网时代特征有机紧密结合起来。既要重视技术手段的创新,更要加快思想观念和方式方法的变革;既要"顺势"利用互联网发展对党建工作提供的难得机遇,更要实事求是分析其中蕴含的巨大挑战;既要加紧应对新情况新问题尽快见到实效,更要持之以恒、善做善成,扎实做好有利于长远的基础性工作。[③]

1.1.3 研究意义

其一,2018年11月7日,习近平总书记专门为第五届世界互联网大会发去贺信,就共同推动全球数字化发展、构建可持续的数字世界等重大问题发表讲话。"互联网+基层党组织建设"是新时代的必然要求,是贯彻落实党的十九大精神和习近平总书记系列重要讲话精神的重要举措。

其二,互联网技术的普及和应用深刻挑战着传统的基层党建理论和方法。探索互联网技术对基层党组织工作内容、活动方式的内在影响和机理,揭示运用互联网技术提高基层党组织建设智慧化水平的内在规律,具有重要的理论意义。

其三,"互联网+基层党组织建设"顺应基层党建工作与新技术"融合共生"的趋势,实现基层党建工作由"传统"向"现代"转变、由"相对封闭"向"有序开放"转变、由"单边灌输"向"多方互动"转变、由"管制型"向"服务型"转变,全面提升新时代下基层党组织工作的效率和水平,具有重要的实践意义。

---

① 李君如.推进党建信息化的三个问题[J].中国信息界,2006(22):21-23.
② 陈志.信息时代执政党党建工作新模式——"电子党务"问题研究[D].北京:中共中央党校,2008.
③ 刘利琼.信息化时代党建工作面临的挑战和对策[J].党政研究,2014(3):51.

1.2 国内外研究现状综述

1.2.1 国外研究现状

由于国家政治体系与理论研究语境的不同,国外学者习惯于使用电子政党(E-party)、电子民主(E-democracy)、现代信息与通信技术(New ICTs)等概念来研究以互联网为代表的现代信息与通信技术对政党和政治的影响。

Friedman Thomas(2000)讨论了美国互联网产业税收对政治的影响,以及互联网产业税收对城市与城市之间的关系、州与联邦政府之间的关系的效用,分析了这种税收对网络言论和诽谤自由的冲击。①

Stephen Ward、Wainer Lusoli 和 Rachel Gibson(2002)评估了在政党政治条件下信息技术在成员参与和成员行为上的作用,文章对超过 2 000 个自由民主党成员进行了在线调查,发现互联网技术能够吸引新成员加入政党从而扩大政治参与,并且能够提升成员在政党中的行为水平并加深政治参与。②

Marcel Boogers 和 Gerrit Voerman(2003)研究了在 2002 年荷兰议会选举中政治网站的作用,对 18 000 名浏览网站的人进行了在线调查并得出:政治性网站仅能部分地使民众参与政治活动,特别对那些熟悉信息技术却又缺乏政治兴趣的年轻人的效果最好,而大部分民众浏览政党网站的目的是查找关于政党地位、政党组织、竞选运动方面的信息。③

Jens Hoff(2004)比较了七个欧洲国家议员使用信息技术的情况并得出结论:在议员们对待信息技术的民主潜力问题上,议员们的信息技术能力和经验的作用比传统因素(如性别、年龄、政党的派别和规模)的作用更为重要。④

Rick Farmer 和 Rich Fender(2005)考察了 2000 年美国选举中政党网站的形成和内容情况,并且考察了是否州政党一直紧跟国家政党的领导,认为州政党主要提供在线的必要的政党功能,在 2000 年选举中缺乏成熟的技术,而国家政党网

---

① Thomas F. Boston E-party[N]. New York Times, 2000-01-01.
② Ward S, Lusoli W, Gibson R. Virtually participating: A survey of online party members[M]. Amsterdam: IOS Press, 2002.
③ Boogers M, Voerman G. Surfing citizens and floating voters: Results of an online survey of visitors to political websites during the Dutch 2002 General Elections[J]. Information Polity: The International Journal of Government and Democracy in the Information Age, 2003(8):17-27.
④ Hoff J. Members of parliaments' use of ICT in a comparative European perspective[J]. Information Polity, 2004, 9(1-2):5-16.

站范围是广泛的,其包含一些州政党网和流动视频。①

Kavita Karan、Jacques D. M Gimeno 和 Edson Tandoc(2009)通过分析 2007 年菲律宾中期选举中 GWP 政党充分利用互联网和移动技术进行宣传和接触选民,提出互联网和移动媒体不应该仅作为传统政党宣传方式的替代品,而应该作为政治交流网络中不可分割的一部分,网络能够弥补传统媒体和深入基层进行宣传的一些不足,能够极大地提高竞选的宣传效果,而手机作为人们交流的工具值得我们给予更多的重视。②

Azi Lev-On(2011)分析了 2007—2009 年以色列在各级竞选宣传活动中政党、候选人以及公众对于互联网的利用程度并得出结论:应该重视在各种宣传活动中对信息技术理论的应用,同时,候选人对互联网的利用范围和程度也受策略、环境和自身的影响。③

Graeme Baxter、Rita Marcella 和 Evaggelos Varfis(2011)对苏格兰地区政党选举过程中采用网络进行投票进行了调查,发现其中存在一些问题,例如,政党网站只是公布一些诸如收入和人事变动之类的信息,政党领导者不愿与网民进行互动,也不愿对一些政策信息进行回答。④

Christopher G. Reddick 和 Michael Turner(2012)对加拿大市民进行了问卷调查,发现手机和政府网站是传递公共信息和获得民众对于公共服务的反馈信息的非常有效的工具。⑤

Vinodu George 和 M. P Sebastian(2013)认为网络远程投票是一种安全、高效且方便的投票方式,有利于提高民众的政治参与,并探讨了一种安全、高效并且采用可靠的平台模型和第三方认证协议、投票协议开发的客户端。⑥

Cristian Vaccari(2014)研究了 2007—2013 年澳大利亚、法国、德国、意大利、英国和美国等国的 194 个政党对民众 E-mail 的回应情况,结果表明,大部分国家

---

① Farmer R, Fender R. E-parties: Democratic and republican state parties in 2000[J]. Party Politics, 2005(11):47-58.

② Karan K, Gimeno J D M, Tandoc E. The Internet and mobile technologies in election campaigns: The GABRIELA Women's Party during the 2007 Philippine Elections[J]. Journal of Information Technology & Politics, 2009, 6(3-4):326-339.

③ Lev-On A. Campaigning online: Use of the Internet by parties, candidates and voters in national and local election campaigns in Israel[J]. Policy and Internet, 2011, 3(1):1-28.

④ Baxter G, Marcella R, Varfis E. The use of the Internet by political parties and candidates in Scotland during the 2010 UK general election campaign[J]. Aslib Proceedings, 2011, 63(5):464-483.

⑤ Reddick C G, Turner M. Channel choice and public service delivery in Canada: Comparing E-government to traditional service delivery[J]. Government Information Quarterly, 2012, 29(1):1-11.

⑥ George V, Sebastian M P. Remote Internet voting: Developing a secure and efficient frontend[J]. CSI Transactions on ICT, 2013, 1(3):231-241.

对相同类型的邮件很少回应,激进的政党也倾向于回应更保守的问题。①

Marino De Luca 和 Anaïs Theviot(2014)提出,与传统政党在组织内设置机构来促进交流的方式相比,虚拟的交流论坛给政党的参与者提供了一个表达自身观点的机会。②

Rachel K. Gibson 和 Ian McAllister(2015)通过分析澳大利亚较大政党和较小政党在选举中对于互联网利用方式的不同,提出网络能够使原本不平衡的党际竞争恢复正常水平。③

Mirza Muhammad Naseer 和 Khalid Mahmood(2016)通过分析巴基斯坦 11 个主要政党在 2013 年 5 月大选中的政党网站的使用方式,认为不同政党通过其政党网站发布信息方式的不同会影响大选的结果。④

Joshua D. Potter 和 Johanna L. Dunaway(2017)利用分层线性模型研究了西欧和东欧的政党网络平台对选民投票倾向的影响,认为政党网络在网络平台的宣传对所有网民的投票选择均有影响,尤其对在意识形态方面有极端倾向的人群具有明显的影响。⑤

Katharina Gerl、Stefan Marschall 和 Nadja Wilker(2018)以德国绿党为例,针对三种成熟的离线政治参与模式,探讨了为什么只有一些党员和支持者利用网络渠道来传达他们的偏好,认为互联网对参与者的参与过程具有积极影响。⑥

1.2.2 国内研究现状

国内的研究工作主要从以下四个层面展开。

1. "互联网＋党建"的定义研究

一些学者和党务工作者尝试了从不同的角度对"互联网＋党建"的内涵进行界定,主要代表观点如下所述。

① 工具说。"互联网＋党建"就是通过使用互联网技术,按照中央党建工作要

---

① Vaccari C. You've got (no) mail: How parties and candidates respond to E-mail inquiries in western democracies[J]. Journal of Information Technology & Politics, 2014, 11(2):245-258.

② Luca M D, Theviot A. French primary elections and the Internet, the social network of the Socialist Party, the Coopol[J]. International Journal of E-Politics(IJEP), 2014(3):46-65.

③ Gibson R K, McAllister I. Normalising or equalising party competition? Assessing the impact of the web on election campaigning[J]. Political Studies, 2014, 63(3):529-547.

④ Naseer M M, Mahmood K. Ready for E-electioneering? Empirical evidence from Pakistani political parties' websites[J]. Internet Research, 2016, 26(4):901-918.

⑤ Potter J D, Dunaway J L. Voters' perceptions of party platforms: The role of changing information contexts[J]. Social Science Quarterly, 2017, 98(3):804-817.

⑥ Gerl K, Marschall S, Wilker N. Does the Internet encourage political participation? Use of an online platform by members of a German political party[J]. Policy & Internet, 2018:87-118.

求,改进党建工作的方式方法,在党组织与党员、群众以及其他社会组织之间搭建互动平台,增强党建管理工作的规范性和高效性,使得党的意志更加统一,党建智慧化水平显著提高。①

② 意义说。"互联网＋党建"就是将互联网技术运用到基层党建中,有利于上级组织全面掌握情况,提高决策的针对性,有利于提升基层党组织服务群众的能力,有利于促使党员管理、教育更加科学,有利于构筑广泛的参与体系,提高党内监督实效。②

③ 模式说。"互联网＋党建"是运用以互联网技术为代表的新一代信息技术与传统党建在党员组织管理、舆论宣传工作、党员教育、监督工作以及服务群众等领域进行深度融合的新模式。③

④ 方法说。"互联网＋党建"是指移动互联网、云计算、大数据、物联网等与基层党建工作相结合所产生的一种新的基层党务工作方法。④

⑤ 内涵说。党建信息化具有三个内涵:一是传统党建的数字化、智慧化,如电子党务、党员电子身份认证等;二是对传统党建的拓展和重塑,如党务公开、远程选举、加强党内外民主及监督等;三是新的党建内容和形式,如网上反腐、网上民意舆情收集分析预警、流动党员和"两新"组织党员的网络化管理、博客/手机网络党组织等。⑤

2. "互联网＋党建"的重要意义研究

主要代表观点如下所述。

① 五个"新"说。推进"互联网＋党建"建设可以实现五个"新",即创新党建工作新方式、强化舆论宣传新思维、开启党员教育新方向、打造网络监督新平台、开创服务群众新局面。⑥

② 四个"有利于"说。推进"互联网＋党建"建设有利于帮助上级组织及时了解下级组织的工作情况,增强决策的针对性和科学性;有利于提升基层党组织服务群众的能力;有利于使党员更便捷地参与党组织的活动;有利于突破党员教育的时空限制,增强教育的针对性和有效性。⑦

---

① 吴昊,赵光亮."互联网＋"基层党建工作的现实要求与困惑之解[J].领导科学,2015(11):43.
② 何川."互联网＋"背景下基层党建科学化研究[D].成都:中共四川省委党校,2017:5.
③ 中国软件与技术服务股份有限公司党委"互联网＋基层党建"研究中心.互联网＋基层党建[M].北京:党建读物出版社,2017:51-52.
④ 欧阳旭辉.新时代互联网＋基层党建工作实用手册[M].北京:研究出版社,2018:14.
⑤ 代金平,辛春.网络党建理论与实践研究[M].北京:中国社会科学出版社,2016:59.
⑥ 中国软件与技术服务股份有限公司党委"互联网＋基层党建"研究中心.互联网＋基层党建[M].北京:党建读物出版社,2017:54-57.
⑦ 吴昊,赵光亮."互联网＋"基层党建工作的现实要求与困惑之解[J].领导科学,2015(11):43.

③ 四个"需要"说。推进"互联网＋党建"建设，是加大思想理论宣传的新需要，是拓展联系群众渠道的新需要，是充分发挥党内民主的新需要，是提高党务工作效率的新需要。①

④ 四个"功能"说。"互联网＋党建"工作具有以下四个基本功能：一是联络和整合党员功能；二是强化党内民主生活功能；三是辐射群众的社会整合功能；四是宣传教育功能。②

3. "互联网＋党建"的实践应用研究

主要代表观点如下所述。

① 对网络新媒体拓展党建宣传渠道的研究。杨开达发现，网络传播平台和信息管理系统有效推动了"两学一做"学习教育在党组织的各层级之间扎实开展。③ 翁淮南通过微信、微博等互联网平台，打造了宣传思想的新阵地。④ 当前，全国各地党建信息化建设正在蓬勃展开，微博、微信公众号等党建信息化新媒体平台正在广泛兴起，并且成效非常显著，推动了党建宣传工作的模式创新。⑤

② 对信息管理系统提升党建管理效能的研究。信息系统的开发对于提升党建管理效果具有显著的推动作用。各地在党建信息系统的建设过程中出现了许多成功的案例，积累了丰富的经验。例如，中国航天科工三院打造了飞航云党建平台、党建知识资源服务平台、党建工作考核评价三大信息化平台，简化了党建管理手续，显著提高了管理效率。⑥ 广州移动公司党委通过打造信息化党建管理系统将党建党廉系统与移动端融合，通过改进技术来提高党建管理的效果，增强党建管理的移动化、日常化。⑦ 中国铁塔云南省分公司通过打造以统一的数据中心为基础的党建信息化系统，实现了党建管理系统化、党员学习考核电子化。⑧

③ 对大数据技术推动党建科学化的研究。近年来，大数据技术的发展为党员管理高效化、行为分析科学化、思想考察多维化、组织诊断科学化提供了强有力的技术支持。⑨ 当前的实践围绕"大数据"的 4"V"特点——Variety(多样)、Volume(海量)、Velocity(快速)、Vitality(灵活)，利用前沿技术和思维进一步创新"互联网＋

---

① 马利军."互联网＋"时代的党建工作创新[J].东方企业文化,2015(23):6.
② 王康慧.互联网＋发展对推进党建工作创新发展的分析[J].理论观察,2017(11):28-29.
③ 杨开达.用"互联网＋"思维推动"两学一做"[J].中共乌鲁木齐市委党校学报,2016(3):31-34.
④ 翁淮南."互联网＋党建"彰显中国特色党建宣传新优势[J].党员干部之友,2017(9):1-2.
⑤ 陈甦,刘小妹.我国"互联网＋党建"新模式成效斐然[J].人民论坛,2017(1):103-105.
⑥ 金芳,司文密.以互联网思维搭建平台提升党建智慧化水平[J].企业文明,2017(1):80-81.
⑦ 中国移动通信集团广东有限公司广州分公司.打造"互联网＋党建党廉"内嵌化量化管理新思路[J].通讯世界,2017(20):252-253.
⑧ 石萌,林河."互联网＋党建"研究综述[J].中国电子科学研究院学报,2018(3):351-352.
⑨ 苗奇,郭维嘉.大数据时代提升"互联网＋党建"技术平台建设的研究[J].中共南昌市委党校学报,2016(6):47-51.

党建"模式。① 具体来说,党员信息数据库的建立有效提高了流动党员的管理效率;党员个人财产、人事、出入境等海量信息的记录和分析在"党廉"建设中发挥着纠察作用;基层党建信息的标准化录入与管理为党建成效考核提供了科学依据。②

4. "互联网+党建"存在的问题及其对策研究

主要代表观点如下所述。

① "互联网+党建"存在的问题。学界普遍达成共识的有以下六点。一是思想认识不到位。王久龙提出:在党建实践中,很多地方党委对于推动党建信息化的重要性认识不够,例如,有的党员认为党建信息化无非是利用互联网技术加强沟通联系而已,甚至有的党员认为党建信息化建设对保密工作会产生不利影响。此类思想的存在严重阻碍了党建信息化的推进进程。③ 二是党建网站重建设、轻管理,存在许多"僵尸网站"。刘红凛提出:当前,党建网站的数量很多,但整体的"质量"却有所欠缺,例如,一些网站徒有形式而缺乏内容支撑,一些网站长期不更新而沦为僵尸网站。④ 三是部分党建网站重形式、轻内容,功能不完善,吸引力不足。马利军提出:当前很多党建网站内容以文字性内容为主,图片、视频等形式的内容较少,网站中的相关链接以党的政策原文为主,缺乏有见地的解释性内容,网站功能性有所欠缺,重视宣传功能,忽视了与网民的互动、沟通,对普通网民的吸引力不够。⑤ 四是基层党组织的"互联网+党建"建设水平仍相对低下。储霞提出:基层党组织在解决工作实践中所遇到的一些问题时,仍然习惯于运用老办法去解决,效率较低,例如,在对流动党员的管理、组织关系转接等方面,一些党组织甚至拥有党建网站及相关远程教育系统,但由于观念落后,使用较少,致使其作用发挥有限。⑥ 五是党建工作队伍结构和素质不够合理。柳俊丰、刘彬提出:目前党建工作队伍中主要包括专职组织员、党支部书记、组织工作人员等,队伍成员的选择主要侧重理论水平、思想道德素质及业务能力素质等因素,对互联网技术的重视不足,缺乏专业的互联网技术人才。⑦ 六是管理制度体系不健全。吴丹丹提出:"互联网+党建"的顺利推进离不开科学完善的制度保障。但就当前"互联网+党建"的建设现状看,管理制度及体制机制仍然有待完善,例如,对党建网站管理维

---

① 赵强."大数据"时代国企党建信息化之路[J].中国党政干部论坛,2017(5):50-53.
② 石萌,林河."互联网+党建"研究综述[J].中国电子科学研究院学报,2018(3):351-352.
③ 王久龙.基于互联网背景的党建信息化研究[J].党史博采,2015(12):37.
④ 刘红凛.党建信息化的发展进程与"互联网+党建"[J].南京政治学院学报,2016(1):37.
⑤ 马利军."互联网+"时代的党建工作创新[J].东方企业文化,2015(23):6.
⑥ 储霞.运用互联网开展党建工作的思考[J].理论探索,2012(1):66.
⑦ 柳俊丰,刘彬."互联网+党建"的发展历程、现实困境和推进策略[J].中共山西省委党校学报,2016(5):99.

护的相关制度仍有待健全,互联网领域中的一些法律法规仍有待完善。①

② "互联网+党建"的对策研究。多数学者认为,推进"互联网+党建",要转变思想,统一认识;借鉴国外经验,加大理论研究力度;党建信息化建设基础在网络,核心在软件,关键在安全,目的在应用,应统筹规划,全面重点地构建党建信息化系统;规范党建网站,加强网络法律法规建设;为党建信息化发展培养一大批既懂技术、又懂党建工作的复合型人才。②

1.2.3 研究现状述评

1. 对国外的理论与实践的评析

从理论研究来看,国外学者的研究主要集中在以下四个方面:一是现代互联网技术在何种程度上介入政治选举;二是互联网技术在增强政党内外部沟通中如何更好地发挥作用;三是互联网技术对民主实现的影响;四是世界范围内不同国家的政党在党务管理、选举等方面对互联网技术运用实践的调研与比较。

从实践角度来看,互联网技术日益受到各国政党的重视,并在实践中得到了一定的应用,取得了显著的成效,充分证明了互联网技术在政党政治中的重要地位。英美等发达国家从20世纪90年代初就开始将信息技术运用在政党运作中,政党的主要组织创新就是新的信息和通信技术的使用,绝大多数政党拥有自己的网址。

总体来说,国外"互联网+党建"的特点主要是:围绕一个中心,实现四种功能。一个中心就是电子党务的建设以选举为中心;四种功能分别是宣传功能、交流功能、组织功能、竞选功能,突出强化"沟通"和"服务",通过互联网推销政党的政治理念,吸引更多的支持者,较少涉及政党的"管理"和"领导"功能建设。③

2. 对国内的理论与实践的评析

国内研究主要有以下三个特点。

① 研究时间相对集中。国内学界对互联网技术在党建活动中的应用是从2001年开始的,2004年之后集中发表及出版了一系列的相关研究成果。究其原因,一方面,当时互联网技术还属于新兴事物,国内学界对于运用互联网技术推动党建活动的认识较晚,而且从理论向实践的转化也需要较长的时间;另一方面,对国外执政党在相关方面实践的关注及研究也相对较少,获取一手资料的难度较大。党的十六届四中全会通过了《中共中央关于加强党的执政能力建设的决定》,

---

① 吴丹丹."互联网+"时代创新党建工作的若干思考[J].理论建设,2016(6):76.
② 肖文超,李艳芳.电子党务建设:一个研究述评[J].中共南京市委党校学报,2009(2):98-102.
赵颖萍.对互联网时代下网络党建工作的探索[J].沈阳干部学刊,2014(5):11-12.
③ 周自豪.中国现阶段的电子党务建设研究[D].上海:华东师范大学,2006:47-49.

强调加强党的执政能力建设是党在新世纪、新阶段、新形势、新任务下党建工作的重中之重,明确了加强执政能力建设的主要任务和各项部署,互联网技术对于推动党建活动的高效开展具有重要的意义,并逐渐受到了学界和各级党务机关的重视。

② 研究领域逐渐深入。"互联网+党建"的实践涉及众多方面,互联网作为一个重要的平台,对于相关领域的细化研究具有重要的推进意义。互联网技术逐渐与廉政建设、党内民主领域结合起来,并以此为契机推动党的执政能力建设。

③ 研究者主要有两类群体。一类是从事党建工作的党务工作人员,另一类是学术界的相关学者。近年来,学界对利用互联网技术推动党建活动的研究取得了丰硕的成果,开辟了一些新的研究领域,诞生了许多新的观点,并且具有一定的理论价值和实践价值。[①]

3. 目前研究中存在的不足

总体来讲,国内外在理论与实践两个方面都进行了积极的尝试和探索,目前的主要缺陷表现在以下四个方面。

① 侧重某一分支的研究相对较多,综合性研究较少,尤其缺乏系统性、战略性研究。

② 多为实用性探讨或工作性总结,就事论事的较多,学理性论证尚未深入,特别是缺乏互联网技术变革基层党建模式的内在机理研究。

③ 鲜有成果根据国内外最新实践进展进行比较分析和研究。

④ 较少有成果将互联网技术与提高基层党组织建设智慧化水平联系起来。

总体上,"互联网+党建"的研究尚处于起步和建立概念阶段,工作多以描述性、介绍性的形式出现,缺乏系统深入的研究工作,缺乏可供操作的工作路径。

1.3 主要内容和基本观点

1.3.1 研究思路

从利用"互联网+党建"提高新时期基层党组织建设智慧化水平的要求出发,借鉴"国外执政党基层党组织运用互联网技术的做法与经验",实地调研"我国基层党组织互联网技术应用现状",在理论研究"互联网技术变革基层党组织建设模

[①] 肖文超,李艳芳.电子党务建设:一个研究述评[J].中共南京市委党校学报,2009(2):98-102.

式"的基础上,提炼和概括互联网技术条件下基层党组织建设智慧化的内涵及机理,力图以新的视角、新的方法,使项目研究具有科学性、前沿性、操作性和创新性,为"推进新时期基层党组织工作智慧化"提供理论与实践的指导。

1.3.2 主要内容

1. "互联网+基层党组织建设"的提出

① "互联网+"时代人类生存方式的变革。互联网技术的出现不仅改变了人类的生活、生产方式,也改变了国际竞争的方式、内容及格局。互联网技术使人的自主活动能力得到极大的提高,人类的自由支配时间空前增加,个性得到充分彰显,主体意识不断提升,社会关系得以全面丰富与扩展。

② "互联网+"时代执政党建设创新。互联网技术变革执政党建设信息基础,信息在管理中的位置上升,信息流动由单通道向混合型转变,信息公开与共享得到加强。发达国家与发展中国家的政党与政党政治在信息时代都面临着诸多问题与矛盾。信息化促使人类的思维方式发生变革,要求政治更加开明,要求政党采取更加有效的组织结构,要求政党的活动更加透明。

③ "互联网+"时代基层党组织建设环境的新变化。党员因其自身属性和在体制结构中的特殊性而首先成为"互联网+党建"的受众,党员生活方式出现了现代性转型。新时期基层党组织建设面临着许多新的情况和新的问题,互联网技术在给新时期的党建工作带来了机遇的同时,也带来了新的挑战。

④ "互联网+"时代基层党组织建设智慧化趋势。党建信息化推动党建工作由传统向现代转变,由封闭向开放转变,由单向向互动转变,由管理向服务转变。运用互联网技术加强和改进党的建设,是党保持先进性的新要求,是党密切联系群众的新渠道,是党提高执政效率的新手段,是党打赢意识形态斗争的新战略。

2. "互联网+基层党组织建设"的理论研究

① "互联网+"时代政党治理模式的新变化。互联网技术推动着组织结构的扁平化与权力的下放和分散,从而推动着信息规范度和分散度的提高,影响着治理结构与效果。信息质量的优劣、传输速度的快慢、应用的合理与否已经成为影响政党执政能力的关键因素。互联网技术是新形势下统一思想的信息基础、提高执政效率的信息前提、联系群众的信息纽带、加强民主执政的信息条件。

② "互联网+党建"能够改善政党执政信息不对称。信息不对称会降低市场运行效率,加大政治沟通难度,导致政治信任危机,影响决策科学化,不利于民主政治建设。互联网技术的发展推动着信息不对称状况的改善并为改善信息不对称状况提供了新的技术平台,对政党执政产生着重要而深刻的影响。

③ "互联网+党建"能够促进党内和谐。互联网技术密切了党同人民群众的

联系,是提高党员党内政治参与的保障,推动了以人为本思想的实现,成为党内和谐建设的助推器。要借用互联网平台,如邮件、QQ、微信等方式,引导党员及群众进行沟通、交流,实现基层党建工作由传统向现代转变。

④ "互联网+党建"能够有效扩大党内民主。基层党组织工作信息化不仅为基层党员提供了便捷、高效的党建服务,也为基层党员更好地行使知情权、表达权和参与权提供了新渠道,为党内民主的发展提供了新的机遇和新的途径。

⑤ "互联网+党建"为反腐倡廉建设提供新动力。新的历史条件下腐败现象呈现出新的趋势和新的特点。要利用互联网双向交互功能强大等特点,强化对权力的制约和监督,建立规范的权力运行机制,创新反腐倡廉建设手段,巩固党的阶级基础和群众基础。

⑥ "互联网+党建"创新基层党组织工作机制。基层党组织工作传统的业务流程存在弊端:分工过细导致成本高,效率低;整体协调缺乏保障,工种分散;业务人员工作单一,适应性差。要以唯物辩证法和系统论观念为指导,以把握基层网络党建工作要素之间的内在联系为核心,突出基层网络党建工作中各种要素功能的共生互济、协调互补、配套互动,从动态角度最大限度地发挥互联网技术在推动党建工作方面的功能和作用,创新基层党组织工作机制。

3. "互联网+基层党组织建设"的实证研究

① 国外执政党基层党组织的互联网技术应用领域及启示。西方政党在利用互联网技术方面各有千秋,不尽相同,最值得我们关注的几个方面是:搭建信息平台,提供网络服务;促进党内沟通,扩大电子民主;把握社会脉搏,塑造政党形象;成立虚拟组织,扩大群众基础。西方发达国家的政党较早推行电子党务,取得了一定的成效,但也存在一些不足:政治参与与政治冷漠并存,沟通互动十分有限,网络为政党本身带来了消极影响,网络的娱乐性降低了政党的严肃性。积极研究西方政党利用现代互联网技术加强党的建设的成功经验及教训,对于我们党在新的历史条件下积极推进党的建设新的伟大工程具有重要的借鉴意义。

② 国内"互联网+基层党组织建设"的现状及存在的问题。我们党对将互联网技术运用于党的建设进行了不断的探索,大致可以分为四个阶段:办公应用阶段、电子党务阶段、党的建设信息化阶段、党建信息化推动科学化阶段。同时,国内基层党组织对互联网技术的应用存在一些问题:对党的建设信息化认识不足,互联网上党的建设阵地滞后,党建网络资源缺乏有效整合,对互联网功能深度研究不力,重技术手段轻党务核心内容等。

③ 基层党组织在"互联网+党建"建设方面的探索与实践。构筑在线学习平台,实行开放式党员干部培训,实现党员干部教育培训由传统的时间管理向效益管理的转变。借助于信息化手段,提升基层党组织的社会动员能力。对网络监督

快速介入、甄别真伪、及时公开、引导民意、化解民愤、掌握主动、控制事态,互联网技术提供了反腐倡廉建设新平台。

④"互联网+基层党组织建设"的效益分析。基层党组织建设信息化的基本估价:基层广泛探索将新技术手段运用到党建工作中,多数基层党组织及党员认可新技术党建手段,传统党务工作实现网上办理,建立网络党建多面手,浏览量大且效果好。基层党组织建设信息化的效益分析:降低了党务工作的运行成本,提升了党务工作的公信度,强化了党的执政能力建设。

4. "互联网+基层党组织建设"的新模式研究

①"互联网+"时代基层党组织工作的新特点。及时性:信息发布的及时性,信息传递的及时性,信息反馈的及时性。交互性:学习的交互性,办公的交互性,沟通的交互性。虚拟性:党建党务工作的数字性,党建党务工作的非实体性,虚拟性反映现实性。共享性:信息资源的超时空性,信息资源数据库的共享性,网络平台的共享性。

②"互联网+"时代基层党组织的开放式管理模式。建立有序开放的党员发展与退出机制:突破发展党员严格以地域和单位为纽带的传统,突破发展党员只在党支部内部研究讨论的常规,突破党员退出只针对严重违法违纪人员的惯例。建立适度开放的党员管理与服务机制:建立统一、实时动态的党员信息库,建立规范、方便灵活的组织管理制度,建立跨组织、交互式的党员组织生活制度。建立全面开放的党员作用发挥机制:实施"党群联动"工程,构建党组织对外增强凝聚力、共产党员对外展示先进性的平台;创建全面开放的党员服务中心,建设党组织服务党员、党员服务群众的窗口;建设广益社会的党员义工组织,培育党员履行义务、服务社会的载体。

③"互联网+"时代基层党组织的动态式管理模式。利用互联网技术搭建在线党建平台,对于解决基层党组织与流动党员组织生活、网络评议、网络投票、网络监督、党费缴纳等问题具有重要意义,能够实现对流动党员的动态管理。

④"互联网+"时代基层党组织学习培训的新模式。基层党组织传统的学习培训模式存在培训手段滞后、缺乏针对性、培训方法简单等弊端。互联网技术条件下基层党组织的学习培训模式分为自主学习模式和协作学习模式,具有创新性、共享性、选择性等特征,有利于提高党员培训质量,降低党员培训成本,有利于打破时间和空间的限制,缓解学员参加培训的工学矛盾,有利于促进基层社会与经济发展。

⑤"互联网+"时代基层党组织社会动员的新模式。互联网技术条件下社会动员的特点是:方便、快捷、成本低,传播迅速、时效性强,影响广泛、波及面广,匿名性与任意性。网络社会动员中消极行动力量的特点是:发展的隐蔽性,传播的

快速性,影响的超强性。网络社会动员中消极行动力量的危害包括:导致政府公信力下降,诱发群体性事件,分化国家主流意识形态。互联网技术条件下社会动员的方法:利用QQ、微信、邮件、短信等方式,对于增强基层党组织的社会动员能力具有重要的推动作用。

⑥"互联网+"时代基层党组织的虚拟模式。传统的组织结构相对封闭,对外界环境变化的适应能力有所欠缺,影响了组织成员参与组织活动的积极性;同时,管理层级较多,影响了信息传递的真实性,降低了决策的科学性。中间管理层的大量存在造成信息失真度高,影响了决策质量。互联网技术在基层党组织中的广泛应用改变了组织间的关系,增强了党建活动的互动性,打破了时间、空间的限制,形成了一种更为开放的互动模式。

5. "互联网+基层党组织建设"的模式设计及运行机制研究

①"互联网+基层党组织建设"的创新领域。"互联网+基层党组织建设"是新生事物,没有固定的模式,需要用新的理念、新的方式来推动。"互联网+基层党组织建设"的创新领域主要有四个方面:创新信息化工作理念、创新信息化工作平台、创新信息化管理方式、创新信息化工作机制。

②"互联网+基层党组织建设"的要求、原则、标准。"互联网+基层党组织建设"的基本要求是:既重硬件,又重软件;既重装备,又重培训;既重技术,又重制度;既重局部,又重整体。"互联网+基层党组织建设"的设计原则包括:实用性原则、标准化原则、先进性原则、扩展性原则、安全性原则、合法性原则、以人为本原则。"互联网+基层党组织建设"的评价标准包括:应用标准、技术标准、网络基础设施标准、信息安全标准、管理标准。

③ 互联网技术再造业务流程的环节。根据党建工作流程范围的特征和互联网技术的特点,为了增强组织的灵活性和适应性,缩短流程和作业周期,可将党建工作业务流程再造分为两类:功能内的业务流程再造,即对组织内部业务流程进行重组;功能间的业务流程再造,即同一组织内跨越多个职能部门的业务流程重组。

④"互联网+基层党组织建设"的功能需求。"互联网+基层党组织建设"的功能需求包括:网站前台模块功能需求,网站后台模块功能需求,系统安全措施需求,非功能性需求等。

⑤"互联网+基层党组织建设"的运行模式。基层党组织信息化建设的运行模式可分为三类:党务部门内部的电子党务、党务部门与企业间的电子党务、党务部门与党员群众间的电子党务。

⑥"互联网+基层党组织建设"的技术结构。"互联网+基层党组织建设"的"三网":内网、专网、外网。"互联网+基层党组织建设"的"三库":人员信息库、办

公信息库、知识信息库。"互联网＋基层党组织建设"的"一平台":在"三网三库"的基础上,以信息技术和网络技术为手段,利用管理信息资源的一系列软件系统,建设党建信息化门户网站这一平台。

6. "互联网＋基层党组织建设"的实践路径研究

① "互联网＋基层党组织建设"的总体思路。基层党组织工作信息化应正确处理"知与行、物与人、放与管、内与外、上与下、虚与实"六大关系,重点加强"领导机制、实施机制和保障机制"的创新。

② "互联网＋基层党组织建设"的基础建设。思想建设:利用互联网技术强化理论宣传普及,加强对舆论导向的引领能力,建立网上思想政治教育阵地。组织建设:推动干部队伍建设透明化,推动党员队伍建设信息化,推动组织决策制定民主化。作风建设:创新作风建设形式,丰富作风建设内容,拓展作风建设范围。制度建设:增强制度建设的针对性,增强制度建设的透明性,增强制度建设的实效性。廉政建设:探索、建立互联网反腐新格局,不断完善现有反腐倡廉机制,健全反腐败体系。

③ "互联网＋基层党组织建设"的开放式管理。建立和完善城乡一体的党员管理体系,努力打造联系和服务党员的温馨平台,培育党员履行义务、发挥作用的有效载体,完善大规模培训党员的有效方法,加大社会公众对党员发展和管理的监督力度,探索开放有序的党员组织生活管理。

④ "互联网＋基层党组织建设"的动态式管理。通过创建流动党员组织结构、构建流动党员管理平台、建设流动党员信息库、构建虚拟党组织等方式实现对流动党员的动态管理。

⑤ "互联网＋基层党组织建设"的教育培训工作。网上教育培训应遵循趣味性、个性化、互动性、开放性、实效性等原则,突出现代意识、阵地意识、精品意识、安全意识。

⑥ "互联网＋基层党组织建设"提升基层党组织的社会动员能力。建设党组织内部的网上快速动员系统,建设面向社会的网上党建信息发布系统,建设面向社会的网上快速动员系统,建设面向社会的网上舆论引导系统等,全面提升基层党组织的社会动员能力。

⑦ 利用"微信自媒体"深入挖掘手机网络的党建功能。手机平台延续了计算机网络党建的交互性、生动性等特点,是对计算机网络党建的补充与拓展。

1.3.3 基本观点

① "互联网＋"改变了基层党组织建设的信息基础,成为推动基层党组织工作手段与方法变革的内在动力。

② "互联网＋"是实现"效率性、参与性、民主性"的有效载体,可全面增强基层党组织的党务管理、信息发布、学习培训和社会动员功能。

③ "互联网＋"是保持党同人民群众的血肉联系、夯实党的执政基础、提高基层党组织建设智慧化水平的重要技术手段。

第 2 章 新时期基层党组织建设变革："互联网＋党建"的提出

习近平总书记在党的十九大报告中指出,"经过长期努力,中国特色社会主义进入了新时代",并对推进新时代中国特色社会主义伟大事业和党的建设新的伟大工程作出全面部署,提出新时代党的建设总要求。互联网时代已经到来,信息技术日新月异,推动了全球经济发展方式深刻转变、政治活动方式深刻变化、文化生产方式深刻变革、社会组织动员方式深刻变动、媒体和舆论格局深刻调整,为党的建设带来了新机遇和新挑战。习近平总书记在 2018 年组织工作会议中指出:"各级党委要高度重视信息化发展对党的建设的影响,做到网络发展到哪里党的工作就覆盖到哪里,充分运用信息技术改进党员教育管理、提高群众工作水平,加强网络舆论的正面引导。"新时期推动"互联网＋党建"建设,提高基层党组织建设的智慧化、智能化水平,是摆在我们党面前的一个重大战略课题。

2.1 "互联网＋"时代人类生存方式的变革

2.1.1 "互联网＋"时代的社会特征

物质、能源、信息是支配人类社会发展的三大基本要素。随着人类社会的不断进步,在不同时期三大基本要素具有不同的地位。在人类逐渐掌握了农耕技术以后,农业生产水平逐步提高,人类社会迈入了更加依赖物质的农业社会;瓦特发明蒸汽机标志着工业革命的开始,工业发展水平逐步提高,人类社会迈入了对能源和物质更加依赖的工业社会;随着计算机的出现,互联网得到了广泛应用,人类社会迈入了对物质、能源和信息均比较依赖的互联网社会。

20 世纪 50 年代以来,计算机和通信技术不断融合、发展,信息要素在人类社会的发展中的影响力逐步提高,信息资源的开发利用逐步深入,社会化、产业化特征突出,信息产业逐步成为主导现代社会的支柱产业。这种变化不仅对个人的生活造成了巨大的变革,对整个社会的发展进程和机制也具有重要的影响。在这样的背景下,社会经济发展水平迅速提高,投入产出比重迅速增长,科技与经济的融合发展速度不断提高,而这种种变化趋势就是人们经常提到的"信息化"。

工业化的发展水平主要由对物质要素和资源要素的利用程度来反映,信息化的发展水平则主要由对信息要素的开发利用水平来反映。当然,信息化的发展并不是对工业化的否定。信息化是人类经济社会的一个新发展阶段,以互联网技术为代表的信息技术与信息资源之间是一种互相支持的状态,两者的互动是信息化的源泉。

社会发展到一定阶段以后,便会出现新的发展需要,这种新的需要便是新社会形态的萌芽,工业社会在发展的过程中对信息要素的依赖日益增强,以互联网技术为代表的信息技术逐渐蓬勃发展,随着互联网经济在国民经济中的地位及比例的提高,一种新的社会形态便出现了。概括而言,信息社会的主要社会特征如表 2-1[①] 所示。

表 2-1 工业社会和信息社会的比较

		工业社会	信息社会
革新技术	核心	蒸汽机(动力)	计算机(存储、计算、控制)
	基本职能	体力劳动的替代,加强物质生产性动力	脑力劳动的替代,加强信息生产性动力
	生产性动力	每单位生产资本的增加	最优化行动选择能力的增加
社会经济结构	产品	有用的产品和服务	信息、技术、知识
	生产中心	现代工厂(机械、设备)	信息设施(网络、数据库)
	市场	新的世界、殖民地、消费者采购力	知识和信息空间的增长
	带头行业	制造业(机械工业、化学工业)	智能行业(信息业、知识业)
	产业结构	第一、第二、第三产业	矩阵产业结构(第一、第二、第三、第四/系统产业)
	经济结构	商品经济(劳动分工、生产与消费的分离)	协同经济(联合生产、分享利用)
	社会经济原则	价值法则(供求平衡)	目标法则(协调反馈原则)
	社会经济主体	企业(私人企业、公共企业、政府管理部门)	志愿团体(地方和信息的团体)
	社会经济体系	资本的私有化、自由竞争、利润最大化	面向知识和人力资本、以协同原则和社会利益优先的基本结构

---

① 张国锋,刘雪芬,钱显鸣.互联网社会党建工作面临的新问题及对策研究[EB/OL].(2010-03-26)[2019-07-26]. http://www.doc88.com/p-01273217679.html.

续表

		工业社会	信息社会
社会形态	形态	阶级社会、权力集中(中央权力、控制)	职能社会(多中心、职能化和自治)
	国家目标	国民福利、道德规范(GNW),建立高度福利社会	国民满足总值(GNS),使每个人在更大的未来可能性中度过有价值的一生
	政治体制	议会制、主权原则	参与制民主、自治管理
	社会变革的力量	劳工运动、罢工(冲突)	公民运动、诉讼
	社会问题	失业、战争、污染	未来的冲突、恐怖、侵犯私人权益
	最高阶段	大量的高层次消费	大量的高层次知识创造
价值	价值标准	物质生产(生理需要的满足)	时间价值(目标成就需要的满足)
时代精神	精神标准	人性的解放、文艺复兴精神	人与自然共生的"全球主义"精神

从表2-1中可以发现,工业革命和互联网技术革命在社会的价值观、时代精神、社会形态等方面带来了显著的变化。互联网经济的崛起承因于互联网技术的革命及人类价值观的升华,其实质在于:

① 在社会生产力系统中,互联网技术的应用使得劳动工具发生了巨大变革,极大地提高了劳动生产率,将劳动者从简单、机械的工作岗位中解放出来,并逐步减少了对物质要素、资源要素的依赖。

② 互联网经济的蓬勃发展使整个社会经济结构、价值观念、企业的经营决策等方面产生了巨大的变革,这些变革反过来也推动了互联网经济的发展,使互联网经济走向繁荣。

③ 互联网经济发展的一个重要基础便是坚持人与自然和谐共存、协同发展的基本原则,这对于工业经济时代出现的牺牲环境来换取经济发展的状况具有改善效果,对于推动人类未来的可持续发展具有深远影响。

2.1.2 "互联网+"时代人类生存环境的新变化

互联网技术的发展及应用对于人类社会的进步起到了巨大的推动作用,改变了社会的生产方式,将人类从繁重的体力劳动中解放了出来,使人类拥有了更多的自由。在生产过程中,通过运用以互联网技术为代表的信息技术,人类开发出了各种智能化的工具,解放了双手,使劳动者在生产过程中的角色由生产者转为监督者和调节者,这种变化是人类自身的理性、智慧以及主体自觉性高度发展的确证。互联网技术的广泛运用扩展了人类活动的时间和空间,使得人类社会的发展进入了一个新的历史阶段。"互联网＋"时代是人的个性全面丰富、主体精神充分彰显的时代。

1. 人的自主活动能力得到极大的提高

人与其他动物之间最大的区别就是对于工具的创造和使用能力。人类的每一次进步都伴随着各种创造和发明,这是对人类自身所具有的自然属性的挑战与超越。"互联网＋"时代的人工智能技术是对人类大脑功能的进一步延伸,极大地放大了人类的思维能力。人工智能通过计算机程序来模拟人类思维活动的整个过程,使人的思维变得具有可重复性、可复制性。数字化技术的发展为人类构建了虚拟平台和现实平台两个平台,并且突破了时间的线性限制,帮助人们重现过去、预测未来。由于人工智能技术、数字化技术等先进信息技术的不断发展,大量原本需要由人亲自完成的活动转而由计算机、机器人进行替代,大大提高了工作的效率和准确性,极大地解放了人的脑力和体力,显著推动了人类社会的发展、进步。

大数据、云计算等现代互联网技术手段的广泛应用极大地改变了人类社会实践的活动方式,并催生了一种新的社会实践方式——虚拟实践,它是一种更加重视主客互动的系统,能够模仿人的触觉、听觉等感知能力,使人可以在现实中充分感受与虚拟环境的互动。虚拟实践打破了用物质符号去描述现实的局限,实现了推动实践的手段数字化和实践存在的形态虚拟化。现实中的实践要依赖客观存在的世界和人的力量,而虚拟实践则可以在很大程度上减轻这种依赖,增强主体的自主性和超自然性,从而对传统的实践方式和形态造成巨大冲击。通过采用虚拟实践,人们不仅可以复制、记录、反映客观现实,也可以通过计算机模拟实践中尚未发生的多种可能性,提高实践中的成功率。虚拟实践是实践主体与客体之间通过计算机虚拟技术及系统实现的双向互动活动,具有虚拟性、交互性、开放性、间接性等特点,将人类从现实劳动中解放了出来。虚拟实践可以将现实中尚未发生的事情通过模拟的方式向我们呈现出来,将物质世界抽象为虚拟的世界。面对客观存在的世界,实践主体要充分发挥自身的主观能动性、创造性,主动利用虚拟现实技术,使自己成为虚拟实践的主人。

总之,虚拟实践对于人类活动自主性、自愿性的增强具有极强的推动作用,为人类的生存、发展提供了更大的可探索空间。虚拟实践虽然无法代替现实实践,但其功能与效率却早已远远超过了现实实践,有效提高了现实实践的成功率。

2. 人可自由支配的时间空前增加

马克思曾经指出:"时间实际上是人的积极存在,它不仅是人的生命的尺度,也是人的发展的空间。"①自由时间是相对于必要劳动时间而言的。在人类社会发展的过程中,人类为了能够更好地生存,必须要在谋求生存所需的基本生产资料方面付出大量的时间、精力。随着生产技术的不断发展,人类在生产方面所花费的社会必要劳动时间不断减少,人类逐步从生产性的体力劳动中解放出来,有更多的时间去从事艺术、哲学、体育等非物质生产活动。自由时间越来越多,人类在生产活动中的解放程度也在不断提高,有效地推动了人类的全面发展。

在工业经济时代,人们从事生产活动主要依赖的是体力,以消耗自然资源为主。信息技术的不断发展、进步使得劳动方式日益多样化,不仅有集中化、标准化的劳动方式,也出现了许多分散化、个性化、自由化的新型劳动方式。劳动方式的个性化日益突出,分散性日益明显,这种转变对于增强主体的创造性具有重要的意义。互联网经济时代的智能化发展趋势使得社会生产力的衡量尺度发生了变化,人们逐渐意识到科学技术就是生产力,知识与信息的产生、积累逐渐成为生产力发展的重要来源,也是能够让各国在国际竞争中占据优势地位的重要资源。目前,人类社会生产力的主要特征已经由以资本为特征转变为以信息为特征,知识和信息自身所具有的可重复性使得社会财富的增长速度迅速提高,极大地改善了人们的生活水平。信息技术的发展不仅将劳动者从繁重的体力劳动中解放了出来,也极大地拓展了人类体力劳动和脑力劳动的职能范围。知识水平、技术能力日益成为决定劳动者素质的关键因素,在知识经济时代,人们对于知识的需求日益提高,知识将成为社会的重要财富。

概括而言,互联网经济的迅速发展极大地增加了人们可自由支配的时间,克服了传统劳动的局限性,解放了劳动者的体力和脑力。

3. 人的个性充分彰显、主体意识不断提升

马克思曾说:"每个人的自由发展是一切人的自由发展的条件。"②在人类社会发展的过程中,由于政治、经济等因素的影响,人类的个性发展受到了许多限制。在人类社会形成的早期,人类为了同自然环境做斗争,只能依赖许多简陋的技术,只有依靠集体的力量才能够生存下来,人类的个性发展受到了自然环境的极大限制,但在与自然环境做斗争的过程中,人类的自我发展能力得到了提高,并逐渐萌发了自我意识。进入农业社会以后,人类的个性发展受到了封建等级制度及宗教的限制,神的意志、君主的意志远高于人的意志,人类的个性被严重压抑。进入近代社会以来,文艺复兴运动极大地解放了人类的思想,打破了神权的统治地位,人类的个性发展日益受到重视,人们越来越多地关注自我的尊严、价值的实现。随着工业社会的不断发展,科学知识不断进步,人类的理性水平也不断提高。通过

---

① 马克思,恩格斯.马克思恩格斯全集(第47卷)[M].北京:人民出版社,1979:532.
② 马克思,恩格斯.马克思恩格斯选集(第1卷)[M].北京:人民出版社,1995:273.

利用科学技术,人类征服自然的欲望日益强烈,并不断追求做自然的主宰。互联网时代的到来极大地拓展了人类的生存方式,以知识、信息为基础的数字化、网络化、智能化技术的不断发展极大地解放了人的个性,推动了人的全面发展。

"互联网+"时代的到来极大地改变了人们的传统观念,传统中央集权的观念日益淡化。人们不再愿意接受现实中的种种约束,更倾向于自由、平等地表达观点,以充分凸显自身的个性化特征。在互联网中,信息具有多样性、互动性、开放性的特点,极大地拓展了人类参与社会生活的空间,丰富了人们的业余生活。在网络世界中,人类个体的特征得到了承认,互联网的虚拟性为个人意志的表达提供了便捷的渠道与广阔的空间,极大地解放了人的个性,使人类成为真正的创造性主体。在网络社会的交往中,每个人都可以成为舆论的中心,每个人都是可以自由表达观点的独立主体,网络打破了时间和空间对人类表达个性的限制,极大地丰富了人们的精神世界。

总之,虚拟实践的不断发展激发了人的主动性与创造性,推动了人的个体全面发展,有效地突破了自然环境与社会环境对人的限制,推动人类从必然王国不断走向自由王国。

4. 人的社会关系得以全面扩展与丰富

人是具有明显社会性的动物,交往是人们最基本的行为方式。人类从出生开始就处于各种社会关系网中,人与人之间的交往不得不受制于血缘和地缘关系,即使在走上社会之后,也要受限于工作中所形成的职场关系。互联网技术的快速发展打破了人类交往的时空限制,增强了人与人之间的联系。借助于互联网,无论身处什么地方,人们都可以互相沟通、了解。虚拟的互联网空间极大地拓展了人的社交网络覆盖范围,建立了一种新型人际关系,增强了人类社会的互动性和开放性,使得人与人之间的交往更加自由,丰富了社会关系。

从世界范围来看,虚拟社会的不断发展极大地增强了不同国家与民族之间的交往。这种新型的时空构造打破了各国之间的交往中所存在的时空障碍。互联网空间的融合性和开放性使得虚拟社会能够将不同门类的社会科学结合起来,有利于将人类的智慧与各种可利用的信息资源有机结合起来,突破时空局限,为解决全球性的、复杂的、综合性的问题提供新的方法。虚拟社会还可以提高不同种类的资源在世界范围内的配置效率,尤其是精神资源,借助于互联网,可以以极低的成本实现世界范围内的资源共享。虚拟社会本身也是一种新型的人际交往平台,创新了人际交往的模式。虚拟实践的发展极大地增强了不同国家与民族之间的交流,增强了各国经济之间的依赖性,有效促进了不同国家之间的文化交流。借助于互联网,人们不仅可以追踪链接,也可以自己创建链接,还可以以匿名的方式和各种不同的人交往,吸收、分享网络空间中的各种知识,并且可以利用计算机强大的信息处理能力,创造性地解决各种复杂的数据难题。互联网时代的人类交往是一种普遍式的交往,虚拟社会的全球性特征更加凸显,人类社会也从依赖物质资源阶段逐步转向个人全面自由发展阶段。

总而言之,在"互联网+"时代,人与人之间的社会关系出现了明显的变革,无论是社交网络的覆盖范围还是社交的深度都有了明显的提高。在人与人的交往中,无须关注对方的身份、所处空间,只要真诚地交流,就能够真切地感受到互联网时代所带给我们的信息财富。①

2.2 "互联网+"时代执政党建设创新

2.2.1 "互联网+"时代发达国家的政党建设

"互联网+"时代的到来不仅对各国经济、政治、文化现有的运转方式造成了巨大挑战,这种世界范围内的变革也必将对各国的政党政治、政党管理的运转及发展提出新的挑战。

1. 如何保持政党领先地位

"互联网+"时代的来临,使得发达国家的政党(不论是执政党,还是试图上台执政的党)必须面对如何借助于本国已掌握的信息网络技术和经济优势去保持自身在国际竞争中的优势地位的问题。而且,这一问题又往往同发达国家存在的种种社会问题、当今世界经济发展中出现的问题甚至恐怖主义活动纠缠在一起,形成了"剪不断理还乱"的状态。这就要求发达国家的政党提出能够克服上述困难以适应时代要求的政纲,而哪一个政党提出的政纲具有相对优势,赢得选民的赞同,哪一个政党就有可能在赢得政权上处于领先地位。

2. 如何克服政党衰败

早在信息革命兴起之际,也就是20世纪七八十年代,西方发达国家的政党和政党政治就已经出现了种种衰败现象。

① 政党认同减弱。在不少国家,人们对政党的支持率不断下降。1964年,美国有75%的人支持某一政党,1976年,只有67%的人宣称自己是某一政党的支持者②。选民中,尤其是年轻的选民中,无党派人士比例上升。在21~29岁的选民中,1950年只有28%的人称自己是无党派人士,1971年则有43%的人称自己是无

---

① 张立彬,赵铁锁,李广生.信息时代对人类生存发展的影响[J].图书情报,2005(5):2-6.
② 约翰·奈斯比特.大趋势——改变我们生活的十个新方向[M].北京:新华出版社,1985:163.

党派人士。① 1992年,无党派独立人士佩罗特在美国总统选举中赢得了相当一部分选民的支持,这也在某种程度上说明了人们对政党认同的减弱。法国的一项民意调查显示,受调查者只有25%信任政治家,18%信任政党,68%明确表示不信任政党。1990年的一项民意调查表明,当时西班牙有40%的选民拒绝支持任何政党。② 民众对政党产生了明显的疏离倾向。

② 选民投票率下降。美国选举的选民投票率较大部分西方发达国家略低,而且随着时间的推移,选民投票率有不断下降的趋势。以投票率最高的美国总统选举为例,19世纪下半叶最低为65%,最高超过80%;进入20世纪后,最低低于50%,最高为65%;中期选举平均投票率更低,低于42%。2000年美国总统选举投票率差点未过半,参加预选的更少。1974年,日本一选举团体对选民倾向做了一次调查,只有57%的人表示今后会支持政党。③ 日本众议院的投票率在20世纪80年代以前一般在75%以上,1990年下降为73.31%,1993年为67.26%,1996年为59.65%,2000年刚上升为62.49%,2003年又下降为59.86%,如表2-2所示。

表2-2 日本众议院投票率的变化

年份	1980年	1990年	1993年	1996年	2000年	2003年
投票率	75%	73.31%	67.26%	59.65%	62.49%	59.86%

③ 党员减少。1999年出版的维纳·魏登菲尔德的《时代转换:从科尔到施罗德》中提到,德国主要政党的党员人数持续不断地减少,十年内,德国社会民主党党员减少了20.1%,基督教民主联盟党员减少了18%,自由民主党与东部的自由民主联盟实现联合以后,在东部党员人数减少64%,在西部减少27.1%。据统计,从20世纪60年代至80年代,荷兰各政党支持者的人数仅从51.3万增加到52万,参加投票的选民中属于某一政党成员的从先前的18.9%下降到13.7%;最近25年来,青年大量脱离党组织。德国《议会周报副刊》2001年第10期发表的署名为埃尔马尔·维森达尔的《对政党毫无兴趣,青年人离开政党》称,1974年德国社会民主党的青年党员占总人数的10.8%,1999年为2.8%;1983年基督教民主联盟内青年党员占总人数的3.9%,1999年为2.5%。1980年德国平均104名青年中有1人加入政党,1998年变成平均222名青年中有1人加入政党。1970年,30岁以下的荷兰选民有11%属于某一政党的成员,到了20世纪90年代,这一比例则下降到5%,而青年的减少又造成了党员的老化。1980—1998年,基督教民主联盟和德国社会民主党党员中超过60岁的老年人的比例从20%上升到35%,

---

① 塞缪尔·亨廷顿,等.民主的危机[M].北京:求实出版社,1989:76-77.
② 保尔·海尔伍德.西班牙政府与政治[M].伦敦:麦贞米隆出版公司,1996:179.
③ 塞缪尔·亨廷顿,等.民主的危机[M].北京:求实出版社,1989:125.

其中,基督教民主联盟内超过 70 岁的党员人数是 25 岁以下的青年党员人数的 6 倍,德国社会民主党内是 5 倍,超过 60 岁的党员占总人数的 2/3。

④ 政党功能衰退。西方社会已经进入后工业时代,政党的建设面临着社会发展所带来的多种挑战。第二次世界大战结束以后,各种利益集团发展迅速,并通过通信技术、网络技术等工具将本集团的成员集中起来,大大提高了集团本身的组织化程度,增强了资源的集中性,在社会动员及利益诉求的表达方面比传统政党更具优势。20 世纪 60 年代以来,西方国家的主要政党在社会经济发展、福利保障等传统议题方面的政策主张日益模糊化,伴随社会发展所出现的许多新问题,如环境污染、教育变革、核工业发展等,很难通过传统的渠道得到有效的主张,各个政党迫于选票压力不得不在类似的议题上采取不置可否的态度。利益表达渠道的不通畅催生了许多以单一议题为主张的利益集团(如动物保护协会等),其中最主要的是"新社会运动",它不仅将 20 世纪 80 年代以前的一些议题(如环保、女权保护、和平追求等)涵盖其中,也包含了一些新的议题,如"公民运动""社群运动"等。各种利益集团的社会活动对政党的决策产生了明显的影响。从选民个人的角度来看,对政党的忠诚能够帮助他们了解政治议题、辅助参与决策过程,并且有效降低了选民个人的政治参与成本。随着选民的文化水平不断提高,信息传播速度越来越快,选民个人对于许多政治议题也有了自己独立的价值判断,并且伴随着个人主义价值的广泛传播,选民更加重视政治参与对于自身公民身份的重要意义,更加强调政治参与行为的自主性,越来越不愿听从政党组织的安排。因此,美国很多普通民众认为政党的存在意义受到了削弱,其仅仅是为了提供一种构架来提名候选人而已。[1] 法国政党问题专家博雷拉则认为民主联盟和保卫共和联盟是"世俗的由社会名流组成的选举和议会的组织"[2]。与此同时,社会上所存在的各种社会组织以及民意调查机构能够有效地满足公众对于信息获取及利益表达的需求,对传统的政党功能存在一定的取代作用。

3. 如何发挥媒体的作用

互联网技术的不断发展增强了人们获取信息的便捷性,传统政党在政治信息传播方面的垄断地位被打破。媒体已经成为人们获取各种信息、与政府之间进行沟通的主要渠道,传统政党的信息传播方式(如党政报刊、基层组织拉票等)在覆盖面及便捷性方面的局限性明显,只能充当大众传媒的补充手段。媒体的迅速发展不仅减弱了政党本身的宣传、教育及利益表达功能,也大大降低了政党的吸引力,尤其对于政党对选举的控制产生了强烈冲击。自 1952 年美国总统选举中引入电视媒体,1960 年美国总统选举中引入电视辩论以来,媒体已经成为发达国家

---

[1] 约翰·奈斯比特.大趋势——改变我们生活的十个新方向[M].北京:新华出版社,1985:163.
[2] 弗朗索瓦·博雷拉.今日法国政党[M].复旦大学国际政治系,译.上海:上海人民出版社,1977:84.

的"第四种力量",对于选举结果具有决定性影响。法国社会党在2010年1月19日成立的"the Coopol"社会网络使人们又看到了公共辩论的新前景。①

竞选方式发生了变化,政党领袖失去了对政党候选人提名的控制能力,电视媒体在候选人竞选活动中的作用大大上升,哪位候选人受到媒体的青睐,他的知名度就高,在选民中的影响就大,获胜的可能性就大。

竞选内容发生了变化,由于电视的最大特点是给人以最鲜明、最直接的感受,报道者自然会把注意力集中在候选人最具魅力的形象上,而选民也会跟着媒体把选票投给媒体塑造的"偶像",而不是像以往那样根据政党的政策主张投票。

随着媒体对选民影响的加强,政党基层组织的作用也下降了。随着大众传媒的广泛介入,选民获取候选人的信息主要依靠大众传媒,大众传媒直接将选民的注意力引向某些候选人和某些议题,使政党基层组织难以像以往那样发挥沟通候选人和选民的作用。这种变化使得曾担任德国社会民主党主席的奥斯卡·拉封丹哀叹:"政治已不再具有专有的特性,它的基本特征不再是决策和行动,而是录像游戏。政治根据电视和电视广告的法则来运转。"杜克大学政治学教授戴维·巴伯在《政治的脉搏》一书中曾这样评价媒体对美国总统选举的冲击:"总统政治正在发生一场革命,民主党和共和党不再控制其棋手的选择,代之而起的是一批新的国王制造者——新闻人士。因为总统候选人正是被报刊和电视屏幕制造出来和毁灭掉的。"

4. 如何改善民众对政党的失望情绪

1972年,38%的美国人认为政府的主要目的是为大众谋福利,比二十多年前下降了37%;1972年,52%的人认为联邦政府的行为是正确的,比二十多年前下降了19%。② 阿雷曼在《变幻年代的政党》中写道:"厌恶政党、厌恶政治成了这些年的时髦词汇。人们抱怨:可恶的政治,它使得对于各种问题的决策无休止地拖延下去,最终泡汤;可恶的政治家,他们就会制造丑闻,那么容易被收买,拿着高额薪俸,什么用处也没有;可恶的政党,自己内部乱作一团,在竞选前热衷于追逐并获取权力,但是上台后,面对涉及人类基本生存问题的政治决策,却忘了自己手中的权力;可恶的政府机构,它们不断地强迫选民参加竞选斗争,但是它们自己做不出什么真正有用的决策,并且阻碍直接民主的实现。"③这在很大程度上反映了西欧社会中广大民众厌恶政治的心态和情绪。

正因如此,1986—2001年,仅在德国政治学界就发表了1 384篇讨论德国政党

---

① Luca M D. Theviot A. French primary elections and the Internet, the social network of the Socialist Party, the Coopol[J]. International Journal of E-Politics(IJEP),2014(3):46-65.
② 塞缪尔·亨廷顿,等.民主的危机[M].北京:求实出版社,1989:70-71.
③ 阿雷曼.变幻年代的政党[J].议会周报副刊,政治与现代史,1996(6):33-34.

制度危机的文章。人们在指出了大量危机现象的同时,也总结了一系列制度性的结构问题,表述了对未来的忧虑和恐惧。虽然我们不能把这一切都归咎于某一方面,但是面对信息时代的来临、技术革命的兴起,西方政党未能及时应对,的确是一个重要的原因。因此,改善民众对政党的失望情绪就成为西方国家的政党和政党政治不得不面对也不得不解决的一个大问题。①

2.2.2 "互联网+"时代发展中国家的政党建设

"互联网+"时代的来临不仅对发达国家的政党和政党政治提出了挑战和要求,也对发展中国家的政党和政党政治提出了挑战和要求。从某种意义上说,"互联网+"时代的来临对发展中国家的政党和政党政治提出的挑战远远大于对发达国家的政党和政党政治提出的挑战。

西方发达国家的政党是在生产力发展的自然进程中,尤其是在工业革命和市场经济推动的西方民主发展中产生的,起初只是西方民主的副产品,后来才在西方民主政治舞台上扮演着重要的角色。与西方发达国家不一样,发展中国家的政党是在自身生产力发展水平相对较低,甚至市场经济形态尚未形成的背景下成立的,我们通常称它们是现代生产力和现代社会发展的产物,主要是指整个世界已经进入了新的时代,资本主义生产力的发展已经把落后国家卷入了资本主义的旋涡,使其面临着被奴役、被欺辱的命运,以致其不得不组织政党,进行斗争。也正因如此,发展中国家的政党不得不担负起直接组织和领导本国实现现代化的重担。虽然这些年来,发展中国家在现代化建设中有不同程度的进步,但其走向现代化的路程还很长,互联网技术革命的发生、"互联网+"时代的来临使其在第一次现代化任务尚未完成的时候,又面临着第二次现代化的历史重任。

面对互联网技术的迅猛发展、经济全球化的到来、国际竞争日益激烈的国际形势,如何维护本国政治稳定,努力发展经济,力争在比较短的时间内实现第一次现代化和第二次现代化的任务,是发展中国家的政党和政党政治面临的首要问题。

与发达国家不同,发展中国家的政党和政党政治从整体上看正处于上升时期,不存在西方国家政党和政党政治的衰败问题。然而,由于历史的和现实的种种因素,发展中国家的政党和政党政治仍然存在着许多问题,其中最主要的有以下三个。一是政党能力的开发:由于内外环境的制约,发展中国家的政党对经济发展和政治民主的巨大推动能力的开发尚处于初始阶段,有些国家甚至还处于待开发阶段,政党政治对国家经济社会发展的作用不明显,以至于民众对政党政治的认同度不高。二是政党结构的改进:政党的组织结构、体制和运作方式比较落

---

① 刘建兰,佟岩.中国电子党务建设[M].北京:社会科学文献出版社,2009.

后,难以适应社会经济和政治发展的要求。三是政党政治有待规范:不少国家的政党政治尚未实现法制化、民主化和现代化,处于初级发展阶段;有些国家政党林立,派别众多,政党政治呈现无序化的状态;有些国家政党政治依然缺乏应有的规范;有些国家的政党实际上只是一种政治装饰品而已,基本上没有什么作用。

从某种意义上说,这些国家的政党政治本身就存在着现代化方面的问题,在这个问题还没有得到解决或还没有得到很好的解决的时候,"互联网+"的浪潮已经在整个世界涌现,并不可避免地对发展中国家的经济、政治、文化和社会生活产生了巨大的影响,也不可避免地对发展中国家的政党和政党政治产生了巨大的影响,发展中国家的政党和政党政治必须对此做出回应。而发展中国家城乡二元结构突出,城市和农村发展相脱离,这为发展中国家的政党和政党政治如何回应信息化浪潮带来了相当的困难。①

2.2.3 "互联网+"时代执政党建设创新的必然性

1. "互联网+"时代要求政治更加开明

随着互联网技术的不断发展,互联网经济日益成熟,作为经济集中表现的政治必然会随之发生变化。互联网日益成为政治发展的重要平台,对政治领域产生了许多重大影响,主要表现在以下两个方面。

一方面,互联网技术的发展和运用大大提高了工作人员的工作效率,使得许多组织机构对于人员的需求日益减少,有利于推动组织机构的精简,有利于增强决策的科学性和民主性,提高政治效率,也相应地提高了对工作人员的知识技能水平的要求,也将有更多的组织机构工作人员从事与网络有关的工作。

另一方面,全球性的政治活动将突破地域的限制,各国政府只需要借助于互联网平台,运用相关网络技术,便可以对他国的政治活动进行干扰、颠覆、封锁等,甚至直接威胁他国的国家安全,最主要的是,这种网络空间的斗争是一种真正的"无硝烟战争"。网络空间中的政治斗争可以随时、随地不间断地发起,与此同时,各国政治组织对于这种斗争的敏感性将大大提高,反应时间也会大大缩短。

根据托夫勒的观点,互联网技术的发展给我们的社会带来了巨大的挑战,我们不得不重新反思当前的政治活动,例如,当前非群体化社会组织越来越多,政党的社会动员能力受到不利影响,网络政治是应对这种挑战的重要方式,因为网络政治具有以下特点。

① 直接性。在互联网中,人们可以以匿名或公开的方式自由发表自己的意见,不需要借助于其他的群体,并且可以直接对政府的议题等进行投票,这种对政

---

① 刘建兰,佟岩.中国电子党务建设[M].北京:社会科学文献出版社,2009.

治生活的直接参与是网络政治的突出特征。

② 平等性。在互联网中,只要符合法律的相关规定,人人都具有平等的参政议政权利,不同人之间也没有任何差别。互联网有效地推动了政治平等,普通网民在网络中所发表的言论是公开可见的。比尔·盖茨认为作为信息高速公路的优点之一的"虚拟平等"远比现实世界中的平等容易实现,在虚拟世界中,每个人的平等政治权利都得到了保障。

③ 快捷性。互联网的传播速度极快,任何政治事件、政府决策等与政治活动相关的内容,都能够在发生的第一时间通过互联网向广大网民传播,极大地提高了政治活动的快捷性。

④ 网络政治还具有方便性、廉价性等特点。网络对政治领域所产生的影响是革命性的,而政治领域的变革必然会对政党产生深远的影响。面对信息化的浪潮,我国已经利用互联网技术为政治运行服务,但是,互联网对政治产生的影响不仅在于互联网技术的应用,还表现在政治必须适应"互联网+"时代政治领域所发生的变化。

2. "互联网+"时代要求政党采取更加有效的组织结构

在"互联网+"时代,人类社会的组织形态也发生着革命性的变化。传统的工业社会的科层制组织结构正在被新型的组织结构取代。自20世纪80年代初以来,学习型组织、虚拟组织、战略型组织等新型的组织结构不断出现,这些组织结构的出现与互联网的发展密切相关,其自身所具有的很多特点也是由"互联网+"时代的特征所决定的。

组织结构决定了组织活动的具体开展,如组织任务的分配方式、组织中汇报工作的流程、组织正式沟通的模式等。具体而言,组织结构主要包括三个方面的内容:结构的集中性、规范性和复杂性。互联网技术的迅速发展推动了组织结构在这三个方面发生重要变革。

① 决策的集中化将让位于权力下放。知识(特别是专业知识)的转移成本很高。在工业经济时代,企业信息的收集和传递主要由许多中层管理者向上级报告,最后在高层汇总,高层管理者利用这些信息做出决策,同时获得具体权力,这样他们就会觉得自己像商业组织的"大脑",同时把基层员工变成了"手脚",使其只能被动地执行命令。在"互联网+"时代,企业所面临的环境变化迅速,信息层层传递将延迟决策时间,使企业难以快速响应。此外,由于传播专业知识的成本很高,对市场主体而言,决策专业知识的使用应该是分散的,因此,资本不再是市场组织的关键资源,而是具有不同专业知识和技术的工人之间的联系纽带。员工对企业而言不再是附属品,而是有可能成为未来合作伙伴的员工,这种地位的转变使公司员工不必为了职位去过分竞争,使其能够追求提升自身的专业能力,高

层的任命权也被不断削弱。同时,由于基层员工更接近市场,他们往往比高层更有可能接触到客户信息,在信息掌握方面,基层员工甚至会具有更多的优势,从而将决策权从上层转移到下层。

② 标准化将让位于创造力。组织结构的标准化是指组织中的书面文件数量,包括工作程序、工作描述、法规和政策手册。在"互联网+"时代,员工一般从事知识工作,包括信息收集、做实验等。这种工作的本质意味着老板不能像传统的指挥工人那样向知识工作者发号施令。智能技术和技术专长的运用在很大程度上取决于员工的创造力,我们不能对创造性工作制定明确的工作规则。知识工作包括更多的自我导向和团队合作,同时,知识工作的宽松、不干预管理对于进行创造性思考具有明显的促进作用,能使市场组织快速响应竞争和市场发展。

③ 纵向层次结构向横向层次结构转化。随着互联网技术的不断进步,互联网技术对企业管理的影响使企业组织结构呈现扁平化。扁平化结构的好处是,它减少了决策和行动之间的时间差,并加快了对市场动态的反应。创新是知识经济时代的重要驱动力,为了获取知识,组织结构从传统的纵向层次结构发展到横向结构、网络结构。横向组织的突破在于赋予员工思考和行动的权利。自我管理型团队是横向结构的基本构成单位,它的构建主要是围绕工作流程而不是部门功能,打破了传统部门的边界。学习型网络组织的突破在于让员工在战略性指导方面能够做出比以往更多的贡献。在一个网络组织中,每个人都是一个决策中心,而不是只有高层领导这一个中心,所以分权更容易实现,效果也更好。①

组织结构的这种变化虽然主要发生在商业组织中,但其影响却波及政治组织。我们党目前的基层组织建设面临许多问题,其原因不仅仅包括主观方面(即我们党的建设不力),更为深刻的原因在于客观方面,原有的政治组织形态正在受到越来越多的挑战。目前,党的组织设置包括运行方式都是典型的科层制的方式,这种组织结构必须随着互联网技术的发展以及组织形态的变革发生改变,这是我们党进行组织创新的客观要求。

3. "互联网+"时代要求政党的活动更加透明

在"互联网+"时代,发展服务贸易业、发现新商机、保障消费者权益、提高政府公共服务质量都离不开及时准确的信息获取。信息公开不仅是经济贸易发展的必然要求,也是当代政府在推动社会全面发展中所应承担的保障公民权利的基本义务。公民有权知道政府和公共部门拥有的公共信息。许多所谓的"内部情报"或"机密信息"过去被列为政府情报,而现在是公民应该知道或知道的公共信息。许多国家在信息披露方面处于领先地位,如下所述。

---

① 龚晨.信息化与党的建设相融合的必要性分析[J].西藏发展论坛,2014(4):9.

美国：美国情报披露制度由一系列法律构成，1966 年颁布的《情报自由法》（Freedom of Intelligence Act）修正了 1946 年的《行政程序法》（Administrative Procedures Act），修正的内容主要是关于行政当局出于公共利益和正当理由而拒绝公开信息的原则，《情报自由法》中政府文件原则上应该公开，不对外公开是例外，在不对外披露的情况下，政府必须承担举证责任，法院有权重新审查；1972 年颁布的《咨询委员会法》要求必须公开联邦机构咨询委员会的组织、文化和会议；1976 年颁布的《阳光下的政府法》进一步规定，合议制行政机关的会议必须公开，公众有权旁听和了解会议情况；1974 年颁布的《隐私权法》旨在保护公民免受政府机构侵犯的隐私权，控制行政机关处理个人信息的行为，保护个人查阅与自己相关档案的权利；1996 年颁布的《电子信息自由法》对电子信息的检索、披露和时限有更加具体的规定。

英国：英国在光荣革命后就废除了亨利八世时制定的认可条例，确立议会议事录的自由出版制度和为出版而阅览公文书的权利制度；英国于 1994 年制定《政府情报公开实施报告》及其《解释方针》，开始推行情报公开制度；1999 年英国议会通过情报公开法案。

瑞典：瑞典于 1766 年制定的《出版自由法》规定了公民为出版而阅览公文书的权利；根据瑞典的情报公开制度，公文书的公开机关包括政府行政机关、国会、法院、地方公共团体和教会会议等。

韩国：韩国于 1996 年制定《公共机关情报公开法》，该法于 1998 年 1 月 1 日开始实施，在此之前，地方公共团体已先后制定了许多情报公开条例；清州市议会于 1991 年制定《行政情报公开条例》，受到该市市长强烈反对，1992 年经大法院判决该条例合法，此后，至 1997 年 6 月，245 个地方公共团体有 178 个制定了情报公开条例。

日本：日本于 1999 年 5 月制定《关于行政机关保有的情报公开的法律》，简称"情报公开法"；日本的情报公开制定也是从地方先搞起来的，从 1982 年 4 月山形县金山镇制定情报公开条例开始，至 1988 年 3 月，已有 28 个都道府县、93 个市镇村制定了情报公开条例或纲要。

另外：芬兰于 1951 年制定《行政文书公开法》；丹麦于 1970 年制定《行政文书公开法》；挪威于 1970 年制定《行政公开法》；法国于 1978 年制定《行政文书法》；澳大利亚于 1982 年制定《情报自由法》；加拿大于 1982 年制定《情报自由法》；德国在欧共体的压力下于 1994 年制定《环境情报法》。

上述各个国家所制定的情报公开法律在内容方面通常涉及立法目的和基本概念的定义、范围申请人的资质、实施机关及信息公开的内容、信息豁免公开的范围、信息公开程度以及行政救济和司法救济。国外情报公开立法的发展趋势说明，保护公众的知情权已经是政府最基本的义务之一。

根据世界贸易组织（WTO）对信息披露的要求和我国民主法治建设的需要，建立相应的情报公开制度应成为我国未来的一项重要任务。改革开放以来，在倡导行政公开原则、公开办事制度、政务公开等方面已经呈现出信息公开的发展趋势，尽快制定《信息公开法》是我国的一项紧迫任务。在计划经济时代被认为是"内部文件"和"内部材料"的所谓"内部情报"，很多实际上应该被公开。

到目前为止，"法藏官府、密不可知"的现象仍比较普遍，很多应该向利益相关者和公众公开的规范性文件，却被定性为一个内部规则或内部材料。在许多情况下，社会上的组织和普通公众并不知道到底应该遵循什么规则，但规则确实存在，并且由政府机构所持有。弄清楚一份文件中关于公司和公民利益的规则通常需要大量的工作。不仅行政机关不公开其本来应该公开的规则，甚至法院在司法解释中形成的许多规则也被定性为不公开的内部信息。人事部门建立的公民个人档案的内容是什么？这只有从事人事组织工作的有关人员才能看到，当事人对人事组织工作往往一无所知，更不用说提出修改和补充意见的权利了。政府公开信息内容的局限性以及信息歧视问题对普通企业正常开展经济活动造成了一定的不利影响。

2003年的"非典"疫情给中国社会带来了巨大的冲击，对政府的管理方式提出了严峻的挑战，越来越多的人开始关注信息公开制度的重要意义。现代民主的最基本要求就是公民的知情权，公民使用管理国家的权利的前提是了解公共事务，如果无法及时、全面地获取相关信息，公民就无法行使管理、监督政府的权利。知情权对于公民保护自身的合法权益至关重要，政府及时公布公共事务、公共政策等信息，能够使公民及时了解自身所处的现状、掌握政策动态，有利于其保护自身的合法权益。在"非典"疫情刚发生的时候，由于信息公布不及时而造成的危害是一个深刻的教训，在那之后，政府第一时间公布疫情信息，保障了公民的知情权，公民在了解疫情的危险性之后，积极配合，采取正确的预防措施，各种谣言也不攻自破，维护了社会秩序的稳定。

主动利用互联网技术改进政府管理、党务管理，是贯彻依法治国方略、推进民主政治建设的重要方式，将公共信息及时向社会公众公布，能够增强权力运行的透明度，切实发挥人民监督的作用，对于发扬人民民主、推进社会主义政治建设、推进依法治国具有重要的意义。

4."互联网十"时代催生党建新途径

互联网技术的快速发展催生了许多新的媒介形式，新闻网站、即时通信软件、博客、论坛、微博、视频等多种新媒介形式均是有效的互动平台，对这些媒介形式的合理利用对于改进党建工作具有重要的意义。在政府的日常管理工作中，党政部门可以通过部门网站、微信公众号等媒介形式及时发布政策文件和工作部署，在让群众及时知晓的同时收集群众反馈的意见和建议。在政府的政策制定过程中,相关政府部门可以通过互联网平台与社会公众就某项公共议程进行沟通,征求广大群众的意见,以增强政府决策的科学性和民主性。

门户网站、邮箱、微信公众号、微博等是当前比较热门的几种媒介形式。随着互联网技术的不断发展,各种媒介形式也在不断完善、成熟,并且已经有很多媒介形式被党务管理部门利用。2010年开始,QQ这一即时通信工具的广泛采用成为一种时尚,广东省丰顺县委组织部先后创建了"丰顺党建在线QQ群""丰顺非公企业党建QQ群"等一批党建工作QQ群,将其建设为丰顺县组织、人事干部、党员之间信息互动、情况互通、工作互助、困难互帮的新平台,受到广大党务工作者的欢迎。2011年3月,齐齐哈尔市公安局政治部也申请了"互联网——鹤城公安宣传QQ群",并以该群为媒介,举办了2011年度第一期网络公安对外宣传会议暨全市公安宣传民警培训交流会。为方便各基层党组织党务工作的联系和交流,新疆昌吉州建立了一个全天候、零距离的"机关党建工作QQ群"互动平台,实行实名制、内部封闭式管理,主要进行信息发布、业务共享、难题咨询、交流探讨等机关党务的一些非涉密性工作往来,成为机关党务干部进行学习交流、信息互动的新平台。

微博这一媒介形式在2010年呈现出爆发式增长的态势,其影响力在不断深化。各类政府微博也适时而出,纷纷上线,加强官民互动,提升党建工作。2010年2月,广东开设我国首批公安微博群,3个月内广东公安微博共发布信息近万条,粉丝总数逾10万人,评论总数超过3万条。此后,北京公安正式开通官方微博"平安北京",其后20天内访问量突破210万人次,粉丝总数近5万人。截至2010年12月,新浪微博中带有"公安"标签的已达244家。

由中央组织部党员教育中心主办、新华网承办的共产党员微信、易信于2014年6月27日15时正式上线发布。共产党员微信、易信成为宣传党的路线方针政策、传播党的思想理论、开展党员教育、弘扬先进典型的新载体,以权威的信息、开阔的视野、睿智的学识、犀利的评论,阐释党的建设和组织工作的核心价值和政策主张,引领党员开展自我学习、强化先锋模范意识、发挥战斗堡垒作用。

由中宣部牵头打造的理论学习平台"学习强国"App于2019年1月1日正式上线,该App融合了时政新闻、理论学习、理论宣传等多个方面,内容丰富,满足了广大党员多样化的学习需求。"学习强国"App实行积分制管理,各个党组织以及每位党员都需要在App内进行实名注册,全体党员干部每天通过浏览新闻、观看视频、参与答题等方式获取积分,并可以实时查看自己的积分在本单位党组织内的排名以及在全国的排名,积分可以用于兑换礼品,这对于广大党员干部学习最新理论知识、提升自身党性修养具有重要的意义。这是推动习近平新时代中国特色社会主义思想深入人心、推进马克思主义学习型政党和学习型社会建设、满足互联网时代学习需求多样化个性化智能化便捷化的创新举措。

全国各地类似的实践层出不穷。面对互联网技术的快速发展,党政管理部门要提高思想认识,主动适应形势,积极改进工作方式,主动利用互联网技术打造在线党务管理、理论学习平台。①

2.3 "互联网+"时代基层党组织建设环境的新变化

2.3.1 "互联网+"时代党员生活方式的现代性转型

1. 党员生活方式的现代性转型:全球化和信息化的融合

从政治的角度来看,全球化显然是一种外部力量,它本身就是从"国家间政治"向"全球社会"的重要过渡。然而,不同国家所处的发展阶段的不同以及民族文化的巨大差异使其在走向政治社会化的过程中遭遇了许多的结构性矛盾,形成了国际社会中的结构性张力网络,任何国家的政治主体都受到其促进和限制。在全球化进程中,互联网技术与政治进程的互动越来越明显,并对国际政治和社会生活的变革产生了深远的影响,其将国家、民族从一个区域共同体转变为参与全球互动的互动性格局,从而推动了政府及公众的思维和行动方式发生相应的变革。

当我们审视政治生活系统本身、政治生活的内容以及政治生活的发展时,一方面,我们会发现以互联网技术为标志的人工智能技术系统是如何与现代政治系统相互影响的。我们必须承认技术(尤其是社会技术)和政治制度具有高度的可融合性,政治系统也可以是各种技术的组合。另一方面,由于技术的价值负荷(即技术本身是伦理价值的源泉),信息网络参与广泛的社会形成的过程本身就成为促进和改变人的社会化和再社会化的过程。

互联网技术的发展对目前世界各国政党政治的发展产生了深远影响,它催生了许多新的政治场景,改变了人们的生活方式和生活状态。在社会主义国家中,共产党员因其身份的属性以及在政府管理中的特殊性而成为互联网快速发展所带来的冲击的首要承受对象,广大党员必须要让自己不断进步,以不断适应世界潮流的变化。

---

① 陈建波,庄前生.互联网时代党的建设研究[M].北京:中国社会科学出版社,2017:44-46.

随着党建工作开展方式的不断改进,政府在管理过程中对互联网技术的重视程度和利用程度越来越高,互联网对于广大党员的影响已经不容忽视。党员队伍的不断壮大以及互联网技术的不断更新使得广大党员不得不接触并使用互联网,这是互联网技术的发展对党建工作产生影响并发挥实质性作用的前提。随着这种趋势的发展,广大党员自身的互联网技术水平也在不断提高,对互联网的接受程度和使用程度都得到了显著的增强。总而言之,互联网技术与广大党员的日常生活和工作息息相关,党员自身的身份属性又使其将这种影响扩散给了其他社会大众,互联网技术的发展对共产党人的生活和工作产生了深远的影响。①

2. 党员生活方式的现代性转型:在机遇与挑战中积极变迁

互联网技术的不断发展对世界各国执政党的管理及执政方式产生了巨大的挑战,但也为其不断发展创造了难得的机遇。执政党执政方式的转型是经济社会不断发展进步的必然要求,只有顺应时代发展趋势,并及时抓住机遇,才能够成功应对挑战,顺利实现转型。这种转型不是一蹴而就的,也不是一劳永逸的,如同经济社会的发展进步是一直存在的、不断变化的一样,执政党执政方式的转型也存在一个动态的转换过程。现代化政党要求政党的纲领、策略、思想、行为全面现代化,而这种现代化转型的实现离不开党员个体的现代化。基于这个角度,党员个体的现代化也是其自身生活方式不断现代化的必然要求。

互联网的渗入改变了党员个体的日常生活方式,进而对整个政党的结构、行为产生了相应的影响,不同政党的政治理念各不相同,其对于互联网的重视程度和利用程度的差异也十分明显,但无论政党对待互联网技术的态度如何千差万别,互联网技术对党员个体的生活所产生的巨大社会影响都具有较强的相似性,这种影响主要表现在以下几个方面。

① 互联网技术极大地拓展了个人的社交网络,增强了个体的社会性。卡斯特尔指出,互联网技术已经成为现代社会的普遍范式;互联网时代的主要社会功能和行为方法均以互联网技术为基础构建而成;在互联网时代,互联网通过打破人与人沟通的时空限制而构建了一个流动的空间;②互联网技术的发展使人类社会发生了多种变革,打造了新型的社会关系。

② 互联网技术推动了全球通信系统的现代化变革。现代化的通信系统将全球各个接入的国家连成了一个整体,极大地改变了传统的沟通方式,更加强调沟

---

① 段志超,张鹤立.网络化背景下党员生活方式的现代性转型[J].探索,2006(4):32-35.
② 谢俊贵.凝视网络社会——卡斯特尔互联网社会理论述评[J].湖南师范大学社会科学学报,2001(3):41-47.

通背景设计的理性化、沟通距离的弹性化、沟通对象的扩大化等。①

③ 互联网技术的引入改变了党组织对党员的管理方式,对于推动党员个人的生活、工作模式的转变具有促进作用。

④ 互联网中的负面内容对于党员个人也具有不良影响,如网络暴力、网络赌博、网络色情、计算机病毒等。

⑤ 不同地区的互联网技术发展水平不均衡致使在党务管理中出现了"数字鸿沟"问题。一方面,这种现象反映了在党员之间信息拥有水平的不均衡、信息分配权利的不平等,相对处于劣势地位的个体难以平等地享受互联网技术的快速发展所带来的政治、经济、文化等方面的变化,而且如果"数字鸿沟"问题长期得不到解决,甚至会导致问题不断叠加从而造成新的问题。另一方面,"数字鸿沟"的客观存在容易导致党员队伍内部出现分化从而引发其他问题,在互联网社会,这些问题存在被网络放大的可能性。

在党员与互联网的二元结构中,党员个体生活方式的现代性转型能否及能在多大程度上达成,取决于政党及党员个体对于全球化与信息化的批判与吸收、扬弃与接纳。互联网打破了传统社交活动的时空限制,从根本上改变了社会交流的方式、社会互动的方式,并且这是一种不可逆转的必然趋势。互联网技术不仅会使党员个体的思想观念、生活方式发生巨大转变,对整个社会生产力的发展、变革也具有深刻的影响。共产党人的价值追求决定了在党建现代化的过程中既要保持与全球一致的步伐,又要坚持自身的政治信仰。作为新时期的共产党员,面对互联网潮流,要么主动接受,主动面对,主动学习,积极利用,实现自身的现代性转型,要么只能被历史淘汰。②

2.3.2 "互联网＋"时代基层党组织建设所面临的新挑战

1. "互联网＋"时代党的思想建设面临的新挑战

① 互联网的繁荣发展给党的意识形态工作带来了巨大的冲击。在工业经济时代,政府掌控了所有的信息传播工具,牢牢掌握着意识形态的控制权。这种管理方式对于维护社会稳定、顺利推行相关政策具有重要的意义。但是随着互联网的快速发展,不同的国家、不同的民族之间的空间壁垒被击破,全球化趋势日益明显,互联网成为重要的信息传播工具。由于互联网诞生于美国,因此美国在互联网技术的开发运用方面具有世界领先的水平,发展中国家与其相比差距较大。据相关机构统计,在互联网中,英语内容占90%,法语内容占5%,其他不同语系内容

---

① 白淑英.网络技术对人类沟通方式的影响[J].学术交流,2001(1):93-96.
② 段志超,张鹤立.网络化背景下党员生活方式的现代性转型[J].探索,2006(4):32-35.

的总和才占5%,这对于我国意识形态稳定的维护具有不利影响,使得西方国家在通过互联网开展意识形态宣传、攻击方面具有天然的优势,对于社会的稳定具有不利影响。当前,我国的互联网中已经出现了很多种族主义、宗教纷争、民族歧视等方面的言论、思想,并且在一定范围内传播比较广泛,国外一些势力通过互联网有意炒作新闻、歪曲事实、制造争端,意图分裂中国,种种不利的行为对我国很多传统的观念造成了强烈的冲击。

② 互联网技术的发展为党的领导、社会主义理想信念带来了冲击和挑战。理想信念是凝聚人心、维护社会秩序稳定的关键。在工业经济时代,由于通信技术以及地理空间的限制,各种文化之间交流较少,各种文化的发展相对孤立。随着互联网技术的不断进步,数字化技术大大增强了信息的可传递性,通过网络,不同国家、地区之间的信息传输速度大大提高,各种不同文化之间的沟通、交流大大增加,与此同时,不同文化之间的冲突也日益明显。这些冲突中就包括西方资本主义思想对社会主义思想的否定和攻击,这严重威胁了党的执政地位,对新时期的党建工作提出了新的挑战。互联网的飞速发展也使得社会上不断出现各种新生事物、新的问题,对于这些问题的解读之道,即使在传统的马克思主义经典著作中也未必能够找到现成的答案,部分西方敌对势力便由此得出了马克思主义过时的结论。20世纪80年代末,伴随着东欧剧变、苏联解体,社会主义事业的推进遇到了极大的阻碍,西方敌对势力便得出了社会主义失败的结论,并且通过互联网向世界上其他的社会主义国家大肆宣扬类似言论,我们党内的很多同志也受到了类似思想的影响,对党的思想建设提出了挑战。①

③ 互联网技术的发展为宣传舆论的引导和舆情研判带来了冲击和挑战。在传统时期,我们党对舆论的引导、控制、判断的方法,随着互联网的普及、发展,受到了来自国内、国外自媒体、新闻媒体等多种形式的挑战,这些挑战主要来源于:第一,国外敌对势力通过网络发起的挑战,美国等西方发达国家互联网技术发展应用的起步较早,技术水平较高,在全世界处于领先地位,其通过互联网产业的发展、扩张,向全世界传播其自身的理念、价值、文化,并通过多种方式对其他国家进行渗透,可以说是一场没有硝烟的战争;第二,互联网空间的开放性极强,国内一些敌对势力利用这一点在网络阵地开展一些非法的宣传,如宣传邪教、民族分裂等思想,并且个别组织通过互联网策划、组织违法活动,严重扰乱了社会秩序,甚至造成了人员伤亡,严重危害了社会稳定;第三,互联网极大地提高了信息传播的速度和便捷性,社会公众获取信息更加便利,打破了传统的舆论引导、控制格局,与此同时,互联网中也出现了许多的负面内容,如虚假新闻、抄袭侵权等,损害了

---

① 刘军,张俊山.对党建工作网络化问题的思考[J].求实,2002(5):16-18.

普通公民的合法权益,影响了社会的稳定。①

④ 互联网信息的碎片化特征使得党建工作难度加大。在"互联网+"时代,信息资源往往呈现碎片化、分散化的特点,缺乏系统性和完整性,再加上某些信息资源在某种程度上具有误导作用,使人们很难根据现有信息做出判断。借助于互联网平台开展党建工作,党务工作者必须对信息资源进行有效的筛选,这给党建工作的开展增加了难度。②

2. "互联网+"时代党的组织建设面临的新挑战

① 互联网技术的发展易淡化党组织观念。对党组织的建设而言,一方面,互联网极大地拓展了人们的社交网络,增强了人与人之间的联系,使得人与人之间的思想交流、信息沟通更加便捷。另一方面,互联网具有数字化、互动性、超时空性等特征,能够将处于不同空间、具有不同特点的主体联系在一起,增强了信息的聚合和扩散,大大改变了传统的信息资源传递、配置的方式;同时,互联网打破了时间、空间的限制,使得信息资源可以在世界上任何能够联网的地方在任何时间段进行传播。但在"互联网+"时代,这种信息的交流和传递具有极强的个性化、非组织性,因此,互联网使人们与组织之间的联系有所弱化,淡化了人们的组织观念。③

② 非组织活动不利于党组织团结。互联网的发展给人们的沟通、交流搭建了一个开放的平台,在互联网中,人与人之间的沟通的自由度很强,不同的人之间只要有共同的兴趣、爱好、观点等就可以进行沟通、交流,甚至可以通过互联网组建虚拟组织。而这些虚拟组织如果缺乏正确、有效的引导,极易被不法分子利用。与此同时,党内部分党性觉悟不高的同志对党的理论、理想信念缺乏认识,利用互联网等现代通信技术搞自己的"小圈子",严重影响了党内政治生态。

③ 金字塔式管理与扁平化开发之间的矛盾。随着互联网技术的快速发展,各种虚拟组织的数量和规模不断发展,传统的党建管理方式难以满足实践发展所提出的新要求,虚拟化、扁平化的管理结构可以说是未来党建管理组织结构演变的趋势,但是这种趋势本身也存在一些问题,需要更好地加以引导,主要体现在:第一,虚拟化组织结构内部的可控制性较差,网络空间的开放性、自由度比较大,网民身份的匿名性特征使得对于网民各种言论的约束存在较大的难度,一旦缺乏有效的引导,各种非理性的、违法的言论便会在网络中流传开来;第二,基层党组织对于这种趋势的认识程度不一导致推进存在难度,例如,部分领导及工作人员的网络意识相对落后,仍习惯采用传统的工作方法而不愿接受新思想、不会使用新

---

① 孙栋.基于网络环境下党的建设创新研究[D].武汉:武汉理工大学,2009:12-14.
  李万一,李文,郭文玲.运用互联网技术推进党建的思考[J].社会科学论坛,2012:238.
② 何林.推动"互联网+党建"融合发展[J].人民论坛,2019(4):116-117.
③ 李君如.推进党建信息化是时代的要求[N].光明日报,2007-01-14.

方法;第三,在基层党建管理实践中存在管理的盲区,不同区域、不同部门之间的信息缺乏有效的沟通渠道,存在"信息孤岛"现象,在互联网技术的应用方面,难以做到数据信息的自由传输。①

④ 基层党建与互联网的融合尚未完全实现,管理方式亟待改革创新。互联网是当今世界最具发展活力的领域,尽管目前我国"互联网＋党建"新格局正在逐步形成,但因受经济发展水平和传统思想观念等因素的制约,基层党建与互联网深度融合的脚步还比较迟缓,始终没有改变"两张皮"的状态。部分基层党组织对互联网的利用还停留在浅层次上,如网上收缴党费、网上办公等,很少涉及借助于大数据分析党员动态、应用线上管理系统进行交流和培训等方面。新媒体管理制度不健全,党建网上服务功能还难以发挥,如在线互动平台有时形同虚设,鲜有微博、微信上的互动交流,党建网站更新迟缓,投入大手笔的客户端变成了"僵尸端",致使群众反映投诉渠道不畅通,让基层党建与网络融合的工作变形走样。②

3. "互联网＋"时代党的作风建设面临的新挑战

① 互联网技术的发展导致新的"技术官僚"产生。第一,"技术官僚"指的是了解互联网知识,会运用相关互联网技术,并且掌握一定信息权的领导干部。美国著名未来学家丹尼尔·贝尔指出,在后工业社会,"专业技术阶级将依靠其掌握的知识而成为社会的统治阶级"③,他们将其拥有的权力与其掌握的互联网技术相结合,以使其在政治体系中发挥更大的作用。一方面,他们通过发挥自身在技术方面所拥有的优势,推动政治资源流向对自己有利的方面。另一方面,他们利用互联网方面的技术优势做出对自己有利的决策,如利用自身的地位在网络空间发表具有引导性的言论,影响网民的意见表达。第二,"技术官僚"指的是领导干部过于依赖互联网等现代通信技术,而忽视了实地调研、走访群众。由于不同地区互联网技术的发展水平不均衡,不同文化程度的社会公众对于互联网技术的运用水平存在差异,现实中客观存在"数字鸿沟"问题,信息资源的分配、流向存在不均衡的问题,很多对互联网等技术的运用能力较弱的群众难以有效表达诉求,成为政治边缘人物,这客观上造成了党与人民群众之间的疏远。

② 互联网技术的发展带来了组织纪律观念方面的负面影响。互联网自身所具有的虚拟性、开放性等特征决定了对互联网的管控难度较大,这种难以管控的局面使得对网络秩序的维护存在较大的难度,在互联网中,每个人都可以匿名地、自由地表达意见、发表观点。这种管控的难度使得互联网中极易出现各种负面的、违法的信息,如一些与中央文件精神相违背的言论,甚至国家秘密等。此类现

---

① 郭翙,梁宏.推进基层党建信息化建设[J].党政论坛,2015:8-9.
② 张静怡.用"互联网＋"激发党建工作"磁场效应"[J].人民论坛,2019(1):113.
③ 颜敏.知识经济与民主政治[J].社会科学研究,2000(5):19-22.

象的出现对党的组织管理提出了新的挑战,长此以往必定会对党员的纪律观念产生消极的影响,甚至可能出现其他不可控的问题。

4."互联网+"时代党的廉政建设面临的新挑战

① 互联网技术的发展使腐败手段智能化。互联网的开放性较强,网络安全维护的难度也较大,现实中一些不法分子会利用某些安全漏洞或者某种黑客技术通过互联网开展腐败行为。这种新型的腐败行为已经成为新的犯罪增长点,尤其是在一些金融公司、证券公司等。

② 互联网技术的发展使腐败行为隐秘化。腐败分子通过互联网开展腐败行为的对象是电子货币。电子货币是互联网经济时代的一种新型的货币形式,具有较强的虚拟性,腐败分子通过计算机更改相关数据或者进行电子转账即可完成财产的转移,具有极强的隐匿性。与此同时,计算机中及互联网中的一些电子数据可以通过特定的技术手段进行擦除,犯罪证据易被损毁,破案难度大。此外,随着互联网经济的不断繁荣,在传统银行系统之外的地下钱庄发展日益壮大,各种洗钱行为比较猖獗,加大了反腐败的难度。

5."互联网+"时代党的制度建设面临的新挑战

① 互联网技术的发展带来了新的社会断裂。我国东西部之间、城市与农村之间的互联网技术的发展、应用水平存在较大的差距,而且相关专业人才的区域分布不均衡,造成了"数字鸿沟"问题。这一现象实际上"创造了一个新的、僵硬的阶级壁垒,使受到良好教育者和未受良好教育者阵线分明"[①]。面对互联网时代的信息爆炸,只有一部分人能够充分利用这种优势,享受互联网所带来的获取信息的便利,而另一部分人则被剥夺了这种参与权,难以充分表达自身的利益诉求,这一部分人就是互联网时代的弱势群体。因此有人指出,互联网为技术精英和知识阶层拓展的政治参与之路,不仅没有为弱势群体的政治参与带来益处,反而强化了他们的弱势地位。[②] 互联网使得这些弱势群体在法律上应享有的民主权利在现实中变得难以实现,对于我国这种区域发展水平差异较大的国家,这种现象更加普遍。托夫勒曾经尖锐指出:"各个高技术国家的政府所面临的一种潜在可怕威胁来自国民分裂成信息富有者和信息贫困者两部分,下层阶级和主流社会之间的鸿沟实际上随着新的传播系统的普及而扩大了,这种与大峡谷一样深的信息鸿沟最终会威胁民主。"[③]

② 互联网技术的发展带来了新的无政府思潮。互联网浪潮催生了另一种思想的潮流——无政府思潮,直接影响了社会秩序的稳定。互联网所具有的开放性

---

① 沃纳·赛佛林,小詹姆斯·坦卡德.传播理论:起源、方法与应用[M].北京:华夏出版社,2000:82.
② 安云初.刍论网络政治参与对执政安全的负面影响[J].广东行政学院学报,2007(4):19-23.
③ 阿尔文·托夫勒.力量的转移:临近21世纪时的知识、财富和暴力[M].北京:新华出版社,1991:348.

特征决定了政府难以严格管控互联网中的政治参与行为,造成了很多无序的互联网政治参与,这种无序的互联网政治参与使互联网成为"历史上存在的最接近真正的无政府主义状态的东西"①。埃瑟·戴森在其著作中指出"数字化世界是一片崭新的疆土,可以释放出难以形容的生产力量,但它也可能成为恐怖主义者和江湖巨骗的工具,或者弥天大谎和恶意中伤的大本营"②。互联网自身的开放性、匿名性等特征为造谣者提供了便利条件,使得网络世界中充斥着大量普通公民难以分辨真假的虚假信息。而一旦有公民被这些虚假信息迷惑,便有可能"被某些共同情感或利益驱使,反对其他公民的权利,或者反对社会永久的和集体的利益,从而产生多数人的暴力"③。例如,刘涌案和沈阳宝马撞人事件的发展过程一方面彰显了公民网络政治参与的监督力量,另一方面也表现出情绪化民主对司法公正的干扰。④

6. "互联网+"时代党的意识形态控制力面临的新挑战

① 互联网技术的发展加大了信息传播的自由性。在传统时期,执政党对于国内意识形态的宣传、引导具有绝对的控制权。互联网的开放性和自由性使得信息传播在网络空间中能够同时存在、不断进行。随着虚拟组织的不断发展,个人对传统组织的依赖性大大减弱,传统的意识形态控制方式难以起到应有的作用。正如德国社会民主党基本价值委员会副主席托马斯·迈尔所言:"现代媒体实际上已经成为执政党的最大竞争对手,它们和政党争夺受众(成员),争夺对社会主流意见的主宰权。"⑤

② 西方国家借用互联网加大对我国的意识形态渗透。我国互联网技术的发展及应用水平与以美国为首的西方发达国家相比仍然存在一定的差距。"冷战"结束以来,西方国家不断发起针对我国的各种意识形态渗透活动,意图分化、西化我们国家,并且渗透活动的主要方式便是通过互联网进行包装,以影视剧等多种形式向我国传输西方的价值观。比较典型的就是"美国之音",尽管2012年美国削减了"美国之音"的对华宣传经费,但其把更多的经费用在了网络宣传方面,传播方式主要针对互联网平台,如微博、微信公众号等自媒体平台,传播内容的形式包括视频、音频、文字等,严重威胁了党对意识形态的统领工作,影响了党的执政地位,扰乱了我国的社会秩序。

7. "互联网+"时代党的舆论引导力面临的新挑战

在传统时期,党对于舆论的引导能力很强,书刊、杂志、报纸、广播、电视等媒

---

① 比尔·盖茨.未来之路[M].北京:北京大学出版社,1996.
② 埃瑟·戴森.2.0版数字化时代的生活设计[M].海口:海南出版社,1998:17.
③ 李强.自由主义[M].北京:中国社会科学出版社,1998:216-218.
④ 孙栋.基于网络环境下党的建设创新研究[D].武汉:武汉理工大学,2009.
⑤ 托马斯·迈尔,等.关于媒体社会中政党政治的对话[J].当代世界与社会主义,2000(4):4-13.

体一般都隶属于某一政府部门,党一般通过行政方式管控传统媒体,引导舆论方向,掌控整个社会的思想动态,具有典型的行政性特征。互联网的主体多样性、开放性和互动性增强了信息传递的自由性,并呈现出明显的"弱控制"特征,加大了政府监管的难度。传统的那种通过行政控制的舆论引导方式难以起到应有的作用。随着智能家电的普及,各种自媒体发展迅速,信息的传播速度显著加快,传播量显著增加,网民通过互联网获取信息、发表意见已经不存在时空的限制,很多社会问题一旦被网络"大V"转发,便会在社会上迅速扩散,如果引导不及时,极易引发各种突发事件。尤其在一些涉及社会公平正义的事件发生时,相关部门要增强应急管理的意识和能力,及时发布事件的真实情况及处理进度,占据信息制高点,以防网络谣言泛滥。当前我国正处于社会变革期,社会发展在很多方面存在不均衡问题,社会矛盾易发,如果处理不慎则会转变为危害社会稳定的危机事件,如贵州"瓮安事件"、云南"孟连事件"、湖北"石首事件"等。社会发展的现状以及趋势给党提出了转变舆论引导方式的新命题,迫切要求党提高舆论引导能力,以更好地适应网络社会的要求。[①]

2.4 "互联网+"时代基层党组织建设的智慧化趋势

2.4.1 "互联网+"时代基层党建工作方式的转变

1. 党建工作由传统向现代转变

在传统时期,党内组织学习活动往往是通过传阅文件、报纸等方式进行的,在"互联网+"时代,党建工作变得越来越具有现代性。

① 对党的政策文件、思想精神等内容的学习突破了传统的层级局限,学习方式变得更加丰富,党员在学习中的主动性更强。依托各个党建网站,通过直播、音频、图片等方式,可将学习内容更快、更全面、更直接地传达给广大基层党员、群众。

② 党组织的设置更科学、党员管理更先进。针对党建工作的实际情况,为了有效克服党员流动性大、分散性强、主动性不断提高的新挑战,各基层党组织不断探索,将互联网技术运用到党建工作实际中,如建立互联网党支部、党员e家等虚拟在线党建组织,打造了一系列党员动态管理平台。台州市椒江区在党建工作中依托互联网技术打造在线党支部,为260名党员提供在线学习、培训、民主评议等活动,有效地开展了党务工作,解决了党员群众的顾虑。丽水市景宁县农村党员数量占全县党员数量的30%,为了能够为分散居住的农村党员提供有效的党建服

---

① 代金平,辛春.网络党建理论与实践研究[M].北京:中国社会科学出版社,2016:19-22.

务，该县利用互联网平台打造了农村党员干部现代远程教育视频互动系统，有效地突破了地理空间的阻隔，能够实现定期召开党员代表大会，这个互动系统也被很多外出打工的农村党员称为"空中党代会"。

③ 党组织了解民情更便捷、联系群众更紧密。通过互联网可以便捷地开展视频连线、问卷调查、意见反馈等民意收集行为，各级党组织可以利用这些方式加强与群众的联系、沟通，及时、全面地了解基层群众的意见和建议，有效地拓展党组织与人民群众之间的联系渠道。例如，台州市定期利用中国台州网、台州党员干部现代远程教育网等网络平台，由市领导坐班，通过网络与党员干部、群众实时交流、了解情况、解决问题，先后开展了三十多期"民情沟通面对面"活动，有 1.6 万名党员干部、群众直接参加，超过 40 万人次观看了视频直播或点播。①

④ 党组织的服务更加具有针对性。大数据、云计算、自媒体平台等现代化互联网技术的使用大大增强了党建工作的智能化、个性化，通过对海量党建数据的智能化处理，能够有效分析、梳理出党员群众对于党建服务的偏好、行为特点等，进而能够提供更加具有针对性的服务，能够有效推动党建工作的深入发展。②

2. 党建工作从封闭向开放转变

互联网技术与党建工作的深度融合使得各级党组织打破了传统党建活动的时空限制以及封闭的服务范围，拓展了服务对象的覆盖面，增强了与普通群众的联系。

① 宣传党建工作。为了增强普通群众对党建工作的了解，提高群众的满意度，正确引导社会舆论，各级党组织利用党建网站在线开展党的政策主张、思想精神等内容的宣传工作，取得了显著的成效。③

② 开展党务公开。通过互联网，各级党组织积极推动党内重大事项、社会重点事件、与群众切身利益息息相关的事件的第一时间公布，增强了党建工作的透明度。例如，杭州市桐庐县、嘉兴市海盐县、丽水市庆元县等地的村级基层党组织依托互联网平台及时推动村务、党务、财务公开，并为普通群众提供了查询渠道，及时回复群众的在线留言，有效地推动了基层党组织的民主建设。

③ 增强干部工作透明度。传统的干部工作对普通群众而言，似乎总存在一面"神秘面纱"，随着互联网技术的不断发展，组织部门主动利用互联网平台对干部选拔任用和人事工作的相关内容及时进行公开，在干部考察环节增加了网络公示，切实保障了普通群众的知情权、监督权。例如，舟山市从 2008 年开始推动干

---

① 童发根. 以党建信息化推动党建科学化[EB/OL].（2010-07-23）[2019-07-27]. http://wenku.baidu.com/view/d4d696dba58da0116c1749ff.html.

② 田海云. 微信自媒体平台在高校党建工作中的运用探析[J]. 思想政治教育导刊，2015(8)：134.

③ 程勉中. 党建信息化的基层推进路径[J]. 中共贵州省委党校学报，2014(2)：57-58.

部工作改革,在干部提名方式上,通过在互联网上公开相关职位,接受广大普通党员干部的民主推荐,增强了组织工作的民主性、透明性。①

④ 强化网络监督功能。各级纪委打造了大量的监督网站,有效地拓展了群众的监督、反馈渠道,并且取得了显著的反腐成效,有效保障了人民群众的监督权。党的十八大以来,各级纪委监督网站开始逐步建立或者改版升级。2013年9月2日,中央纪委监察部官方网站正式开通;各省(区、市)纪委、监察厅(局)也纷纷建立官方网站或对既有网站进行改版升级,如2013年9月29日湖南省纪委官方网站"三湘风纪网"改版升级,11月6日四川省纪委监察厅互联网政务平台"廉洁四川"网正式开通,12月31日湖北省纪委监察厅网站正式上线。2015年6月18日,中央纪委监察部推出反"四风"客户端,群众只要下载该客户端,就可以对身边的"四风"问题实现"一键举报",无须实名。②

3. 党建工作由单向向互动转变

传统的党建活动是一种由党组织自上而下组织的单向活动,普通党员群众的意见建议难以被基层党组织吸纳,党建活动缺乏互动性。互联网技术的不断引入使得党建活动更具活力。

① 开展互动调研。通过互联网可以开展问卷调查、民意收集等调研活动,能够有效收集基层的意见建议,增强管理工作的互动性。例如,原浙江省委常委、组织部部长蔡奇,通过手机党建网络系统收集普通群众对于农村基层党组织建设的意见建议,仅仅四天时间就收到基层5 000多条回复短信,内容主要集中在村级党组织建设、党员队伍建设和村级组织换届选举三个方面,分别占45.4%、33%和20.3%,使省委组织部及时了解和掌握了基层党组织建设情况,极大地增强了组织部门与基层的互动,提高了组织部门决策的科学化水平。

② 开展互动交流。利用互联网的开放性、互动性等特征,积极与普通网民开展互动交流,推动传统党建工作的创新。例如,通过网络问政,及时收集群众的意见建议,通过打造在线沟通、交流平台,开展党组织与普通群众的互动交流,将传统的到办公室谈事情的方式转移到了互联网空间,方便了群众,提高了效率。①

4. 党建工作由管理向服务转变

各级党组织通过主动引入互联网技术,不断改进党建工作的开展方式,增强了党建工作的服务功能,提高了群众的满意度。

① "互联网+党建"成为创业致富的新助手。在线远程教育培训平台为广大党员群众提供了学习技能、了解资讯的便捷渠道,有效地增强了其创业致富的能

---

① 童发根.以党建信息化推动党建科学化[EB/OL].(2010-07-23)[2019-07-27].http://wenku.baidu.com/view/d4d696dba58da0116c1749ff.html.
② 刘红凛.党建信息化的发展进程与"互联网+党建"[J].南京政治学院学报,2016(1):36.

力。例如,三门县繁荣村村民丁可飞利用在党员干部在线远程教育培训平台所学习的计算机知识,尝试通过开设网店的方式销售自家的馒头,取得了显著的经济效益,并且他的此举启发了当地组织部门,当地组织部门在全县范围内打造了全国首个党员干部现代远程教育博客网站——新农民博客村,并且先后有一千余名农民在该网站上开通了博客,将当地的产业与互联网有效结合了起来,推动了当地农民的致富。

② "互联网＋党建"成为服务民生的新平台。互联网平台能够有效拉近与人民群众的距离,便于开展各种民生服务活动。例如,宁波市鄞州区通过开展"远程送服务"活动,将各种政策、思想及时传送给党员群众;绍兴市等地利用远程教育开办"创业夜校",为农民提供技能培训、政策宣传等服务;舟山市普陀区等地在推行"网格化管理"中,积极组织各类专家开展远程教育视频便民服务,以解决群众生产生活中的困难;衢州市柯城区等地开设远程教育假日学校、亲情视频对话,关爱留守儿童;金华义乌市等地开展远程健康咨询服务,解决了党员群众健康、医疗咨询难的问题;湖州市南浔区等地开展远程法律援助,帮助农民解决法律纠纷;温州市苍南县等地利用远程教育快速动员组织群众参与抗台防汛,保障了人民群众的生命财产安全。

③ "互联网＋党建"成为传播文明的新载体。依托互联网平台,可以打破地理空间的局限,通过视频、广播等方式开展文化活动,能够有效地丰富党员群众的文化生活。例如,台州市路桥区管前村以往一些村民迷信,村庙香火旺盛,党员干部现代远程教育开展后,把村庙改成了远程教育学习站点,现在村民可在远程教育网上学习实用技术、看红色戏曲等,远程教育使一个昔日"香火缭绕"的村庙变成了一个今日"红旗飘飘"的文化乐园。①

④ "互联网＋党建"开创基层党组织工作的新格局。党的基本细胞充满活力,党才能青春永驻,而基层党组织作为党的基本细胞,是宣传党的大政方针的前沿阵地,是党的战斗堡垒。如何有效组织管理、教育培训党员是摆在党建工作面前的一大难题。由于互联网技术的迅猛发展,"互联网＋党建"为解决上述难题提供了"良方",依托互联网的开放、交互等优势,我们缩短了党委组织部门与广大基层党组织的距离,拓宽了同党员之间的沟通渠道。目前,基层党组织综合利用微信公众号等新媒体创新管理教育党员方式,减少了中间环节,提升了党委同基层党组织传递信息的效率,紧密联系了党员与党组织之间的关系,形成了强大的凝聚力、战斗力。针对一些流动性强、较为分散的党员,借助于将党支部建在网上的形式,能够破解这部分群体活动难、指导难、学习难等难题,加强了流动党员的归属

---

① 童发根. 以党建信息化推动党建科学化[EB/OL]. (2010-07-23)[2019-07-27]. http://wenku.baidu.com/view/d4d696dba58da0116c1749ff.html.

感,汇聚了党建工作的向心力。[①]

2.4.2 "互联网+"时代基层党组织建设智慧化的重要意义

1. 运用互联网技术加强和改进党的建设,是保持党的先进性的新策略

互联网作为高科技发展的产物、人类文明进步的标志,其内涵、形态、特征都能体现先进性,利用互联网已被视为政党现代化的一个衡量标准。目前,世界各国的主流政党纷纷主动适应互联网趋势,主动利用互联网技术改进政党服务,进而创新政党的管理方式和理念,不断增强政党的执政能力。例如,2008年美国总统选举中,奥巴马80%的竞选资金来自网络募集;奥巴马在费城的演讲视频在互联网上的观看率远超电视转播收视率;世界舆论普遍认为,互联网成就了美国民主党和奥巴马;奥巴马访问中国时,在上海与青年学生的对话中明确表示,他能当上总统全靠网民。作为世界上第一大政党的中国共产党,必须以积极的态度、创新的精神,切实把互联网建设好、利用好、管理好,以便能够更好地适应互联网发展的新趋势,及时回应互联网给新时期政党建设带来的挑战,不断推动社会经济的发展。

2. 运用互联网技术加强和改进党的建设,是党密切联系群众的新渠道

不断增强党与人民群众之间的联系对于党的建设至关重要,新时期对党的群众工作开展的传统方式提出了新的挑战,在"互联网+"时代,运用互联网无疑是我们党密切联系群众的新的重要渠道。互联网作为现代信息传递手段,以其强大的影响力、渗透力和独特的互动性、流动性,成为广大网民相互交流、发表意见、参与民主的重要平台。我国网民数量众多,而且网民的知识水平、政策水平、对社会事件的敏感度在不断提高,在这样的背景下,为了更好地巩固党执政的群众基础,各级组织必须提高对互联网的认识程度,主动利用互联网技术改进群众工作方式,不断加强同群众的互动交流,倾听群众的呼声,满足群众的诉求,为群众提供更好的服务,吸引更多的群众积极参与政治生活,进一步密切党群干群关系,主动赢得民心,巩固党的执政地位和社会基础。

3. 运用互联网技术加强和改进党的建设,是提高党执政效率的新手段

执政效率是执政党执政能力的集中体现,对于党的宗旨的实现以及公信力的维护至关重要。在"互联网+"时代,面对信息增长速度比人口增长速度快20万倍所形成的"信息海洋",信息接收者可能陷入"信息恐慌综合征"而无所适从。执政党如何利用信息手段获取反映群众呼声、蕴含社会发展趋势的必要信息,为正

[①] 张静怡.用"互联网+"激发党建工作"磁场效应"[J].人民论坛,2019(1):112.

确决策提供依据,以提高科学执政的效率,是加强党的执政能力建设的过程中必须解决的一个难题。在"互联网+"时代,各级党组织利用互联网技术可以充分获取信息,使决策的过程成为不断深入进行"信息汇集""数据挖掘"的过程,从而增强决策的科学性、可操作性。通过大数据技术可以将各种大政方针、政策纲领转换为数据,借助于数字化、电子化、网络化的信息传播技术使其迅速为全党、全体人民所了解与接受,以确保各种政策的顺利推进,并取得预期的政策效果。引入互联网技术能够有效减少组织内的沟通层级、压缩组织规模、提高沟通效率,从而减少对工作人员的数量要求,对于推动政府职能转变、精简机构具有重要意义。[1]

4. 运用互联网技术加强和改进党的建设,是党打赢意识形态斗争的新战略

美国前国务卿奥尔布赖特说:"有了互联网,对付中国就有办法。"[2]西方媒体也曾扬言:"互联网的出现使中国遇到了真正的对手""要用互联网崩裂中国的长城"。对传播渠道的掌控是传播文化的重要方式,并且这种掌控力度越强,文化传播的效果就越好。当前,西方国家在互联网技术的掌控方面具有优势,凭借这种技术优势对我国开展了许多文化传播活动,企图从文化方面分裂中国。与此同时,国内的一些敌对势力也纷纷在境外利用互联网开展违法活动,宣传其思想,意图制造动乱,抹黑政府,发展壮大其组织,破坏社会稳定。面对国内外敌对势力利用互联网对我国进行的思想文化渗透和政治上的颠覆破坏,网络舆论战将成为意识形态斗争的主要形式,能否在这场斗争中取胜,不仅取决于我国的综合国力,还取决于我们党的执政水平和统御能力。全党务必增强忧患意识,采取有力措施,主动出击,积极引入互联网技术,掌握网络时代的舆论主导权,抢占网络阵地制高点,加大在互联网上宣传主流意识形态的力度,沉着应对并打赢这场"没有硝烟的战争"。

5. 运用互联网技术加强和改进党的建设,是中国特色社会主义新时代的新要求

习近平总书记在党的十九大报告中指出,"经过长期努力,中国特色社会主义进入了新时代",并对推进新时代中国特色社会主义伟大事业和党的建设新的伟大工程作出全面部署。2018年1月11日,习近平在十九届中纪委二次全体会议上对新时代的党建工作提出新要求:"党的队伍和自身状况发生重大而深刻的变化,迫切要求提高党的建设质量、增强党组织的政治功能和组织功能。"新时代的党务工作更加复杂、要求更高,迫切需要一种更有效、更便捷、更规范的党务工作方式。互联网技术已经为意识形态领域、处置现实中出现的新情况和新问题提供了最大的可能,利用互联网技术构建的"互联网+党建"平台为党务工作的开展,

---

[1] 程勉中.党建信息化的基层推进路径[J].中共贵州省委党校学报,2014(2):57-58.
[2] 刘阳.积极把握网络条件下意识形态工作的主动权[J].前线,2007(7):36.

党的政治建设、思想建设、组织建设、作风建设、纪律建设提供了便捷的渠道,大大提高了党建工作效率,对于提高党的建设质量具有重要意义。

2.5 案例分析:宜昌市基层党组织"智慧党建"工作新模式

谢晓庆和邱雨蔚以宜昌市高校、政府、企业等基层党组织为例,深入研究基层党组织以"互联网＋党建"模式为特征的智慧党建工作的主要思路和做法,构建智慧党建工作组织结构模型,并对智慧党建未来的发展提出对策建议。①

1. 基本情况

为了使研究既有广泛性,又有代表性,谢晓庆和邱雨蔚分别选取了宜昌市的高校、地方政府、国有企业等基层党组织作为研究对象,先后深入三峡大学、远安县鹿苑村和凤凰村、兴山县兴发集团等单位的基层党组织,走进课堂、深入乡村、下到车间,采取了问卷调查、座谈交流、现场考察、查阅资料等方式,深入了解了各单位的基层党建工作现状。

三峡大学是湖北省属重点综合性大学,截至2016年12月,全日制在校普通本科生24 000余人,博士、硕士研究生3 668人。学校设有325个党支部,共有党员6 171名,其中,学生党员为3 491名,占56.6%。

远安县地域面积为1 752平方千米,截至2016年,拥有常住人口17.7万,党员11 568名,其中使用网络的党员群体达到三分之二以上。

兴发集团是中国最大和世界知名的精细磷化工企业,截至2017年12月,其拥有1家上市公司、63家子公司和25家参股联营公司,总资产为308亿元,是中国500强企业。集团党委下设8个党总支、33个支部,有超过60%的党员分布在全国各地的兴发分公司。2016年,兴发集团党委被授予湖北省优秀基层党组织称号。

这些单位虽然性质不同,但都有一个共同特点,那就是善于运用互联网思维实施"互联网＋党建"工作模式,积极推进智慧党建工作,走出了具有自身特色的智慧党建之路,为加强基层党建工作探索出了新途径。

2. 宜昌市基层党组织"智慧党建"工作模式的主要做法

(1) 运用互联网,搭建党建工作新平台

作为高校代表的三峡大学党委充分认识到互联网在党建工作中的重要作用,主动作为,不是消极地"退而结网"而是积极地"自投落网",把互联网作为高校党

---

① 谢晓庆,邱雨蔚.基层党建工作创新路径探索——以宜昌市基层党组织"智慧党建"工作模式为例[J].三峡大学学报(人文社会科学版),2018(3):30-33.

建工作的主战场、主阵地,通过互联网实施"党旗领航、强基固本、信仰导航"三大工程,以互联网为平台,将党建、精神文明创建活动、思想政治教育有力地结合在一起,扎实开展校风、师风和学风建设,逐步形成了以"求索"精神为主线的具有自身特色的党建文化氛围。

作为基层行政单位代表的远安县委2016年年初出台《全面推进"智慧党建"工程实施方案》,坚持以网络平台为基础,以智慧应用为导向,以破解党建工作问题和精准对接群众需求为目标,以改革创新为动力,强化党建工作与信息化的深度融合、交互集成,进一步打破党建工作在时间、空间上的界限,加快党建工作智能转型、全面升级,积极实施"135"工程,即打造一个平台、建设三张网络、实现五大功能,提升党建工作的信息化、科学化、实效化水平。远安县委运用"O2O"、云平台、大数据等信息化手段,整合、重组各类优势党建资源和网络数据,升级门户网络,建立微信网络,构建客户端网络,依托"远安一点通""四务通"等媒介,设置组织模块,优化网络组织架构,形成分层分级立体网络体系。

作为企业代表的兴发集团党支部分布于全国各地的企业,为了确保基层党建工作及时有效开展,充分利用信息技术和现有信息化平台,编织了"兴发党建网络",做到了企业发展到哪里,哪里就有党员,哪里就有党的组织。

(2) 运用互联网,创新党务管理新机制

三峡大学狠抓党务管理机制创新,积极推进"电子党务"建设,实施"互联网＋党建"的"3＋3＋3"模式,即"三步走、把三关、三结合",实现了党务管理工作的电子化、即时化、信息化,牢牢把住了党员发展的入口关、提升关、考核关,推进了学校平台和学院平台相结合、统筹规划和分类实施相结合、线上和线下相结合,有力解决了业务工作和党建工作"两张皮"现象,使业务工作和党建工作相互促进,教学和育人融洽结合。

远安县创新基层组织管理,实现党员信息、党费缴纳、组织转接、党员发展全程纪实等在线管理监督,激活基层组织生活,开展网上民主议事恳谈、网上"三会一课",设置党员干部教育模块,拓宽教育内容来源渠道,整合线上线下优秀教育资源,深化干部管理方式,突出全员绩效考核管理,形成线上清单提交、日志记录、日常考核的过程评价体系,实现干部管理科学化。

一是强化在线教育培训。通过开设"宜昌公务员网上培训"等诸多在线学习平台、升级农村远程教育平台机顶盒配置,远安县干部在线学习扩面增量,党员在线学习实现全覆盖。通过建立覆盖县、镇、村三级的在线学习管理员队伍QQ群,坚持周提醒、月通报,增强学员参与学习的紧迫感和主动性,督促各单位、各村镇学员按时限要求完成学习任务。要求干部在线学习与工作实际相结合,围绕工作实际进行有选择性的学习,将在线学习的内容消化在一线、实践在一线,并将干部在线学习情况作为干部年度考核和评先评优的重要依据,真正将干部在线学习由

"软任务"变成"硬指标"。

二是强化导师引领。建立"一对一""多对多"的导师与青年干部"互联网"关系,微信群收纳全县所有导师与学员微信,当学员遇到业务问题时,可有针对性地向群里某个行业导师提问,导师根据自身的经验做出解答,学员根据自己的理解做出回应,这种师徒互动可进一步促使双方更新观念、创新方法、提高水平,实现"以老带新""以新促老"的有机结合。通过定期举办"我与导师小故事"征文,亮晒收效明显的师徒小故事,增强案例的分析、总结及提炼,促进导师引领工程效果的提升。

兴发集团的党支部分布在全国各地,面对集团行业种类越来越多、地域面积越来越广、党员分布越来越复杂的新形势,集团党委大胆改革传统的单纯以地域为主的党组织设置模式,立足行业专业化管理,按照行业、地域划分的新模式,构建集团党建工作网络,实施双重管理,党组织和党员既接受集团总部党委的领导,又接受当地党组织的管理监督。为解决流动党员的管理问题,集团党委建立起"兴发党建群",利用微信、微博、QQ开展网上"三会一课"和远程教育,真正用网络架起了企业基层党组织沟通的桥梁,使"在家党员不脱节,在外党员不掉队",增强了流动党员的组织意识和归属感,确保了基层党组织的有效运行,有力促进了企业基层党组织的建设和发展。

（3）运用互联网,拓展党员服务新模式

三峡大学利用互联网开通了党员学习考试平台、党员干部培训平台,实现了党员的"梯级教育"和"滴灌式教育"。学校积极推进党建与学生工作网格化管理,做到党建与思想政治教育工作向学生宿舍延伸,在各个学生苑区设立网格化管理工作站,为广大学生党员提供服务。如今"党员走到哪里,学习跟到哪里;党员走到哪里,进步学生跟到哪里;党员走到哪里,党日活动就在哪里"已成为三峡大学一道炫目的风景线。

远安县利用互联网积极拓展服务功能,推动互联网与农村产业融合,带动党员和群众创业、增收,转变服务方式,利用线上线下互动服务,实现党员和群众诉求多渠道获取,并及时回应,提供微型课堂、红色影院、在线交流等方式,实现党员干部自主学、快乐学、随时学、常态学,打破时空限制。

远安县通过服务功能的拓展、服务方式的创新,逐步营造出党员主动担责、党群平等交流、鱼水关系密切的良好氛围。全县投入8 000余万元在村级普及农村网格"四务通",发展网格"四务通"9 000户;完成全县所有行政村通光纤,农村光纤覆盖能力达到60%,城区光纤覆盖能力达到99%。农村网格"四务通"通过电视、计算机、手机三屏合一,提供远程教育、村务公开、农业行情、电视娱乐等信息和功能,村民足不出户即可轻松完成各类生活缴费、预约办事、农产品信息查询和交易,打通了服务群众"最后一公里"。

远安县大力发展电商平台促精准扶贫,以县电子商务产业园与村级综合服务大厅作为连接平台,借助于电子商务建成邮掌柜站点辐射每一个行政村。2017年,远安县委、县政府积极倡导由单纯的农特产品销售向"互联网+农产品+全域旅游"转型升级,以鹿苑村为例,1—10月实现网络土特产交易额100余万元,到该村旅游人次达到10万以上,实现旅游收入1 000万元,进一步增加了农民收入,引导当地群众脱贫致富,让农村基层党组织焕发出青春活力。

(4) 运用互联网,构筑党的舆论新阵地

为让广大党员群众能够在工作、生活的"碎片时间"里进行"微量学习",远安县推出了"远安党建""远安发布"等微信公众平台,保证党员随处可学习、随时受教育,打造党员干部"指尖上的加油站",积极占领互联网宣传制高点,加大舆论宣传力度。

"远安党建"微信公众平台于2016年4月正式开通,共有"视点撷英、在线课堂、零距服务"三个版块,通过及时发布习近平总书记系列讲话精神、党章党规、精准扶贫、换届工作、党员志愿服务等相关信息,全方位精细化地关注和宣传党建工作中的动态和亮点,方便全县党员随时随地"学党章、知党务、提党性",促进广大党员学习、交流、互动的积极性。"远安党建"微信公众平台开通6个月关注人数就突破8 000人。同时,构建客户端网络。依托"远安一点通"的"掌上党建"客户端立体分布组织架构,形成多维一体的党建管理网络体系。通过制作"智慧党建"名片,举办"最优网络党支部""最活跃微信号""微信达人""网络大V"等评选活动,充分发挥互联网信息来源广、运用方式灵活、群众参与度高的优势,采取线上实绩亮晒、群众点赞等群众喜闻乐见的方式,培育典型、选树典型、推介典型,选用多种网络方式同步叠加宣传,实现正能量聚集裂变效应。

3. 智慧党建组织结构模型构建

在互联网信息时代,要进一步推进党建工作的信息化、科学化,应当构建起有别于传统党建工作的组织结构。谢晓庆和邱雨蔚认为智慧党建的组织结构应当具有如下特征:①由平面结构向立体结构转变;②由单向结构向双向结构转变;③由线性结构向网络结构转变;④由实体组织向虚实结合转变。

图2-1所示为传统直线层级党建工作组织结构,其主要特征是层级分明、线性连接。在传统党建工作组织结构中,党组织的意图、指令和信息通过层层传达,传递给基层党组织和党员,一般是单向传递,互动较少,即使基层党组织和党员有信息反馈,也是被动反馈,而且是一层一层向上传递,存在时间、空间限制。同时,党员个体之间的联系也较少,存在"信息孤岛"现象。

第2章 新时期基层党组织建设变革："互联网＋党建"的提出

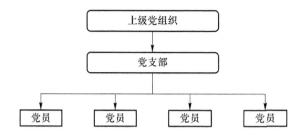

图 2-1　传统党建工作组织结构

图 2-2 所示为构建的智慧党建工作组织结构，其主要特征是立体化、网络化、虚实结合。在智慧党建工作组织结构中，党组织的意图、指令和信息通过虚拟的云平台进行大数据整合、模块化集成，快速传递给各个基层党组织和党员，是互动式的沟通，基层党组织和党员可以突破时间、空间限制，随时随地将反馈发送至云平台，经过分类梳理，反馈信息会传递给实体党支部，供组织参考决策，形成一个完整的体系。最重要的是，在这种结构中，党员个体之间实现了零距离的交流，建立起了网络状的广泛联系。随着互联网技术的升级和移动终端的广泛普及，党员个体实际上也是一个信息平台、一个"信息罐"，也可以发布、传递信息，真正体现了互联网时代以用户为中心的用户体验、用户反馈、用户需求的价值理念。

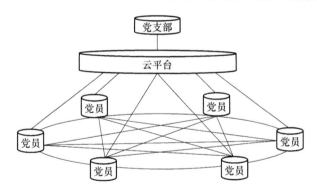

图 2-2　智慧党建工作组织结构

通过对两种组织结构的对比分析可以看出，在拥有大数据、云计算的互联网时代，传统的直线层级党建工作组织结构已不能适应党建工作科学化、信息化的需要，只有渗透着"大数据、零距离、趋透明、慧分享、便操作、惠众生"这些互联网思维的组织结构才能顺应时代发展的要求。

2.6 调查研究:"互联网+"时代大学生党性意识调查

为充分分析"互联网+"时代大学生对中国共产党的认知,促进高职院校党建工作的有效开展,单秀华等人[1]针对承德石油高等专科学校石油工程系学生开展了"大学生对中国共产党的认知调查",问卷调查采用匿名方式进行,调查对象为随机抽查的石油工程系大一、大二、大三的学生党员、预备党员、入党积极分子、团员、少数民族学生。共发放问卷400份,回收有效问卷400份,有效回收率为100%。400人中1.5%是预备党员,36%为上过党课的入党积极分子,32.5%为未上过党课的入党积极分子,22.5%为普通汉族学生,7.5%为普通少数民族学生,其分布结构与承德石油高等专科学校整体分布结构大体相似,被调查学生大多能如实填写,此次调查具有一定的参考性。

1. "互联网+"时代大学生党性意识的特点

单秀华等人根据问卷调查,发现"互联网+"时代大学生党性意识存在以下特点。

(1) 大学生的政治信仰不够明确

问卷调查中,在回答"你对中国共产党是否有所了解?"时,27.30%的学生很熟悉,62.78%的学生一般了解,9.92%的学生知之甚少;在回答"你有没有加入中国共产党的打算?"时,75.65%的学生有且很坚定,20.32%的学生想过但不是非入不可,4.03%的学生没有想过。通过分析,新时期大学生主旨思想较为明确,主流意识积极向上,从总体上看,大部分学生有着较强的政治追求与理想,较为认同马克思主义在我们思想意识形态领域的指导地位,但新时期高职院校的大学生对中国共产党的了解有所欠缺,较为熟悉的仅占27.30%,这将严重影响大学生积极向党组织靠拢的步伐以及形成端正的入党动机。少部分大学生对中国共产党的不了解以及对马克思主义指导思想的不认可也表明他们的政治信仰不够坚定,缺乏对实现共产主义的信心。

(2) 大学生的入党动机存在多元化

问卷调查中,在回答"你认为大学生加入中国共产党的动机是什么?"时,其中83.50%的学生想为国家做贡献,为社会奉献自己的力量,2.35%的学生选择"随大流",认为自己不入显得落伍,9.60%的学生注重现实利益,认为对自己找工作以及提升会有帮助,4.55%的学生受家庭环境影响及要求。这体现了当代大学生

---

[1] 单秀华,高书香,闫方平,等."互联网+"时代大学生党性意识调查[J].承德石油高等专科学校学报,2017(50):86-89.

入党动机存在坚定信仰型、盲目从众型、现实利益型、家庭影响型的多元化,如图 2-3 所示。坚定信仰型的大学生具有坚定的社会主义价值体系,入党动机端正,具有很强的集体荣誉感和社会责任感。盲目从众型的大学生对党的认识较为模糊,具有"随大流"思想,社会责任感不强但仍有可塑性。现实利益型的大学生对党有一定的认知但不够深刻,他们认为入党能够进一步证明自己同时可以给自己带来利益。家庭影响型的大学生对党没有明确认知,其入党的目的是得到家人的赞誉与认可。

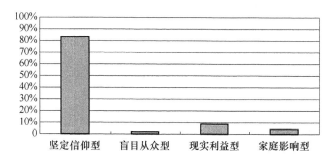

图 2-3 大学生加入中国共产党的动机调查

(3) 大学生党员的党性意识淡化

党员的党性意识是"能够时刻铭记党员身份并自觉按照党员标准严格要求自己的一种思想意识"。据调查,大学生党员的党性意识普遍存在淡化现象,认为各方面都能发挥模范带头作用的仅占 66.40%,认为发挥了一定的表率作用的占17.84%,认为与党员要求相差甚远的占 10.06%,认为与普通群众相差不多的占5.70%。作为一名合格的大学生党员,应时时刻刻起到模范带头作用,以身作则,要以集体利益为前提。在大学生党员中,认为自己与党员要求相差甚远、与普通群众相差不多的比例虽然不大,但绝对数量不在少数,党员党性意识的淡化使得群众路线不能有效落实。大学生党员作为联系群众的纽带,应本着全心全意为学生服务的心态,一切都应以学生的利益为前提,去除享乐主义与功利主义,牢记革命使任,为学生办实事,为党的事业贡献自己的力量。

(4) 大学生对党性认识了解的途径多样化

在回答"你主要从以下哪些途径了解中国共产党?"这道多选题时,调查结果如图 2-4 所示,党校、党课和"时事政治"等课堂教育占 94.37%,报纸杂志占 20.49%,微信公众平台占 86.75%,微博平台占 67.69%,各大网站 59.60%,电视新闻占45.49%,家人的耳濡目染占 27.22%,与老师、同学的交流占 14.39%。由此分析,高职院校的思想政治教育是大学生了解党性的直接途径,其次是微博平台、微信公众平台、各大网站等多媒体平台,而报纸杂志、与他人的交流所占比例较低。随着互联网时代的发展,互联网以其实时、交互、透明等特点逐渐取代报纸杂志,面对机遇和挑战,高职院校党建工作者应合理利用互联网优势,将网络技术与学生党建有效结合起来,促进高职院校学生党建工作的发展。

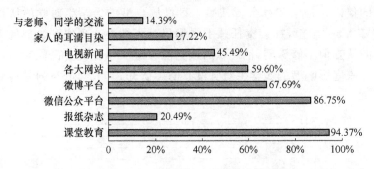

图 2-4　大学生了解中国共产党的途径调查

2．影响大学生党性意识的主要因素

（1）高校课程教育的影响

目前,高校的思想政治教育主要通过思想政治理论课来完成,该类课程有着固定的教材和完整的教学体系,理论性强,教师传统的长篇大论、繁杂冗长的理论知识教授没有从根本上深刻地启发、引导学生形成合理的思想政治体系,使得学生在课上不能很好地集中注意力,课堂上玩手机、睡觉、看小说的大有人在,从而使学生失去了对思想政治理论课程的学习兴趣,失去了思想政治理论课程的理论教育作用。

（2）社会环境的影响

唯物辩证法指出:社会存在决定社会意识,个人的社会意识受社会生活的制约。大学生作为祖国未来发展的主力军,其意识形态、政治信念的形成直接受社会因素的影响。首先,我国市场经济的高速发展使人们的生活水平得到了巨大提高,同时改变着大学生的价值意识,价值观的多元化使大学生的思想选择更趋于利益化,大学生的入党动机不纯,存在严重的投机心理以及过分的功利主义。其次,在全球化的发展下,国外敌对势力冲破国家界限,利用网络技术等手段宣传资本主义价值体系,否定马克思主义与共产主义,丑化社会主义制度,使当代大学生对中国共产党的执政存在片面认识。再次,党内出现的贪污腐败、以权谋私现象恶化了社会风气,削弱了党的信誉,导致大学生群体中产生了消极的政治心态。

（3）家庭环境的影响

家庭是社会的组成单元,父母是孩子的第一教育者,家庭教育方式以及家长的价值观念直接影响着大学生人生观、价值观、世界观的形成。首先,当代大学生大多为独生子女,父母的溺爱使其个性鲜明、内心脆弱、自我意识较强、思想政治观念淡漠。其次,父母的教育背景、职业以及价值观潜移默化地影响着大学生思想的形成,很多父母对时事政治的关心以及对社会政治观念的正确分析会引起孩子的政治热情,而也有很多父母的教育重学业轻素质,这会使得孩子的德育教育"先天不足"。

(4) 网络文化的影响

"互联网+"时代的发展给人们的生活带来了前所未有的改变,网络和手机等移动终端的结合使得 QQ、微信、微博等网络平台成为信息、思想、舆论的主要集散地。我们可以通过网络拓展大学生思想政治教育的方式和方法,提高大学生接受教育的实效性和新颖性。同时,网络信息的虚假难辨冲击着大学生的世界观、价值观,大学生在网络世界冲浪时,思想观念呈现多元化,部分大学生缺乏正确的政治辨别力,受消极思想的影响,在意识形态的选择上倾向于西方资本主义政治体系,使得政治信仰弱化。

3. 增强大学生党性修养的创新途径

单秀华等人结合新时期大学生的特点,提出增强大学生党性修养、加强高校学生党建工作的创新途径。

(1) 创新思想政治教育模式,开展实践锻炼

高校的思想政治理论课程是大学生接受思想政治教育的首要途径,加强和完善课堂教学效果是提高大学生政治认知的直接方法。为提高教学效果,课程教育模式应做到以下两点。首先,丰富教学内容。摒除以往的照本宣科模式,用当下发生的典型案例来讲解课程知识,提高学生的学习兴趣,加深学生对知识的接受与掌握能力。其次,完善教学方法。高职院校学生的学习主动性较弱,对于思想政治理论课程的学习更显浮躁,教师在教学过程中应注重理论联系实际,拓展实践锻炼内容,在行动中激发学生的积极性、求知性、挑战性。

(2) 发挥网络优势,构建网络思想政治教育平台

顺应时代发展,贴合高职院校学生的思想动态,高校学生党建工作更应把握网络化优势,将党建带入学生离不开的 QQ、微信、微博等网络平台中。创建网络党支部,服务于全校每一位党员同志;创建学生党群公众号并推广到每一位学生,在公众号中及时推送党史、"两学一做"、"三会一课"、模范带头事迹等党性信息,使学生实时了解党性要闻,潜移默化地熏陶学生的党性意识。利用网络的交互性、传播性使学生即时地浏览最新的政治、经济、文化等热点信息并互相沟通,使学生自由表达个人观点,及时了解学生的思想动态,并予以合理的引导与纠正,增大学生对党性的认识程度并使其确立正确的政治信仰。

(3) 加强学校、家庭、社会的互动教育

学校、家庭、社会之间是一种相互影响、共同存在的社会关系,学校培育来自家庭的成员,该成员要步入社会并发挥其社会作用。通过分析研究,在对大学生

的培育过程中,学校应加强与家庭、社会的联系。首先,自大学生步入大学起,学校应以班级为单位建立大学生家庭信息档案,辅导员以及其他党务工作者利用QQ、电话等方式定期与家长进行沟通,使家长及时了解学生的思想动态,使学生在家人的关怀与心理疏导下,建立健全的人格和正确的思想认知。其次,学校应增加社会实践活动,如大学生慰问孤儿院、大学生慰问敬老院、青年志愿者三下乡活动、回归母校感恩行活动等,让学生较早地体验世间冷暖并发扬艰苦朴素、任劳任怨的大无畏精神,从社会实践中得真知。

第3章 "互联网＋基层党组织建设"的理论研究

3.1 "互联网＋"时代政党治理模式的新变化

3.1.1 互联网技术提高信息规范度和分散度

信息的规范度和分散度是信息的重要特征,信息的规范度指的是在交易时相关信息的明确程度和具体程度,信息的分散度指的是能够推动交易达成的相关信息为社会公众所掌握的程度。美国文化人类学家爱德华·霍尔在《超越文化》一书中将文化分为"高文本文化"和"低文本文化"。"高文本文化"指的是清晰度更好、受人为干扰较少的信息,人们对于自身行为的约束主要依靠契约;"低文本文化"则是指人与人之间的交流更倾向于模糊化,交流所涉及的信息更多地依靠长期在相同文化背景下所形成的一些共识,如果缺乏这种共同的文化背景,可能无法理解这些信息的含义,比较典型的如中国、日本,在"低文本文化"中,人们对于自身行为的约束主要依靠各种人际关系,此类信息的特征类似于诺斯的非正式制度。

政治体制、文化背景、经济发展水平等因素对信息的规范和分散度的影响较大。在集权的政治体制下,与交易相关的各种信息的掌控权往往集中在少数人手中,由于集权体制的影响,信息的流动受到极大的限制;在分权的政治体制下,与交易相关的各种信息分散度较高,任何人都可以掌握、利用这些信息去完成交易行为。概括而言,信息的规范度和分散度之间是正比例关系,鲍绍对各国信息的规范度和分散度做了大致的估计,如图3-1所示。

互联网技术推动着组织结构的扁平化以及权力的下放和分散,从而推动着信息规范度和信息分散度的提高,进而影响着治理结构。[1]

---

[1] 何伟.信息体制影响公司治理模式[J].商业研究,2004(14):64-65.

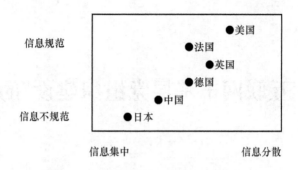

图 3-1　各国信息的规范度与分散度估计

3.1.2 "互联网+"时代政党执政信息基础的新变化

1. 统一思想的信息基础

在"互联网+"时代,信息的共享性、开放性日益增强,党的执政环境也发生了明显的变化,公众对于信息公开的呼声日益强烈,并且公众的各种诉求呈现出明显的个性化特征。互联网技术为推动信息的公开、共享提供了重要的技术基础,有利于拉近党群关系、奠定党执政的民主性基础。

当然,信息共享性、开放性增强的另一个结果就是互联网中信息内容过于多元化,各种信息混杂,对于执政党的思想统一具有不利影响。在互联网中,国与国之间的地理界限几乎形同虚设,各种不同的文化、思想在互联网中急速传播,各种负面信息也不受时空限制地迅速传播。发达国家的互联网技术水平相对较高,其在互联网的信息传播中占据主导地位。在互联网的信息传播中,由于技术因素及意识形态因素的影响,信息的传播是具有预设性的,针对什么样的对象以某种特定方式传播什么内容都可以通过程序进行预设,这使得公众的信息获取过程受到了一定的控制。因此,一些西方发达国家针对个别发展中国家,通过互联网平台传播带有明显西化特征的制度、文化等内容,甚至传播一些带有反动色彩的政治信息,从而在潜移默化中影响了该国公众的价值观、生活方式、认知方式等,使得该国公众对本国传统的一些价值观念、思想观念、民族信仰等产生动摇与怀疑,逐步瓦解了该国的社会凝聚力,进而直接影响到该国政党的统治地位,甚至导致该国发生政治动乱或战争,个别西方发达国家便借此达成其获取某种利益的目的,这种信息的预设性传播对于一国的政治、文化、经济建设具有极强的隐形破坏作用。

中国共产党在新时期要主动适应时代发展的新趋势,进一步解放思想,但同时要注意保证思想的统一性。一方面,要充分听取社会公众的意见建议,着眼基层,重视调研,收集经济社会发展的真实信息,推动思想解放;另一方面,也要主动作为,屏蔽各种负面的、有害的信息,确保思想的统一性。唯有这样,党才能在新时期成功应对各种挑战,将思想统一于中国特色社会主义理论。①

2. 执政效率的信息前提

执政效率对党执政成效、党的宗旨的实现、党的公信力具有重要的意义。提高执政效率的重要前提便是提高信息的掌控率,及时公布、传递信息。在"互联网+"时代,人们的精神文化生活得到了极大的丰富,互联网为人们表达自身利益诉求提供了便捷的渠道,人与人之间的联系也更加紧密。互联网中广泛传播的各种信息不仅代表着群众的利益诉求,也反映着经济社会发展的未来趋势,对于执政党正确研判当前形势、做出正确决策具有重要的意义。提高信息的掌控率,提高信息处理水平与快速反应能力,完善信息的采集、传递、处理机制,才能够正确判断当前形势,制定正确的政党政策,提高执政效率。

提高执政效率的另一个重要途径是通过互联网等渠道将政府的决策活动、执行活动变成一种对群众公开的执政活动,充分保障群众的知情权,提高决策的科学性,其中最重要的一点便是执政活动的信息化,这离不开大数据、云计算等现代化互联网技术的支撑。与此同时,对各种社会突发事件的响应速度与应对方式对于执政党的公信力和执政能力也具有重要的意义,直接关乎执政党的国际形象。

执政效率的高低不仅体现在工作效率上,也体现在决策水平上。一直以来,传统的决策过程大多以经验作为基础,决策十分依赖决策者或者少数人的个人能力与认识。尽管很多杰出的个人做出了很多正确的决策,但当前经济社会的发展速度飞快,各种新形势、新问题层出不穷,以经验为基础的决策方式难以适应新形势的要求。时代的发展促使决策过程必须进行变革,决策过程要告别"拍脑袋",要走向科学化、规范化的道路。2006年4月21日《科技日报》以"决策失误猛于虎"的标题强调了审计长李金华关于决策失误比贪污腐败造成的危害更加严重的观点。李金华在2005年6月向全国人大常委会提交的审计报告中有一组对比数据:审计中查出转移挪用、贪污受贿等涉嫌经济犯罪金额16亿元;查出由决策失误、管理不善所造成的经济损失高达145亿元。后者造成的损失远远高于前者造成的,"拍脑袋"的一个决策可能造成几亿甚至十几亿的损失,其危害程度不亚于腐败。

提高决策科学性的重要方式是全面地搜集、掌握相关信息,通过科学的方法进行筛选、分析、归纳,进而为决策者提供科学的参考。通过从相关数据库中选取大量的数据并运用大数据技术进行分析、转换等,从海量数据中挖掘关键信息,并

---

① 郭健彪,陈墀成.加强党的执政能力建设的信息基础初探[J].当代世界与社会主义,2008(6):141-143.

结合经济社会发展过程中所形成的经验,制定出科学的、具有可操作性的决策。①

3. 联系群众的信息纽带

是否拥有意见表达的渠道对于政治的廉洁、稳定至关重要。中国共产党历来重视与人民群众的联系,尊重群众的意见,并将群众路线视为党的生命线,在成为执政党之后,更是采取了多种举措来加强与群众的联系,巩固群众路线,在互联网快速发展的21世纪,更是将尊重人民声音、吸取人民智慧、保护人民利益作为重要任务。

"在实现四个现代化的进程中,必然会出现许多我们不熟悉的、预想不到的新情况和新问题……只要我们信任群众,走群众路线,把情况和问题向群众讲明白,任何问题都可以解决,任何障碍都可以排除。"②目前,和谐社会的建设不是靠政党单方面策划出来的,而是需要社会各方主体和谐相处、共同推进的,新时期的执政不再是传统的"单"对"多"的统治过程,而是一个需要多方主体共同参与的治理过程。提高公众对社会公共事务的参与度需要提升公众的互联网意识,提高政党的执政能力需要在全社会范围内打造良好的信息环境和提供信息资源。

第一,执政党要关心群众、了解群众的诉求,并切实帮助群众解决与他们利益相关的问题;宣传主流文化,营造正确的社会舆论氛围,增强社会凝聚力;提高服务意识,着眼细节,让群众真正感受到党的关爱;及时倾听群众的意见建议,决策行为反映群众的意志。第二,执政党在互联网时代也要不断做出改变,在与人民群众的互动中,"炼出新的品质""造成新的力量和新的观念""创造新的需要和新的语言"③;在与人民群众的普遍联系中培育全面发展的一代新人,体现无产阶级执政党的执政理念,丰富执政的智力资源。①

4. 民主执政的信息条件

社会上大多数人的利益维护及实现情况以及社会整体的创造性,对于国家经济社会的发展具有决定性的作用。执政党是代表全体人民利益的,必然要求最普遍的民主。在互联网时代,执政党要不断更新观念,多利用互联网加强与人民群众的交流,增强执政活动的透明度,激发广大人民群众为经济社会不断做出贡献的积极性。

增强信息公开程度对于增强执政民主性、巩固政治基础具有重要意义。及时公布相关信息能够使群众及时了解,引起群众对于政府所关系社会事件的共鸣,并在决策过程中使群众的意见诉求有所体现,进而满足社会不同阶层的多样化利

---

① 郭健彪,陈墀成.加强党的执政能力建设的信息基础初探[J].当代世界与社会主义,2008(6):141-143.
② 邓小平.邓小平文选(第2卷)[M].北京:人民出版社,1994:152.
③ 马克思,恩格斯.马克思恩格斯全集(第46卷上)[M].北京:人民出版社,1979:494.

益诉求,增强政治生活的民主性。一方面,随着互联网的快速发展,信息传播的速度、开放性、自由性都大大增强,并且突破了时空的限制,拓展了信息传播的渠道,人们获取信息的能力显著提高,各种信息的透明度、共享性不断增强,群众的民主意识、权利意识、参与意识都显著增强。在这样的背景下,对信息的封锁、垄断将引起社会公众的反感甚至反抗,削弱党的执政威信;相反地,不断公开相关信息有利于培育信息社会的民主土壤,树立良好的政党形象,巩固政党的执政地位。另一方面,互联网时代信息传播的离散性比较强,在打破了时空限制的同时,也在一定程度上造成了人与人之间的疏离,使得不同个体之间心理、文化等方面的距离感增强,进而增强了群众相对于政党的独立性。很多以前只能由政党及各级政府组织完成的事情,现在通过互联网便可以得到解决,在某种程度上降低了执政党的影响力。

新时期执政党必须积极利用互联网技术,以改进与群众沟通、交流的方式,从而引导更多的群众主动参与政治活动,培育民主的政治基础,增强社会的凝聚力和政党的社会动员能力,进而巩固执政地位。在这方面,西方发达国家的民主建设经验值得借鉴,但不能照搬,因为西方多党竞争的政党环境、经济社会发展水平以及相关的政党建设理论与我国的实际情况有较大差异,其在推进民主建设中的一些行为对于我们国家的政党建设是具有积极的借鉴意义的。[①]

5. 科学决策的信息保障

依托互联网平台,各种文件、材料的收集工作变得更加便捷,可以实现在线即时传递,大大减少了信息处理环节,并且将工作人员从各种烦琐的流程中解放出来。与此同时,信息传递渠道的畅通减少了资源的消耗,提高了政府的运转速度和工作效率。高质量的信息传递能够确保相关部门、同志在第一时间全面、便捷地掌握相关信息,及时解决相关问题,高效率的工作水平能够显著提升执政党的执政能力。具体而言,信息与决策的内在联系主要体现在以下五个方面。

① 信息是发现问题的向导。发现问题是决策活动的起点。信息是人们认识事物和描述事物的重要媒介,收集信息、处理信息是发现问题、解决问题的起点。在互联网时代,决策部门对于信息的重视程度和利用程度与其做出的决策的科学性和可操作性成正比。

② 信息是确定目标的基础。明确决策目标时需要针对问题进行预测,而预测的准确性与所收集的信息的数量及精确性成正比,收集完信息之后再进行有针对性的分析、归纳和推理,才能够有效揭露问题的本质,并把握其未来的发展趋势和解决方法。决策部门在掌握了大量信息的基础上,才能够开展预测行为,并找到

---

① 金正帅.西方发达国家执政党党内民主建设及启示[J].长春工业大学学报(社会科学版),2006(1):18-20.

具有针对性的、合乎实际的决策目标。

③ 信息是制订方案的原料。为了有效地实现决策目标,需要针对要解决的问题制订多个可供选择的方案。而要制订一个切实可行的方案,离不开全面、精确的信息作为基础。如果信息的数量或质量不够,那么据此所制订的方案可能不具备可行性,更难以实现决策目标。

④ 信息是评估方案的依据。毛泽东同志说过:"没有调查研究,就没有发言权。"其意思是,在对某件事情缺乏足够了解的前提下,不要妄加猜测,随便下定论。如果对要解决的问题的了解不准确,那么将很难制订恰当的决策目标和决策方案。只有掌握了充足的高质量信息,才能对要解决的问题有正确的判断,才能有效地开展决策行为。

⑤ 信息是控制决策实施的链条。决策实施前,领导需要根据信息把握决策实施的最佳时机;付诸实施时,需要以文字或声频信息的形式将决策传输到执行单位,并利用指令性信息控制决策的实施步骤和范围;实施过程中,需要依赖信息把握和监控;最后,信息还是检验决策正确与否的重要尺度①。

3.2 "互联网+党建"能够改善政党执政信息不对称

3.2.1 政治生活领域中信息不对称的表象

① 在权力相对集中的政治体制中,信息共享的渠道和数量受到了公职部门相关人员的严格掌控,各种政策法规、决策议程等信息一般只在政府系统内部按照层级进行传送,普通的群众难以获取。

② 信息共享的方式和内容一般由公职部门相关人员决定,普通的群众只能被动接受,无法主动筛选,更无法甄别信息的真伪,这就导致个别党政干部利用这种特权做出对自己有利的政策解释,致使政策在执行过程中偏离普惠性目标,甚至导致违法、腐败案件发生。

③ 在信息传递系统和过程方面,信息录入、筛选、处理、反馈等方面还存在很多不完善的地方,影响了信息系统的正常运行。例如,干部监督信息系统处理流程中,信息不对称主要体现在三个方面:第一,作为监督主体的群众对于被监督对象的相关信息(如干部在日常社交圈中的表现等)难以全面了解,直接影响了监督的有效性、真实性;第二,被监督对象对于群众所提出的意见和评价无法及时进行

---

① 李林.党的信息工作与党的执政能力建设研究[D].长春:东北师范大学,2011:21.

查看,信息传递的不顺畅使得他们无法及时吸取群众的意见,改善自己的行为;第三,作为监督主体的群众对于这个监督系统的运转缺乏深入的了解,甚至存在一些认识上的误区,参与监督的积极性不够。

④ 隐瞒真相甚至制造虚假信息。这种虚假信息分为两种情况:一种是下级向上级隐瞒真实情况,报送虚假数据;另一种是上级部门对社会公众隐瞒某些事件的真实情况,甚至歪曲事实。①

3.2.2 信息不对称状况影响政党执政能力

1. 信息不对称降低市场运行效率

① 信息不对称的"逆向选择"导致市场低效率。造成这种现象的主要原因有两个:第一,商品的卖家所提供的待售商品的价值是低于商品价格的,并且待售商品的平均价值一般都会低于售价,对于待售商品信息的掌握不够充分的买家只有在认为待售商品的价值等同于售价时才会购买,因此,在这种信息不对称的交易过程中,边际产品的最终成交价格总是大于商品的真实价值,使得市场交易难以达成;第二,市场中的产品鱼龙混杂,高质量的产品和低质量的产品同时售卖,且消费者难以分辨,即使有消费者愿意为高质量的产品付出较多的金钱,但由于逆向选择的存在,这些交易方式在现实中难以真正达成。

② 信息不对称的"道德风险"导致市场低效率。作为典型的经济人,个人会为了追求自身的某种利益而采取一些非道德行为,如工作偷懒等,再加上信息不对称的存在,使得这种行为的隐蔽性较强,受损失的一方难以有效索赔,道德风险便出现了。由于难以索赔,主动制造损失的人无须为自己的行为担责,直接引起了市场交易中各方的效用冲突,降低了市场效率。

③ 人为的市场信息不对称对经济产生消极影响。对消费者而言,市场中存在的欺诈、侵权、假冒伪劣等信息不对称现象干扰了消费者对商品真实信息的了解,使得消费者难以选择正确的商品,甚至威胁了消费者的身体健康,降低了整个社会对商品的有效需求;对生产者而言,种种信息不对称现象不仅影响了产品的销售,还妨碍了经济潜在利润,致使产生一种新的经济均衡的可能性;对整个社会而言,信息不对称现象浪费了社会资源,增加了社会的总成本。

2. 信息不对称加大政治沟通难度

① 信息不对称导致沟通渠道单向化。在当前的政府管理体系中,以自上而下的沟通渠道为主,党政机关在沟通渠道中居于主导地位,由于信息不对称的客观

---

① 邱国栋,杨梅.试析网络政治参与对执政安全的消极影响[J].湖北经济学院学报(人文社会科学版),2008(8):79-80.

存在,这种沟通渠道的单向化日益明显,普通群众的意见诉求缺乏有效的渠道向上进行传递,难以进入正式的决策议程中。

② 信息不对称导致沟通主体缺位。信息不对称使得普通群众对社会公共事务、相关政策信息不了解,降低了其参与公共事务的积极性。在政府的管理过程中,政府作为信息的发出者,在信息传递渠道中占据绝对优势,社会公众作为信息的接收方,相对处于劣势地位。如果信息公开力度不够,政府与社会公众之间的沟通必然会受到阻碍,因为有效政治参与的重要前提便是参与双方对于相关的议题、环节有充分的了解。如果信息能够充分、有效地公开,政府与社会公众之间的沟通会变得更加通畅,公众对于公共事务的意见建议对政府的正确决策是有重要参考价值的,这样也有利于增强政府的社会公信力,维护社会的稳定。

③ 信息不对称导致权力监督被削弱。信息不对称使得社会公众对政府的监督难度变大,使得公权力难以被有效监督。在信息沟通中处于优势地位的政府有可能利用这种优势地位而选择性地公开信息,一些本应公开的信息可能被拒绝公开。这种信息沟通方式催生了政治沟通中的暗箱操作行为,一些人通过非正式渠道与相关政府部门进行沟通,如通过个人社会关系、利益关系等,影响了正式信息沟通机制作用的发挥。与此同时,这种信息不对称现象极有可能被少数人利用,用于谋取私利,而社会公众由于对相关信息了解不充分,对于这些行为缺乏客观、准确的判断,难以真正做到对公权力的监督。

3. 信息不对称导致政治信任危机

权力与信息的连接给腐败提供了便利。在执政的过程中,一些部门的官员所拥有的权力较多,甚至能够直接影响社会公共资源的有效分配,一些人为了实现个人利益便可能挪用这种公权力,例如,在涉及政府采购、工程承包、执法等环节时极易发生行贿、受贿等违法行为。如果信息公开及时、全面,信息沟通渠道顺畅,权力的运行就会受到社会公众的有效监督,各种腐败及寻租行为出现的可能性就比较小。以前,我国在政府管理方面权力相对集中并且存在运转不规范的现象,加上对公共信息的控制力度较大,给各种腐败行为提供了一个相对隐蔽的环境。信息的不对称造成了权力运行的不规范,反过来增强了在信息传递中占优势地位一方运用权力的能力,使其可以将自己所拥有的信息优势转变为某种利益,并且不易被发现。

由于信息的公开度、透明度不够,信息资源的稀缺性更加明显,从而具有了更大的价值。在信息传递机制中,谁更占据优势地位,谁就具有更多的获取利益的机会和可能性。尤其在体制转换进程中,权力运转的不规范性较强,进而在权力运行过程中形成了一些灰色地带,信息不对称又在某种程度上推动了灰色地带的扩展,这也是在社会转型期腐败行为增多的重要原因。

4. 信息不对称影响决策的科学化

大量、有效的信息是科学决策的重要前提。决策的过程其实就是信息的输入、转换和输出的过程,信息的真实性、全面性直接影响着最终决策的科学性。由于信息不对称现象的存在,政府与社会公众之间的信息沟通不通畅,相关政务信息公布不及时、不全面,信息在层层传递之后价值也逐渐衰减,对于决策的科学性有不利的影响。例如,由于自下而上信息传递渠道的不通畅,普通社会公众的意见建议难以进入上级政府的决策议程中,致使上级政府对基层的情况了解不够全面,甚至其在决策过程中所依赖的信息并不是真实的,最终影响公共政策的效果,甚至造成严重的政策失误,带来大量的经济损失。[①]

5. 信息不对称降低行政运行效率

在行政组织内部,上下级之间的信息不对称直接影响着各级政府自身的决策科学性和政策执行的效率,如果上级政府部门的信息向下传递较少,下级政府部门对于要执行的政策了解不够全面,极有可能做出错误的执行行为。相反地,如果下级政府部门在政策执行过程中收集的信息较多,但未及时向上级政府部门反馈,那么上级政府部门将难以对政策的最终执行进行有效的监督和控制。在横向组织之间,如果存在信息不对称现象,各部门对信息在不同部门之间的沟通不够重视,则会导致不同部门在做出决策行为的时候更倾向于各自为政,在具体的政策执行过程中,极易出现不同部门之间互相推诿的现象,从而降低工作效率。

6. 信息不对称不利于民主政治建设

政府与社会公众之间的信息不对称影响了政府与社会公众的正常交流。在缺少充足信息的基础上,公众对于政府的政策缺乏足够的理解,不利于政策的顺利推进,同时,公众也无法向政府反馈自己的意见建议。在干部选任方面,干部选任机制的公开程度不够,客观上造成了信息的不对称,信息的不对称对于这种机制存在的缺陷也是一种强化,从而影响了党的干部队伍建设,甚至在社会上造成了不良影响。党内形式主义、官僚主义与信息不对称也是有关的,这对于社会主义民主政治建设、和谐社会建设具有不利影响。[②]

3.2.3 "互联网+党建"能够有效改善信息不对称

以解决企业治理问题为例,企业治理问题的核心就是信息不对称问题。利用互联网技术打造有效的企业管理网络平台,不仅有利于企业日常业务问题的解决,能够真实、全面地描绘企业的业务活动,还能够满足员工的多样化信息需求,

---

[①] 李林.党的信息工作与党的执政能力建设研究[D].长春:东北师范大学,2011:88-90.
[②] 邱晓燕,邱爽.信息不对称视角下的执政能力建设[J].云南社会科学,2005(5):13-16.

使用者可以根据自己的需求检索各种信息,使得信息的处理过程全部通过网络开展,在信息收集、筛选、处理、反馈等环节减少了人工的介入,从而确保了信息的可靠性、真实性,避免了各种虚假信息的产生,增强了企业运营的透明度。企业所有的管理者和普通员工均可以通过互联网平等地检索、浏览自己所需的信息,大家具有同等的知情权。互联网技术的引入对于解决企业治理中的信息不对称问题具有积极的意义,有利于推动企业的现代化转型。[①]

利用互联网技术,各种形态的信息可以在瞬间被转化为数字化信息,并且这种数字化信息可以被任何人在任何地方通过计算机进行读取、利用。从理论上讲,接入互联网的各个用户均有同等的机会搜索、使用互联网上的所有信息资源,这也推动了私人信息公共性的转变。目前,对于全世界范围内发生的任何事件,在互联网上都可以第一时间搜索到该事件的相关信息。互联网技术的不断进步大大降低了人们获取信息的成本,提高了信息获取和交流的便捷性,增强了人与人之间的联系。

在"互联网+"时代,信息是十分重要的资源,信息分配不公阻碍了和谐社会的建设,执政党必须着力去化解或者缓解这种问题。在经济生活中,拥有的信息的数量和质量与所能获得的经济利益成正比;在政治生活中,信息垄断行为对于民主社会的建设具有十分不利的影响。增强信息的流动性、共享性对于缓解社会矛盾、增强政府的公信力、打造和谐社会具有重要意义。互联网技术的不断发展为解决信息分配不公问题提供了重要的技术支撑,这将对执政党政权的巩固产生重要影响。

3.3 "互联网+党建"能够促进党内和谐

3.3.1 "互联网+党建"是党内和谐建设的助推器

① 党员群众是实施"互联网+党建"的主要对象之一。在"互联网+"时代,社会公众获取信息的需求日益高涨,客观上要求政党更加及时地收集和公布党务信息。党务信息公开指的是党委部门通过正式文件、官方网站、电视广播等媒介,将党务管理的过程中应当公开发布的各种图片、数据等资料及时向社会公众公开。当前,互联网已经成为党务信息公开的重要途径,并且得到了广大党员群众的支持。

---

① 何伟.信息技术推动现代企业制度构建中职工为本思想的实现[N].经理日报,2004-11-01.

② "互联网＋党建"是提高党员党内政治参与的保障。随着各地在"互联网＋党建"方面的不断探索、推进,党组织与党员群众之间的沟通、交流日益增多。有了互联网这个便捷的平台,党员群众为了维护自身的利益,也更倾向于通过互联网参与相关政治议程。党员群众参政议政的积极性增强,对公权力的运转形成了有效的监督,其参政议政能力也在实践锻炼中得到了提高。不断提高党员的党内政治参与度是时代发展的必然要求,互联网为党员群众参与党内政治提供了便捷的渠道。

③ "互联网＋党建"密切了党同人民群众的联系。党建网站在增强政务信息的公开性、提高党务工作效率、增强群众的参与性等方面具有积极的作用,拉近了群众同党组织的距离。通过互联网平台,群众在参与党内政治方面拥有均等的机会,均可以在互联网上发表意见建议。互联网的匿名性在某种程度上打消了网民参与政治讨论的后顾之忧,党政机关可以通过互联网收集群众的民意诉求,有利于增强政府决策的民主性和科学性。

④ "互联网＋党建"是党内和谐建设的助推器。"互联网＋党建"的推进对于增强党内和谐关系具有重要的作用。"互联网＋党建"的实际应用效果直接决定了党内和谐建设的成效,只有采取正确的方式并取得切实的成效,互联网平台才能够有效推动党内和谐建设,党员群众对"互联网＋党建"的满意度和使用效率是衡量其实际效果的重要指标。[①]

3.3.2 "互联网＋党建"推动以人为本思想的实现

以解决企业治理问题为例,引入互联网技术,打造网络管理平台,对于增强职工管理的民主性具有重要意义,使以职工为本的思想在实践中得以落实。随着互联网技术的飞速发展,人们对互联网的使用不局限于获取信息、共享信息,互联网渗透生活的方方面面,使生活方式发生了巨大的变革。互联网的快速发展也对组织的建设产生了深远的影响,对于推进企业的现代化转型具有积极的意义。

在传统时期,信息传递的渠道少、环节多、成本高,信息在传递过程中极易失真,不同组织之间的沟通成本较高、沟通难度大。互联网技术极大地拓展了信息传递和社会交往的网络,组织之间、人员之间的沟通方式也发生了重大变革。依托互联网平台建立的论坛、邮箱、微信群、QQ 群等都为不同组织、人员之间的沟通提供了便捷的渠道。工作人员仅通过互联网便可以了解组织的整体运转情况,甚至可以根据目前的状况提出自己的意见建议。决策层也可以通过互联网及时了解基层员工的意见建议和利益诉求,对于提高组织管理的效率和决策的科学性具

---

① 王锐.电子党务与党内和谐——党内和谐建设的网络途径研究[D].新乡:河南师范大学,2008.

有重要的意义。

在组织的管理中引入互联网技术,大大缩短了信息传递的层级和时间,推动了组织内部的信息公开,增加了员工之间、员工与管理者之间的信息交流,维护了和谐的组织内部关系,尊重了员工的主体地位,为员工更好地发挥个人能力提供了良好的平台,对管理者改进管理行为也提供了良好的参考。互联网技术的全面引入是经济社会发展的必然要求,对于推动以人为本思想的落实具有重要意义。[①]

3.3.3 开放式"互联网＋党建"平台有效实现多方互动

在传统时期,党建工作需要遵守严格的规范,所有党组织的活动都需要预先进行设计并被上级部门批准,下级党组织和普通党员服从安排即可,自主性较弱,党务管理的手段和方式规范性强。传统时期的党建活动中,上下级党组织之间、党组织与普通党员之间的沟通、交流较少。"互联网＋党建"能更好地营造党内信息顺畅、上下互动、弘扬先进、服务基层的和谐氛围[②],依托互联网平台,党组织之间、普通党员与党组织之间的交流方式得到了极大的拓展,邮件、微信、QQ、微博等交流方式日益普遍,有效增强了党建活动的互动性,推动传统单边党建工作的互动性转变。

开放式"互联网＋党建"平台为党员分享生活、感想提供了便捷的渠道,方便了党员群众之间的沟通和交流。平台还通过大数据分析,将高质量的、受群众关注的热点信息、文章发布在首页上,增强了党建信息分享的丰富性。

开放式"互联网＋党建"平台拓展了党组织的活动空间,网上党组织的建立将分散的党员凝聚到一起,并将传统的组织生活、组织管理、学习培训等环节转移到线上,开放性更强。

开放式"互联网＋党建"平台利用视频、即时通信工具、论坛等方式,将党组织资源通过互联网进行共享,将传统的党建活动转移到线上,有效打破了传统党建活动的时空限制。

开放式"互联网＋党建"平台中还可以涵盖问卷调查栏目,对党员群众所关心的热点问题或者政策执行情况等内容开展在线问卷调查,并通过互联网技术将调查数据数字化,以图片、视频等更直观的形式进行展示,既增强信息公开的力度,也尽可能多地收集群众的意见建议,以辅助改进政府决策。

开放式"互联网＋党建"平台中的测评系统能够做到线上全匿名,为投票者提供了匿名的投票空间,有效地克服了传统测评中的人情压力和心理压力,明显增强了投票的公平性、民主性。

---

① 何伟.信息技术推动现代企业制度构建中职工为本思想的实现[N].经理日报,2004-11-01.
② 赵金旭.互联网＋企业党建=?[J].企业文明,2015(9):81.

3.4 "互联网+党建"能够有效扩大党内民主

3.4.1 "互联网+"是扩大党内民主的新机遇

1. 基层党员对党内民主建设高度关注

由于新中国成立以来中国经济社会高速发展,社会各种关系已经发生深刻变化,党组织和普通党员间的关系也不例外,主要表现在以下两个方面。

① 部分基层党员感觉受党召唤机会过少。很多老党员反映,现在除了被通知去开会,党组织基本上不怎么安排任务给他们了,"是不是党把我们给忘了,还是不需要我们了,原来解放战争时期,组织上一天都要找我们很多次"。很多年轻党员也抱怨说感觉被组织遗忘了,"像我们这种没有担任职务的党员,除了缴纳党费时感觉自己是个党员,其他时候感觉和行走在大街上的群众一样,没有什么区别"。

② 部分基层党员感觉党内表达通而不畅。从制度层面看,普通党员如果想要向党组织反映自己的意见、诉求,是有很多渠道的,如直接找组织汇报、在民主生活会上发言等。但在实践中,由于上下级关系、职务隶属关系的影响,很多普通党员往往在面对这种机会的时候很难把真正的心里话讲出来,因为他们担心自己说的话是不是会影响自己的仕途,是不是会给自己的工作增加困难等。有基层党员反映:"虽然组织上鼓励大家在组织生活会上畅所欲言,严格开展批评与自我批评,但现实中很少有党员敢直接批评自己的领导。"[1]

基层党员十分渴望党内民主能够切实推进,他们并非想要拥有决策权,而只是希望自己能够有更多的表达权和参与权。互联网技术打破了传统党建形式的很多弊端,给大家提供了平等交流的互动平台,打破了时空的限制,对于扩大党内民主具有重要作用,在很多方面是传统党建所无法比拟的。

2. "互联网+"是党内民主发展的新机遇

① "互联网+"时代党员群众党内政治参与的平等性。在传统时期,政党的组织结构主要是科层制结构,管理层次较多,信息的共享性较差,信息资源的分配权被少数人控制,致使普通的党员群众难以及时地了解相关的信息,其在信息交流的网络中处于被动接受的地位,导致在党政管理过程中出现了信息不对称现象,影响了普通党员群众参与权和知情权的实现。在"互联网+"时代,信息资源的共

---

[1] 代群,郭奔胜,黄豁,等.新技术党建形态[J].瞭望,2009(37):33-35.

享性大大增强,人们获取信息的方式更加快捷,获取信息的需求更加强烈,党政机关的信息公开力度也不断加大,有效地保障了普通党员群众的知情权。互联网中的信息共享、交流具有极强的匿名性,任何人只要有接入互联网的条件,便可以在法律允许的范围内随时随地在互联网上查阅信息、发表观点,大家具有均等的参与机会,互联网为社会公众的政治参与提供了一个良好的平台,也为政府组织改善管理行为、增强执政民主性提供了重要途径。

②"互联网+"时代党员群众党内政治参与的便捷性。传统的党内政治参与渠道主要有报纸、广播、电视等,参与方式主要有投票、举手表决等,参与渠道和参与方式的局限性较大,很多普通党员群众难以接触。在"互联网+"时代,党员群众通过互联网便可以发表意见建议、参与政治议程。这是一种全新的现象,新的拥有权利的是那些受信任和拥有广泛的网上交往的人①。在互联网中,各种信息的传播速度极快,并且突破了地理空间的限制,很多社会热点事件很快便能引发社会公众广泛的关注。党员群众在参与党内政治方面,可以通过互联网进行在线投票,可以通过互联网发表意见建议,并且可以参与政治决策的进程,解决了传统党内政治参与所存在的信息不对称问题。"互联网+"时代的党内政治参与和传统时期相比更具便捷性、可操作性。

③"互联网+"时代党员群众党内政治参与的高效性。互联网技术极大地拓展了信息传播渠道,提高了信息传播速度,突破了传统的时空限制,降低了信息共享的成本,党员群众仅通过互联网便可以获取政治信息、参与政治议程。在"互联网+"时代,政府在决策过程中仅凭传统的经验无法做出全面、准确的判断,借用互联网技术可以更加全面、真实地了解基层的情况,便捷基层信息的获取,大大提高政治参与的效率。②

④ 互联网技术提高了党内民主表达的真实性。互联网技术改变了党内的交流方式,各种网络交流平台应运而生。在这些网络交流平台中,大家具有平等的参与权,彼此之间的沟通可以突破时空、阶层的限制,这种沟通具有极强的自主性、非组织性以及平等性,有效地激发了社会公众的参与热情。在网络交流平台中,彼此的发言不会受身份、职位、社会关系的限制,大家也更愿意讲自己的心里话,而不需要有各种"社会性"的顾虑,营造了民主的党内沟通氛围,拓展了沟通渠道,克服了传统时期党内沟通气氛沉闷、方式单一、社会性障碍明显等问题。网络的匿名性、开放性等特征为社会公众平等交流、发表见解提供了条件,也推动了政府管理体制的变革。

---

① 李斌.网络政治学导论[M].北京:中国社会科学出版社,2006:37.
② 王锐.电子党务与党内和谐——党内和谐建设的网络途径研究[D].新乡:河南师范大学,2008:32-33.

⑤ 互联网技术壮大了党内民主监督的主体力量。互联网技术为强化党内监督提供了更加便捷的渠道和更加多样的手段,强化了社会公众对党员干部的监督,完善了现有的党内监督。在互联网空间中,党员群众都处于平等的地位,身份、职位等各种社会属性都被消除了,形成了没有明确边界的网络式监督。在"互联网+"时代,信息的上传十分迅速、快捷,党员领导干部一旦出现违规行为,很快就会被呈现在广大网民面前,通过互联网平台,党内监督的渠道和覆盖面大大增加。互联网的匿名性和虚拟性为党内监督的开展提供了条件,增强了社会公众的监督意识,激发了他们参与监督的热情,提高了监督的效果。①

⑥ 互联网技术增强了党内协商的互动性。党内协商民主对于增进党内和谐、巩固党内统一具有重要的作用。在传统时期,党内协商民主的前提是承认党员个人利益诉求的多元化,强调要从实体上和程序上确认党员的主体地位并保障党员参与党内事务的权利,并尽可能通过对话、协商等方式,对共同关注的问题进行讨论并力争达成共识,以维护党内秩序的稳定和增强党内凝聚力。通过互联网平台,党内民主交流的成本明显降低,协商方式变得更加多样且更有效率,并且打破了时空的限制。不同层级的政府之间可以直接进行沟通、交流,普通的党员也可以自由地参与讨论、发表意见建议,拓展了党内协商民主的渠道,形成了良好的信息交流机制。

⑦ 互联网技术增强了党内决策的科学性和民主性。在党政机关决策的过程中,遇到涉及重大社会问题、重大战略布局等层面的决策时,必须尊重人民群众的创新精神,不断改进、完善现有的决策机制,将专家咨询、群众智慧与公共利益相结合,尤其对于与群众自身利益相关的决策,制定过程要充分调动群众参与其中,适当吸取群众的意见与诉求。互联网平台的引入从技术层面确保了社会公众可以参与决策进程。互联网平台具有明显的扁平化特征,组织层级相对较少,党员与党组织之间的意见沟通可以直接进行而无须其他人员或者层级转达。9 000多万名党员涵盖了无数的信息资源,利用大数据等先进的互联网技术,能够快捷地提取海量数据,并对海量数据进行专业的数据分析、总结,据此得出具有参考价值的对策建议,进而增强决策的科学性和民主性。②

3.4.2 "互联网+"是完善党内民主的新途径

科学技术是推动人类社会不断发展、进步的重要动力,而互联网技术也不断完善了党内民主的新途径,对推动党内民主的健康发展产生了重要的作用。

---

① 肖新国.现代信息技术对党内民主建设的影响分析与思考[J].湘潮,2011(10):29-30.
② 屈晓华.用好互联网技术发展党内民主[N].学习时报,2017-03-15(4).

1. "互联网＋党建"开辟了党内民主参与的新途径

互联网平台极大地拓展了党内沟通、交流的渠道，构建了多层级、多形式的党内信息交流渠道，极大地增强了党内信息的共享性和公开性，普通的党员群众也可以便捷地查阅相关信息，并且打破了传统信息传递的时空限制。党员群众可以通过互联网平台参与相关党内事务，平等地发表意见建议及诉求，接受党组织的管理，及时参与党组织生活。与此同时，通过党建互联网平台，党员群众可以和党组织或相关领导进行更加便捷的交流，增进党组织内外部信息的共享、沟通，增强党的决策的科学性和民主性。

随着互联网技术的快速发展，各级领导干部对于互联网的认识程度、重视程度日益提高，并且很多党政部门已经开始在党务管理中运用互联网技术。例如，有的部门通过互联网加强与网民的交流，有的部门通过互联网召开新闻发布会等，得到了广大网民的一致好评。2007年5月22日，广东省第十次党代会召开之际，广东省卫生厅副厅长廖新波在他的私人博客"医生哥波子"上发表文章"如何打造一个诚实的政府"，两天后，这篇文章被挂上了人民网强国博客的头条，引发了社会的广泛关注。新浪网一位网友给"医生哥波子"留言说，他前一天还反驳了廖新波的某个观点，但就事论事而已，在廖新波的这个博客里，看不到虚伪的废话、官僚话。①

2. "互联网＋党建"降低了党内民主参与的成本

"追求彻底的民主是费时费事的，这是必须付出的代价，这也构成了人们进行深度参与的重要阻碍。"在传统时期，受时间和条件的限制，普通党员群众很难有机会真正参与党内的政治活动，这也妨碍了党内民主的真正实现。"通过党务互联网平台，公民可以便捷地参与党内活动，并且不受身份、时间等限制，激发了广大群众的参与热情。"②

通过互联网平台，各种党务信息可以十分及时、便捷地向广大党员群众开放，党员群众可以在线轻松检索自己所需要的信息，极大地方便了党员群众的政治参与，激发了参与热情，对党员群众的参政能力和自身文化素质的提高也具有积极意义。对各级党组织而言，互联网平台的引入大大方便了党组织与群众之间的沟通，打破了传统沟通渠道的时空限制。随着互联网技术的不断发展，各种软硬件设施的普及度日益提高，各种相关的费用也在不断降低，信息沟通、交流的成本越来越低。依托互联网平台开展的党务管理活动为广大党员群众参与党内事务提供了便捷的条件。

---

① 赖雨晨.官员"开博"彰显"电子民主"[J].半月谈,2007(11):22.
② 袁峰,顾铮铮,孙珏.网络社会的政府与政治——网络技术在现代社会中的政治效应分析[M].北京:北京大学出版社,2006:147.

3. "互联网＋党建"提高了党内民主参与的质量

党员干部参与党务管理,有利于不断增加其对执政党的认同度,也有利于更加坚定其拥护党的执政的使命。互联网平台为党员群众提供了更加便捷的信息共享渠道、更加开放的管理平台、更加便捷的信息沟通渠道,有利于完善党内民主的相关制度,使党员群众在参与过程中提高了自身的参政能力,推动了党务管理的数字化、现代化。以党内在线选举为例,通过互联网平台,对候选人的信息、选举流程等可以迅速进行查阅,并且可以就自己所关心的问题向候选人提问,与此同时,选举的组织部门对于选票的收集、统计、计算结果等流程均可以在网络平台迅速完成,相较于传统的选举方式,成本大大缩减,选举的公开性和公平性得到了最大限度的保证,也提高了党员群众党内民主参与的质量。

此外,互联网平台的引入有利于党内形成"多数派的统治加上少数派权利的融合"[①]的全新民主形式。托夫勒曾经构想了一种依托互联网技术的名为"微型多数派"的民主政治模式,即利用互联网等技术随机挑选一些群众代表,在最终选票的分配方面,由传统模式挑选的选民拥有50％的投票权,由互联网方式挑选的选民拥有另外50％的投票权,并且由互联网方式挑选的选民可以自由选择投票地点、方式等。这种民主政治模式既能够代表大多数人的利益,又顾及了少数人的想法。多数派的统治与少数派权利的融合,能提高党内民主参与的质量。[②]

3.5 "互联网＋党建"为反腐倡廉建设提供新动力

3.5.1 "互联网＋"时代腐败所具有的新特点

① 新的腐败现象滋生蔓延。随着互联网技术的不断发展及其应用范围的不断扩大,各种依托互联网的新的腐败形式层出不穷,给经济社会发展造成了巨大危害。以互联网为依托的腐败行为,其隐匿性、技术性较强,不易被发现,但社会影响很恶劣,破坏了社会秩序的稳定,影响了政府的公信力。近年来,依托互联网的腐败案件越来越多,犯案金额越来越大,此类腐败分子多为对计算机相对熟悉的中青年干部。可以说,利用互联网技术所开展的各种腐败行为已经成为一个新的犯罪增长点。

---

① 阿尔温·托夫勒.第三次浪潮[M].朱志焱,等译.北京:新华出版社,1996:474.
② 王锐.电子党务与党内和谐——党内和谐建设的网络途径研究[D].新乡:河南师范大学,2008:34-35.

② 腐败手段日趋智能化。随着互联网技术的不断发展,各种信息的传递时间大大缩短,数额巨大的转账也可以在几分钟内甚至几秒内完成,这种便捷的网络环境对思想出现腐化的干部而言十分具有诱惑力。一些腐败分子通过互联网平台完成腐败行为,甚至不需要和受贿人见面,若没有专业的技术手段,外界根本无法察觉,而且作案痕迹可以利用计算机技术进行擦除,给后续的取证带来了难度。这种腐败方式智能化、隐匿性较强,十分快捷,打击难度较大。

③ 电子转移赃款现象严重。电子货币的出现以及网上银行的发展为腐败分子处理赃款和洗钱提供了便捷的渠道。一些计算机水平较高的腐败分子在完成腐败行为后会在第一时间把犯罪记录从计算机或者网络中擦除,加大了案件的侦破难度。

3.5.2 "互联网+党建"为反腐倡廉提供新机制

1. 互联网监督与反腐的特点与优点

互联网监督作为正式监督渠道的重要补充,其作用日益受到社会各界的重视,相关责任部门对问题的响应速度越来越快,应对措施也越来越得力。很多网友表示,互联网监督虽然存在一些缺陷,但互联网监督所起到的实际效果却是非常显著的,其已经成为对公权力监督中的一种必不可少的监督方式。

与传统的权力监督形式相比,互联网监督具有明显的优势。微博、微信公众号、短视频等自媒体迅速发展,各种论坛、网站层出不穷,媒体形式的日益多样化使得互联网监督的覆盖面非常广,而且信息传递的数量大、速度快、即时性强。海量的互联网信息为纪检监察部门办案提供了很多具有借鉴意义的线索,互联网平台也为普通党员群众参与监督提供了便捷的渠道。只要接入互联网,便可以在网络上开展维权活动、举报腐败行为,中国众多网民在互联网的联结下织成了一张覆盖范围极其广泛、全天候的监督网络。人民群众的知情权、参与权和监督权在互联网时代得到了最大限度的保护和实现。互联网监督行为的日益普遍也增强了人民群众的主体意识,激发了其参政的积极性,增强了政府的社会公信力。

互联网监督的对象主要是权力行使者以及权力运转的过程。因此,各种腐败行为便是互联网监督的主要内容。打击腐败行为涉及部门众多,破案难度大,单靠互联网平台去反腐未免有点天方夜谭。互联网监督的重要价值还体现在构建社会和谐发展的新的动力机制。共产党人要保持自身的纯洁性和先进性,既要不断完善反腐败机制,又要不断挖掘打击腐败行为的动力资源。人民群众是反腐败的重要主体、重要力量,互联网监督为人民群众打击腐败行为提供了便捷的渠道。网络爆料、网络暗访等监督形式在反腐败的实践中发挥着重要的作用。

2. "互联网+党建"提供反腐倡廉新机制

① 运用"互联网+党建"强化对权力的制约和监督。如何有效地监督权力的行使者和权力的运转流程一直以来都是难以解决的问题。近年来,各种"一把手"出现违法违纪行为的案例很多,也提醒我们有效限制主要领导的腐败行为是十分紧迫的。难以监督领导干部的很重要的一个原因是很多知晓线索的人受身份、职业、家庭等因素的影响,担心揭发检举之后会对自己的生活、工作产生不利的影响甚至被打击报复。互联网平台将互联网监督方式有效利用起来,让其充当正式监督渠道的补充,可以有效地弥补正式监督渠道存在的一些弊端,从而增强权力监督的有效性。一方面,互联网加快了信息传递的速度,为各种信息的交流、共享提供了新的渠道;另一方面,互联网的匿名性打消了很多知情人的后顾之忧,使其敢于行使自己的监督权。[①] 数字化和智能化能够让政治生态达到"水至清则无鱼"的效果,让那些有腐败念头的人望而生畏。[②] 在互联网中,监督主体和监督对象是平等的,没有人拥有特权,也没有人能随便掌控其他人。通过互联网平台,一些知情人的心理顾虑被打消,敢于揭发检举腐败行为,这样既达到了监督的效果,又避免了传统监督方式中的尴尬。

② 运用"互联网+党建"建立规范的权力运行机制。互联网技术的发展推动了传统组织结构的变革,组织结构日益扁平化,权力日益分散,决策主体日益多元化,党政组织的控制能力受到影响。通过互联网,信息在不同部门之间、政府与社会之间的传播更加便捷,保障了党员群众的知情权,并且形成了一张全天候、全方位的监督网络。这就为完善相关权力运行机制提供了重要的技术支撑,如完善党内通报制度、重大决策制定流程、干部选拔任用制度等,政务公开的力度不断加大,党务工作的透明度不断增强,强化了对权力运行的监督、约束。[③]

③ 运用新技术提高反腐斗争的实效。利用大数据技术将海量的数据进行整合、分类,打造相对应的数据库,如党务管理数据库、银行数据库、司法机关数据库等,并对各数据库中的异常情况进行实时监控,严格打击党员外逃、资金外流等情况,对犯罪分子形成强有力的震慑。[④] 通过区块链技术实现数据和线索的追溯,保证犯罪记录无法在计算机中被抹除,有力地监督党员干部的行为,给予部分党员干部以警示,将贪污腐败的违法犯罪行为连根拔起。

[①] 赵明东.互联网社会的政府治理[M].天津:天津人民出版社,2003:225-238.
[②] 李君如.推进党建信息化的三个问题[J].中国信息界,2006(22):21-23.
[③] 王锐.电子党务与党内和谐——党内和谐建设的网络途径研究[D].新乡:河南师范大学,2008:36-37.
[④] 魏靖宇,刘晓勇.运用大数据提高党建工作科学化水平[N].人民日报,2015-04-23.

3.6 "互联网+党建"创新基层党组织工作机制

3.6.1 基层党组织工作传统流程弊端

传统的党务管理工作规范性较强,每一个环节都有固定的规范需要遵守,分工十分细致,这种管理模式在工业经济时代发挥了显著的作用,有效地加强了政党的管理,并且强化了政党对内部的控制。但随着互联网的快速发展,这种传统的管理模式难以适应时代的潮流,呈现许多弊端,主要有以下三点。

① 分工过细导致成本高、效率低。党务管理的环节较多,且每一环节的规范性较强,管理效率相对较低,比较刻板,所花费的人力成本和时间成本较多。分工过于专业化导致组织内部工作人员的数量不断增加,组织机构日益增多,信息传递的路径增加且信息的失真率和成本提高。随着互联网的发展,快节奏的生活方式日益普遍,这种低效率的管理方式很难满足人们的多样化需求。

② 整体协调缺乏保障,工种分散。党务工作涉及的方面众多,环节较多,随着分工的不断深入,分工越来越细致,不同部门甚至同一部门不同岗位的职责规定越来越详细,这种看起来各司其职、分工细致的管理模式在实践中却存在很多弊端。例如,过分强调分工的细致使得大家只愿意从事自己分内的工作,对于职责范围中未明确规定的工作不愿涉及,横向部门之间难以有效配合,各自为政的现象比较明显,反而降低了工作的效率。

③ 业务人员工作单一,适应性差。分工过细限制了工作人员的工作自主性,久而久之,其工作积极性也会不断降低。不断重复单一工作会让工作人员产生不满,其自身的能力水平也难以得到有效的提升,进而降低其工作质量。同时,过于强调分工的细致使得工作人员过于关注自己的分内之事,而忽视了组织的整体愿景,不利于增强组织的凝聚力。

3.6.2 "互联网+基层党组织建设"的新功能

互联网技术条件下基层党组织工作机制这一概念应以唯物辩证法和系统观念为指导,以把握基层网络党建工作要素之间的内在联系为核心,重点突出基层网络党建工作中各种要素功能的共生互济、协调互补、配套互动,从动态角度最大限度地发挥基层网络党建工作系统的整体功能和作用。具体地讲,"互联网+基层党组织建设"的新功能主要体现在以下几个方面。

1. 具有系统整合功能

按照系统论观点,系统中各要素不是孤立存在的,每个要素在系统中都处于一定的位置,起着特定的作用。要素之间相互关联,构成不可分割的整体。要素是整体中的要素,如果将单个要素从系统整体中割离出来,它将失去应有的作用。这就要求我们在对系统的研究中,必须从有机整体的角度去探讨系统与组成它的各要素之间的关系,通过构建机制,把各要素紧密结合起来。建立与"互联网+"时代相适应的基层党建工作体系,必须立足于健全和完善基层网络党建工作机制。

在以往的基层网络党建工作中,人们往往忽视了网络党建工作各要素之间的内在联系,适应网络特点和要求的组织领导、决策规划、灌输互动、自律监控、评估检查、队伍保障等制度和措施难以实现互相渗透、互相支持、互相配合、互相促进。为此,创新基层网络党建工作机制,就是要建立领导、实施、保障三位一体,具有相互联系、相互作用和内在特质的有机整体,最大限度地实现领导、实施和保障的整合作用,促进基层网络党建工作各方面的有机统一。

2. 具有制约调控功能

系统的平衡发展和稳定运行是对各要素有效控制的结果,而对系统的有效控制必须以内部结构合理、外在环境优化为前提。构建基层网络党建工作机制时,需要根据工作中存在的突出问题和薄弱环节形成的主客观原因,找出工作系统中各要素之间的平衡、制约和互动关系,建立从上到下、从外部到内部、从人员到设备的全面加强基层网络党建工作的良性循环系统,实现基层网络党建工作的顺利进行和高效运行。

例如,基层网络党建工作进程缓慢,推动不力,则不仅要提高各级领导干部的认识,还要研究建立相应的政策导向和各级评估监督制衡机制,实现工作体制和机制的创新。再如,网络虚拟空间的全球性、全时性、交互性、开放性等特点在给人们带来了个体性、独立性、自由性、创新性增强的感受的同时,也给人们带来了群体性、目的性、道德感、约束力减弱的困惑,针对这种情况,在创新基层网络党建工作机制时,就要在加强网上思想政治教育主动灌输的同时,研究建立与主动灌输相协调的全时监控机制,从整体和动态的角度把握网络内外信息环境对基层党建工作的影响,将主动灌输和全时监控等各种调控手段统一为有机的整体,以使网络党建工作系统运行机制均衡、内外环境协调。

3. 具有整体推动功能

在实际工作中,人们往往把制度混同于机制,认为只要制定了相应的制度,就形成了机制。但事实上,制度不是机制,或者说不能简单地等同于机制。制度是一种实体性和程序性规范,意在引导、控制和规范人的行为。机制所注重的是各种制度之间有规律的互动,是使制度发挥作用的各要素的有机组合,是制度运转的动态形式。不依托相应的制度规范,机制则成为无源之水;没有机制的调节和作用,制度则成为僵死的教条。

从基层网络党建工作机制的功能不难看出,创新与"互联网+"时代相适应的基层网络党建工作机制,可以提高基层网络党建工作成效,真正形成结构合理、协调有序、高效运转的基层网络党建工作体系。[1]

3.7 案例分析:德兴市运用"互联网+"为党建工作插上"智慧"的双翼

周新华[2]以德兴市创新O2O服务型党组织作为案例,深入分析、总结了江西省德兴市运用互联网创新党建工作的具体做法,认为德兴市通过"互联网+党建"实现了群众"线上"点单、干部"线下"服务,打通了联系群众"最后一公里"。

1. 创新O2O服务型党组织,打通联系群众"最后一公里"

为了深入推进服务型党组织建设,2014年,德兴市把O2O电子商务模式引入党建工作,在全市开展了O2O服务型党组织创建活动。通过"搭建两个平台、成立两支队伍、健全三项机制",有序推进了服务型党组织创建工作,取得了良好的成效。

① 搭建"两个平台",畅通群众诉求便捷渠道。"线上":在各乡镇街道、市直单位部门建立了"1个政务微平台+若干个微信服务群"的意见收集平台,自主研发了集意见收集、问题转办、信息反馈等功能于一体的"党员O2O为民服务管理信息系统",织起了一张"横向到边、纵向到底"的四级服务网络。"线下":在市行政服务中心设立了"党员服务总站",市直单位部门和乡镇街道设立了"党员服务站",村社区设立了"党员服务分站",自然村组设立了"党员服务点";全市593个为民服务站点统一设计,采取一站式柜面服务方式,集中受理、办理群众的诉求。

② 成立"两支队伍",延伸高效便民服务触角。为使群众"线上"需求及时得到解决,在"线下"推行了"民事代办制度",组建了中心户长和民事代办员两支队伍。

---

[1] 乐斌辉,宋元林.高校网络党建工作机制创新研究[J].湖南科技大学学报(社会科学版),2008(6):118-122.

[2] 周新华.运用"互联网+"为党建工作插上"智慧"的双翼——江西省德兴市"互联网+党建"工作实践与探索[J].中国有色金属,2018(5):66-67.

各村居以30～50户为单位,选配了一支以党员为主体的中心户长队伍,中心户长对微信用户进行"线上"联系服务,对非智能手机用户采取入户走访的形式进行"线下"联系服务。各乡镇街道安排了2～3名同志专职担任民事代办员,各村社区明确了1～2名同志兼任民事代办员,按照"立即办、领着办、代为办"的要求,第一时间予以处理。

③ 健全"三项机制",提升为民办事源动力。出台了激励机制,落实了优先发展入党、优先列入后备干部、优先提名、优先纳入奖励对象"四个优先"激励机制;市财政每年为中心户长发放500元的手机流量补贴,对年度优秀和先进个人给予1 000元的手机流量奖励。建立了督查机制,委托第三方民调机构,开展满意度测评。同时,采取市领导挂点督查、组织部随机抽查的方式跟踪问效。严格了考核机制,以各地群众反映问题受理率、回复率、导办率、办结率、满意率来考核工作成效,并将结果运用于单位和干部绩效考核。

"有问题发微信,有困难找户长",这种不受时空限制、方便快捷的工作方式已逐渐成为德兴市党员干部为民服务的新常态。通过开展O2O服务型党组织创建活动,全市广大党员干部服务意识更强了,工作更加积极主动了,"慵懒散"现象得到了有效治理,深受广大群众的认可和支持。

2. 充分运用"互联网＋",打造全面从严治党智能管理新平台

O2O服务型党组织创建给基层党建工作带来了很多的便利和实惠,但是,O2O模式也存在着时空上、内涵上、形式上的局限性和单一性。党的十九大报告中提出:"增强改革创新本领,保持锐意进取的精神风貌,善于结合实际创造性推动工作,善于运用互联网技术和信息化手段开展工作。"为了进一步创新党建管理模式和办法,不断凸显思想引领和政治功能,德兴市对原有的"党员O2O为民服务管理信息系统"进行了扩展和升级,充分运用互联网、云计算、大数据等互联网技术融合了各类党建资源,启动"德兴智慧党建"建设,自主研发了"德·红云"智慧党建软件平台。"德兴智慧党建"除了兼容O2O为民服务等功能外,还实现了从为党组织、党员群众提供便捷服务到加强对党组织党员队伍规范化管理、严肃党内政治生活功能的提升,实现了新时代党建工作质的飞跃。

"德兴智慧党建"主要依托"德·红云",按照简单易用、因地制宜、统筹兼顾原则,将党建工作设置为"八个模块"。一是组织管理:展示各级党组织组织概况、领导班子、后备干部信息、组织考核和党建标准化建设情况,在线上督查基层党建标准化建设等相关工作,实时掌握各单位党组织建设完成情况。二是党员管理:实现线上查询党员队伍建设基本情况,实时掌握党员发展工作进程,对党员及发展党员的信息数据进行管理和分析。计算机端还设有组织关系转移,党员政治生日管理以及党费线上核定、收缴和统计对账等功能,党员可以用手机缴纳党费。三是党建动态:立足"掌上"党务宣传,设立动态展示页面,让党员实时了解最新资讯、工作情况。四是"两学一做":发布学习计划,将学习教育资料以必学和选学形式向党员推送,自动提醒党员查看学习。五是特色党建:对自主开展的"第一书记"工作月度纪实上报、党员义工、党员首管等党建特色活动进行线上审核、实时监督管理。六是文件通知:通过平台向基层党组织和党员下发文件和通知,实现在线办公,提高工作效率。七是微党课:择优上传部分支部书记上党课的视频,为党员提供丰富多彩的党性教育"大餐",让党员"跳出支部上党课"。八是积分考核:根据"三会一课"、党员主题活动日、组织生活会等工作情况,对党支部和党员进行量化评分、列队排名。

3. "互联网＋党建"工作的创建,提高党建工作科学化管理水平

"德兴智慧党建"的开发和利用实现了党的教育、管理、宣传、服务、督查、考核"六大功能",促进了基层党建工作规范化、制度化和常态化。

① 促进了支部建设。按照"上级查看下级"的原则,通过一部手机,上级党组织即可实时查看各党支部和党员的基本情况,以及"三会一课"、组织生活、基层党建标准化建设等工作的开展情况,便于对基层党组织的各项工作进行督查、指导、推动,有效弥补了实地督查难以全覆盖的局限性。

② 激发了党员热情。搭建起网上"党员之家",实现了党员全覆盖,通过向党员发放政治生日电子贺卡等方式,增强了党员的归属感和荣誉感。依托平台建立积分考核制度,考核排名实时更新,充分激发了广大党支部和党员争当优秀的内生动力,增强了党内组织生活的常态性。

③ 提高了工作效率。平台实现了党建工作线上督查、党员线上学习、党费线上缴纳、党组织关系线上转移、文件通知线上收发等功能,突破了传统以资讯为主导的模式,将各项党务工作电子化、信息化、网络化,为基层党组织和党员提供了更加方便快捷的服务,使党务工作"无界限""全天候"。

④ 推动了网络运用。"德兴智慧党建"是继O2O服务型党组织创建活动之后的又一创新,平台将互联网、大数据、云计算等新技术应用到党的建设中,实现了党建与现代信息技术的融合。通过广泛宣传引导,进一步引领各级党组织树立了互联网思维,推动了广大党员学网用网,丰富了新时代党建工作的内涵。

3.8 调查研究:基层党组织建设的智慧化与智能化

为了摸清基层党组织互联网技术应用现状及存在的主要问题,为"运用互联网技术提高基层党组织建设科学化水平"研究提供基础数据,课题组对重庆市 37 个市级机关的处长(副处长)、53 个乡镇党政主要领导、铜梁区 37 个部门(含乡镇)副职进行了问卷调查,收回有效问卷 127 份,其中男性 113 人,女性 14 人,30 岁以下的 2 人,31～40 岁的 59 人,41～50 岁的 66 人,专科学历占 11.0%,本科学历占 63.8%,研究生学历占 25.2%。

1. 调查基本结论

(1)"互联网＋党建"的意识明显增强

① 对"互联网＋党建"重要性的认识增强。调查表明:66.9%的人认为"互联网＋党建"重要,31.5%的人认为"互联网＋党建"有一定作用,认为不重要的仅占 1.6%。同时,82.6%的人认为有必要或非常有必要建设互联网上的马克思主义阵地,回答不能确定的只占 17.4%。

② 对党建网站有一定程度的关注。调查表明:70.1%的人浏览过或经常浏览"七一网",不知道这个网站的占 29.9%。

③ 互联网技术能够提高党建工作的智慧化水平。调查表明:80.3%的人认为信息化能够提高党的建设智慧化水平,18.1%的人不确定,持否定态度的仅占 1.6%。

(2)"互联网＋党建"的运用明显增多

① 网络已成为人们日常生活工作的一部分。调查表明:70.1%的人几乎每天都要使用网络,22.8%的人每周使用 2～3 次网络,仅有 7.1%的人很少使用网络。

② 村级党支部基本都配有计算机并能上网。调查表明:98.1%的村级党支部配有计算机,86.8%的村级党支部还能上网,56.6%的乡镇有自己的党建网站。

③ 党建互联网平台给党建工作带来了方便。调查表明:67.0%的人认为"七一网"给党建工作带来了方便或非常大的方便,回答不确定的占 31.5%,仅有 1.5%的人认为不能带来什么方便。44.9%的人登录"七一网"是为了浏览信息,27.5%的人是为了党务需要,0.8%的人是为了论坛发言。

2. 值得关注的几个差异化

① 年轻党员使用网络表达自己思想的多。55.9%的 31～40 岁的党员通过电子邮件、QQ、微信、微博、网上留言等方式表达过自己的想法、意愿和建议,而 41～50 岁的党员中只有 36.4%,如图 3-2 所示。这说明"运用互联网技术提高基层党组织建设智慧化水平"应在"智慧化"的"化"字上下功夫,特别要提高年龄较大同志运用互联网技术的能力。

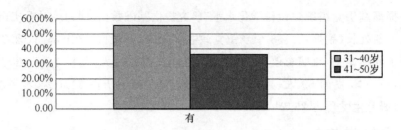

图 3-2 党员使用网络表达自己思想的情况

② 农村党员运用互联网技术明显滞后。调查表明：67.9%的人所在乡镇农村党员基本不会使用计算机，农村党员中会使用计算机的仅占 3.8%。92.5%的人所在乡镇对外出务工党员没有实施通过互联网缴纳党费，实施的乡镇仅占 7.5%。这说明农村党员运用互联网技术明显滞后，农村党建智慧化建设任重而道远。

③ 市级机关处长与乡镇领导的关注点有差异。调查表明：通过电子邮件、QQ、微信、微博、网上留言等方式表达过自己的想法、意愿和建议的，市级机关处长比乡镇领导高出 10.9%。不知道"七一网"的，市级机关处长比乡镇领导高出 18.7%。在运用"七一网"方面，浏览信息的市级机关处长比乡镇领导高出 12.8%，而乡镇领导基本不在论坛上发言，更多的是出于党务需要，如图 3-3 所示。对网络论坛上针对党员及共产党的弯曲评论，不予理会的市级机关处长比乡镇领导高出 11.1%，而抗议反驳的乡镇领导比市级机关处长高出 18.3%，如图 3-4 所示。这说明市级机关处长运用网络虽多，但对党的建设的关注相对较少，而乡镇领导对党建智慧化的关注和运用相对较多。

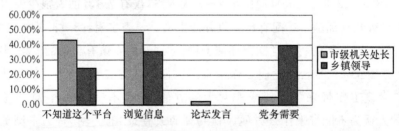

图 3-3 登录"七一网"的目的

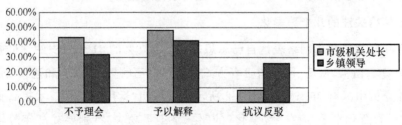

图 3-4 对网络论坛的回应

3. 存在的主要问题

① 对党建智慧化重要性的认识还有待进一步提高。调查表明：29.9%的人不知道"七一网"，17.4%的人对"建设互联网上的马克思主义阵地"持不确定态度，19.7%的人对"互联网技术能提高党的建设智慧化水平"持不确定或否定态度。

② 党组织运用互联网技术推进党建工作存在不足。调查表明：86.6%的人所在单位没有召开过网络支部会议，85.8%的人没有参加过网络党校培训。

③ 党员自身党建智慧化素养还有待进一步提高。调查表明：53.5%的人没有通过电子邮件、QQ、微信、微博、网上留言等方式表达过自己的想法、意愿和建议，85.8%的人没有通过网络向党组织反馈过情况，33.9%的人对网络论坛上针对党员及共产党的弯曲评论选择了不予理会。

第4章 "互联网＋基层党组织建设"的实证研究

4.1 国外执政党基层党组织对于互联网技术的应用领域及启示

4.1.1 国外执政党基层党组织对于互联网技术的应用领域

自1994年美国国会选举时一些政党建立自己的网站起,到2000年中期,世界上大约已有1 250个政党在互联网上建立了自己的网站,仅在欧洲和北美洲,平均每个国家就有大约40个政党拥有自己的网站。在互联网上拥有本党网站已被视为政党现代化的标志。甚至有人认为,一个无法在网络上一显身手的政党,会被看作没有跟上时代步伐的政党。西方政党在利用互联网技术方面各有千秋,不尽相同。西方政党进行网上党建最重要也最值得我们关注的几个方面是:搭建信息平台,提供网络服务;促进党内沟通,扩大"电子民主";把握社会脉搏,塑造政党形象;成立"虚拟组织",扩大群众基础。

1. 搭建信息平台,提供网络服务

西方政党网站利用得最多的功能是向公众提供大量的基本信息。这些信息包括:政党历史、组织结构、意识形态、党的重要文件(如竞选纲领和党章)、政党重要人物介绍、候选人介绍、新闻、选举信息、常见问题回答以及联系方式等。网络用户可以登录政党网站,免费获取这些信息。这在某种程度上意味着政党向广大公众和本党党员的充分开放,让他们能够全面了解本党的基本情况和动态信息。网络技术为政党提供了一个随时向公众介绍自己并提供网络服务的重要平台。

德国社会民主党在20世纪90年代中期就提出了尽快把党从"新闻报道的对象"转变为"新闻报道的主体"的战略思想,把拥有"适合媒体社会的交流能力"作为党的工作的重要目标,大量运用互联网技术加强党的组织工作和宣传工作,明确提出要建成"网络党"。1995年,该党率先在互联网上建立了网站,并不断更新内容,扩展网站的服务功能。目前,德国社会民主党总部处理的地方来信中,80%

以上为电子邮件。德国社会民主党还启动了两个重要计划:一是"红色电脑"计划,将本党 12 500 个基层组织全部纳入内部信息网;二是"红色手机"计划,实现通过移动通信终端随时向所有党员发布有关消息。该党还强调,德国社会民主党总部应该成为基层组织的"服务中心",根据其在不同时期关心的不同问题,及时通过网络向其提供背景情况、讨论建议以及各种相关材料。

其他西方国家的政党也都十分重视网上党建。例如:北欧各国社民党相继在互联网上设立了自己的网站,使党员与选民在第一时间了解党的信息;法国社会党建立了涵盖全国所有省委和支部的网站,让党员及时了解党的政策和活动。

西方政党不仅通过网络将自己的信息传播给广大选民,扩大政党进行"政治销售"的范围,还利用网络进行广泛的选民"市场"调查,以便充分掌握选民意向,有针对性地提供更优质的"服务"。可见,网络的兴起为西方政党增强吸引力、凝聚力拓展了广阔的空间。

2. 促进党内沟通,扩大"电子民主"

西方政党进行网上党建的意义不只是利用现代化的通信技术以迅速获得和传递信息、提供服务,更主要的是通过互联网把广大党员对党的建设的关注联系起来,形成共同参与的网上党建新格局。通过互联网平台促进党内沟通,扩大"电子民主",是西方政党开展网上党建的一个重要目标。

一方面,现代信息传输技术远远超越了口耳相传时代的技术,使党内的直接对话成为可能。为了加强党内上下的沟通与联系,西方各政党大量采用互联网技术,减少了普通党员与党的上级组织之间的中间环节,使党的中央机构的决策及决策的贯彻执行更加有效和快捷,使党的领导成员与普通党员的联系更加便利、直接,为广大党员提供了交流意见的平台。随着现代信息技术的运用,西方各政党在组织体系上也逐步由原来的"金字塔"型向"扁平化"发展,减少层级,压平结构,降低活动成本,提高组织效率,增加党内上下层直接对话、交流的机会和渠道,已成为网络社会条件下许多政党组织体系发展的重要趋势。

另一方面,信息化、网络化扩大了西方政党的党内民主,越来越多的"电子民主"因素渗透到西方政党的党内生活之中。在信息通信技术高度发达的今天,一些西方政党为让更多的党员直接参与党内重大决策和重大问题的讨论,经常采用"电子民主"的形式,鼓励党员参与网上讨论并提出自己的意见和建议,从而大大提高了党内活动的透明度,也提高了决策的民主化。通过"电子民主"的形式将党内许多问题向更多普通党员和全社会公开,也有利于促进党内外群众对党的领导人和决策者的监督,为抑制党内腐败和各种不正之风提供了有力的武器。

在"电子民主"的运用上,法国社会党采取了一系列具体措施。例如:创建全国所有省委和总支的社会党人都能共享的网络——"法国社会党网络",以缩短党的中央组织与各省委、总支之间的距离;经常性地组织各级领导人与普通党员和党的同情者之间的网上见面会,让党的领导人直接回答人们所关心的问题;对2000年召开的党代表大会通过互联网实现全程转播,取得了良好的效果。意大利左翼民主党提出要"建立以电子技术为基础的通信系统,以促进内部讨论,并迅速在网上传播有关党内生活、选举、会议和领导机构决议的信息"。还有很多西方政党设立了局域网、网上论坛,以方便党的领导层与工作人员和活动分子之间的交流,为普通党员与党的领导层直接进行对话提供了条件。网络还被许多西方政党广泛应用于管理数据、发放竞选材料和对政策问题或领袖选举进行网上投票等,这些都为党内民主的发展开辟了新的途径。

3. 把握社会脉搏,塑造政党形象

西方政党不仅通过网络倾听民众的声音,把握社会跳动的脉搏,以便调整自己的目标和政策,还十分重视利用互联网这一工具展示和树立自己现代政党的形象。

德国社会民主党已经实现从单纯靠基层组织活动、文字印刷品、广播电视等方式把握社会脉搏、塑造政党形象向传统活动与网络活动相结合的转变。该党十分注重通过互联网了解党外群众对党的理论政策及领导人的意见与建议,并能及时做出反应,该党还把"拥有适合媒体社会的交流能力"作为新时期党建的重要目标,并成立了专门的培训机构,以向党的中高级干部传授与媒体(包括网络媒体)打交道的能力,提高这方面的"专业化水平",以便在媒体中树立政党的良好政治形象。通过培训,德国社会民主党的许多领袖已成为网络专家。

法国社会党对党内专职机构进行了明确分工,要求密切关注舆情动向,及时做出反应。通过加强对全党舆论信息工作的指导和协调,制定出全党的舆论信息工作战略,要求党的干部必须具备:胜任党纲的要求并能落实于行动的能力;把握社会倾向、及时分析变化,以便尽快采取政治行动的能力;运用媒介传播党的思想和价值的能力;与广泛的不同群体进行对话的能力(最重要的)。法国社会党经常组织各级领导人与党的同情者在网上见面,让各级领导人直接回答网民所关心的问题,以回应社会呼声,展示和树立现代政党的形象。

英国工党前党首布莱尔开设博客"走进唐宁街10号",英国保守党领袖卡梅伦开设政治博客"网络卡梅伦"。

加拿大自由党、保守党为竞选而开辟官方竞选博客(称为"党博")。

2008年美国民主党候选人希拉里和奥巴马为总统选举建立自己的网站。[①]

[①] 苏青场.新媒体与党的建设[D].北京:中共中央党校,2012:122-123.

4. 成立"虚拟组织",扩大群众基础

许多政党还在网上成立了"虚拟组织",通过网络来开展党的组织生活,打破了参加党内生活的时空限制。德国社会民主党决定将党的基层组织全部联网,甚至出现了"虚拟基层组织",即由一些相互不认识,但却以互联网为纽带联系在一起的党员组织起来的支部;该党还针对具有不同兴趣爱好的非该党人士的需要,在网上建立了不同形式的党外群众组织,如"青年网络管理之家"以及科技、文化等类型的兴趣小组,以扩大党的群众基础,增强党组织的吸引力和凝聚力。德国绿党的一些州级组织提出要通过网络来召开党代会。德国自由民主党除现实存在的党组织外,还准备成立一个"互联网上的自民党",提出要进行"政党联网",即所有地方组织都要网络化,以方便地方组织之间、地方组织与联邦党组织之间的联系,使党的领导层可通过网络了解基层组织的情况。

在不少西方政党中,人们甚至可以通过网络办理入党手续,程序非常简单,因而能够吸引更多的年轻人加入党组织。例如,意大利左翼民主党就把党员登记表传到网上,想入党的人可以随时通过网络办理入党手续。

网络甚至成为政党向居住在国外的本国公民或本党的流动党员提供信息、进行组织与管理的最好工具。美国的一些政党、英国工党和澳大利亚工党的移居国外的党员就可以通过网络建立组织机构,进行彼此之间以及与国内党组织之间的联系,国内党组织也可以通过互联网和电子邮件来管理这些机构,及时向其提供本党的相关信息。①

4.1.2 国外执政党基层党组织在运用互联网技术方面存在的问题

1. 政治参与与政治冷漠并存

虽然电子党务在一定程度上扩展了政治参与的渠道,一些人的政治参与热情也被激发出来,民众和党员的民主权利意识大大增强,但是,政治冷漠现象同时存在,在党内和党外都存在,参与电子党务的大多是政治意识浓和责任心强的党员和民众。

① 对政党网站的访问有限。"2000年,欧盟国家登录互联网的人中只有10%访问政党网站。英国2001年选举证据也表明,政党网站的吸引力十分有限,只有2%的民众会登录它们",那些政党网站的访问者多是热衷政治的人。

② 对网络的政治参与有限。即使是网络普及率最高的北欧国家,从未参与网络讨论和交流的党员也高达八成以上,在他们看来,传统的报纸、电视等媒介比网络更为重要。

---

① 齐先朴.浅析西方政党的网上党建[J].唯实,2007(6):29-31.

③ 网络降低了党员的作用。西方政党实行电子党务的主要目的在于竞选,体现在扩大自身影响、筹集资金、加强宣传、选举动员等方面,在这一过程中,加强了政党与选民的联系沟通,但是却使得传统的党员为竞选服务的作用下降,党员在竞选中的角色被网络志愿者取代,电子党务降低了党员的作用,使得一些政党党员的人数减少,党员对政党政治活动的积极性下降。

2. 双向的沟通有限

牛津大学网络学院的海伦·马吉茨教授说:"你去看看世界各国的政府网站,很少有使用 Web 2.0 应用程序(互动性更强的第二代互联网技术)的。浏览网站的人只能被动地接收信息,几乎没什么机会去主动创造信息。"也就是说,基于技术的原因,政党与选民的大量互动受到了限制,西方政党运用互联网技术的目的在于扩大自身的影响力,而不在于激发选民对政治或政党活动的参与,所以,网络更多的是传递政党的信息,政党与民众、党员的双向沟通、对话、交流较少,网上的公开辩论或讨论仍然属于信息咨询,政党控制了讨论的内容、方式等,很少涉及实质性的政策讨论领域。这不仅仅是技术上的限制造成的,更是西方政党不愿意民众在网络上攻击自己的政策主张、影响政党形象造成的。

3. 对政党本身带来消极影响

① 有可能出现党内的不平等。党内的上层或精英由于掌握了好的物质与技术条件,可以广泛熟练地参与网络上的政党活动,从而掌握更多的信息资源,拥有更多的发言权,形成更大的影响力。但是,普通党员不具备相应的参与条件,逐渐被排除在电子党务之外,有可能失去对政党的支持和拥护,如何维护他们的政治权利、保障他们的发言权成了政党建设的重要问题。

② 政党的网络活动密切了政党与选民的关系,同时在一定程度上降低了党员的作用,模糊了党内与党外的界限,网络政治活动参与主体的多元化造成了党员归属感与身份认同感下降,而网络上的政党活动所营造的氛围不如传统政党活动的严肃正式,政党的凝聚力与严密性受到挑战。

③ 网络技术本身可能进一步侵蚀政党的功能。政党本来是民众与公共权力的桥梁与纽带,民众借助于政党这一中间环节对公共政治施加影响,政党组织动员民众参与国家政治活动。借用互联网技术,民众直接参与政治活动的成本下降,民众可以更快获得更多的信息,不再局限于政党所提供的,民众可以通过网络投票选举、参与政策的讨论,"互联网+党建"有可能使民众直接与公共权力发生联系而越过政党这一环节。

4. 娱乐性降低政党的严肃性

政党政治本来是很正式严肃的,但通过互联网技术则有被"娱乐化"的风险。一方面,由于网络本身是媒介的一种,与网络打交道的主要是青年人,"娱乐化"才能吸引他们的关注。另一方面,一些政党把音乐、娱乐和体育等信息与政党的理念、政策主张等结合起来宣传,加剧了政党电子党务的"娱乐化"。另外,"互联网+党建"虽然能使民众、党员与政党在网络上相互沟通、相互协商、相互讨论,但也使一些有共同爱好、兴趣、价值取向、政治理念的人聚合在一起,可能导致更大的偏执与极端,特别是极端分子或政党容易利用网络进行串联或煽动,对现实的政治活动产生影响或造成恶果。[①]

4.1.3 国外执政党基层党组织运用互联网技术的有益启示

西方发达国家的政党充分认识到了"互联网+"时代的来临为政党建设带来的机遇与挑战,积极利用互联网技术主动出击,以增强自身影响力、吸引力与渗透力,做了许多有效的创新与尝试,互联网技术为政党的电子党务和党建活动提供了相应的技术支持和平台服务。相对而言,西方政党在"互联网+党建"方面走在了我们前面,积极研究西方政党利用现代互联网技术加强党的建设的成功经验,对于我们党在新的历史条件下积极推进党的建设新的伟大工程具有重要的借鉴意义。

① 意识到开展"互联网+党建"的必要性与紧迫性。"互联网+"时代的到来是不可逆转的潮流和趋势,而互联网技术也在渗透和改变着政治生活,影响着人们的社会生活状态和政党的生态环境。"西方国家的各政党和政治家们已经敏锐地察觉到信息化中政治运作的基本特点对政党政治的影响作用,并积极地行动起来,最大限度地利用这种特点。毫不夸张地说,西方国家的各政党和政治家们在政治活动中运用现代信息传播技术的程度已达到惊人的地步。"西方政党争相运用互联网技术来扩大自身的影响充分表明,我们必须适应信息时代的发展趋势,把互联网技术运用到政党活动中,创新党建模式,提升执政能力,巩固执政地位,永葆先进性,这既是时代发展的要求,也是时代发展的必然。

② 借鉴西方政党运用互联网技术的有效经验。"互联网+党建"是有规律的,而政党活动也是有共性的,所以,虽然政党的本质有所不同,但是西方政党运用互联网技术改进党建工作的基本做法、有效经验与活动方式是可以借鉴的。例如,加强政党的网站建设,保证网站的时效性、权威性、可读性、群众性,充分发挥互联网技术的交流互动功能,通过电子邮件、网站论坛、网上广播等方式调动广大人民群众参与的积极性与主动性,团结吸引网民群众,充分反映民意,使政党决策更加民主、更加符合群众利益、更能解决实际问题等。[②]

---

① 陈志.信息时代执政党党建工作新模式——"电子党务"问题研究[D].北京:中共中央党校,2008:45-46.

② 陈志.信息时代执政党党建工作新模式——"电子党务"问题研究[D].北京:中共中央党校,2008:47.

4.2 国内"互联网＋党建"的现状及存在的问题

4.2.1 国内"互联网＋党建"的四个阶段

近年来,我们党对将互联网技术运用于党的建设进行了不断探索,在实践中不断升华对党的建设智慧化的认识。党的建设智慧化的理论探索和实践尝试大致可以分为以下四个阶段。

1. 办公应用阶段(1990—2001年)

这一阶段是"互联网＋党建"的起步阶段。1986年,在党和政府首脑机关率先实施的以办公自动化建设为目标的"海内工程",可视为党委工作系统信息化建设的开端;1990年,中共中央办公厅信息中心设立,标志着党委办公厅(室)系统的信息化建设正式起步;1995年,中共中央组织部颁布了《全国组织干部人事信息系统信息结构体系》;2000年7月,北京市委组织部开通了全国第一个组织工作专业网站——北京网站。这一阶段主要局限于党委部门计算机网络建设和办公自动化应用,同时,开始进行电子党务的初步尝试,党建网站也开始兴起。

2. 电子党务阶段(2002—2006年)

这一阶段是"互联网＋党建"的探索发展阶段。2002年,国家信息化领导小组在《关于我国电子政务建设指导意见》中提出"党的工作业务系统建设",标志着"互联网＋党建"建设的起步。一些地方党委和国内学者提出了"电子党务"概念。这一阶段最突出的特点是电子党务广泛应用,从单一的办公自动化应用向党的业务应用综合系统建设发展,从中央部门和地方党委推动开始向基层党组织延伸,对互联网技术在文化建设和党的建设领域的运用也进行了初步探索。

党的十六大强调"在经济和社会领域广泛应用信息技术",提出"互联网站要成为传播先进文化的重要阵地";2004年,党的十六届四中全会明确提出"建立多种形式的决策咨询机制和信息支持系统""高度重视互联网等新型传媒对社会舆论的影响,加强互联网宣传队伍建设,形成网上正面舆论的强势";2005年,中共中央《建立健全教育、制度、监督并重的惩治和预防腐败体系实施纲要》明确提出"加强反腐倡廉网络宣传教育,开设反腐倡廉网页、专栏,正确引导网上舆论"。党的十六大以来,我们党从理论、实践和技术层面对电子党务建设进行了深入研究、探索和实践,逐步形成了电子党务的理论,完成了电子党务示范工程项目建设和关键技术研究,逐步实现了中央和地方党委各部门主要办公业务的数字化和网络化。同时,以"中国共产党新闻网""七一网"为代表的党建网站和电子党务平台纷纷建立,并开设了网上党校、党员博客,中央和省级一些主流媒体创办的手机报也开始兴起。

3. 党的建设信息化阶段(2007—2011年)

这一阶段是"互联网＋党建"的全面提高阶段。2007年10月,党的十七大将信息化作为与工业化、城镇化、市场化、国际化并举的重大形势和任务,并明确提出"完善决策信息和智力支持系统,增强决策透明度和公众参与度""加强网络文化建设和管理,营造良好网络环境""运用高新技术创新文化生产方式""在全国农村普遍开展党员干部现代远程教育",这标志着信息化运用从经济、社会领域向政治、文化及党的建设领域全面发展;2009年,中共中央办公厅印发的《2009—2013年全国党员教育培训工作规划》明确提出"积极运用现代信息传播手段,努力提高党员教育培训的现代化水平",并要求积极推进党员干部现代远程教育网络"四进(人)"工作,建立全国党员教育培训网和党员教育培训信息资源库,在本单位网站上设立党员教育栏目,倡导建立网上党校,探索运用在线学习、"红色"短信、手机报等手段开展党员教育培训等。在这一阶段,"互联网＋党建"的实践不断深化,认识不断升华,互联网与党的自身建设有机结合成为其显著特征。[①]

4. "互联网＋党建"阶段(2012年至今)

这一阶段是"互联网＋党建"提高党的建设智慧化水平阶段。党的十七届四中全会《决定》提出了"提高党的建设科学化水平",明确要求"推进基层党组织工作信息化";党的十八大报告作出了"要以改革创新精神全面推进党的建设新的伟大工程,全面提高党的建设科学化水平"的重大战略部署。这充分体现了基层党的建设紧跟时代发展要求的创新精神,对基层党组织的工作方式、活动内容创新提出了更高的要求。

自觉适应互联网迅猛发展的趋势,准确把握互联网技术的快速发展给党的基层组织建设带来的机遇和挑战,积极利用互联网技术,探索构建立体化、交互式的基层党组织工作平台,拓展基层党组织开展活动、发挥作用的空间,扩大互联网时代基层党组织建设的影响力,努力使互联网、手机等信息媒介成为加强基层党组织建设的有效载体、提高党员素质能力的重要途径、传播党的政策主张的重要阵地、展现新时期党的光辉形象的重要窗口,同时,高度重视互联网手段的运用和管理,防止有害信息的渗透和传播[②],这标志着党的建设进入了"互联网＋党建"推动党建智慧化的新阶段。

---

① 蔡向阳.党的建设信息化的创新与发展[J].信息化建设,2009(12):36-39.
② 欧阳淞.充分发挥基层党组织在推动科学发展、促进社会和谐中的作用[N].人民日报,2009-10-28.

4.2.2 国内"互联网+党建"的基本情况

1. 中央高度重视"互联网+党建"工作

2002年8月,国家信息化领导小组在《关于我国电子政务建设的指导意见》中指出:"党的工作业务系统建设方案由中共中央办公厅研究提出。"2003年年初,中共中央办公厅下发的《关于进一步推进全国党委办公厅系统信息化建设的意见》中明确提出,办公厅(室)为党委系统信息化建设的牵头单位。[①] 2004年5月,中共中央组织部以"电子党务"为课题进行立项,并提出了"三网三库一平台"的组织系统信息化工作目标,即建立和完善各级组织部门内部局域网、组织系统专网和应用国际互联网,组织机构和人员信息库、办公信息库、知识信息库,在此基础上,建立具备工作研究、干部管理、信息综合分析利用等功能的组织工作平台。2006年6月,国家"十五"重大科技专项"电子党务试点示范工程"在北京通过验收。2014年2月27日,习近平总书记主持召开中央网络安全和信息化领导小组第一次会议并指出,做好网上舆论工作是一项长期任务,要创新改进网上宣传,运用网络传播规律,弘扬主旋律,激发正能量,大力培育和践行社会主义核心价值观,把握好网上舆论引导的时、度、效,使网络空间清朗起来。2015年7月1日,中共中央政治局委员、中组部部长赵乐际到共产党员网调研,强调把党员教育信息化平台办出特色、办出品牌、办出影响、办出成效,使其成为全面从严治党的工作平台、与时俱进的党员教育平台、联系服务党员的互动平台,成为广大党员和群众喜闻乐见的精神家园。[②] 当下,带领中华民族迈向复兴之路的中国共产党在全面从严治党战略的支撑下,快步迈入"互联网+党建"新时代。2016年4月,习近平总书记在网络安全和信息化工作座谈会上的讲话指出,"要以信息化推进国家治理体系和治理能力现代化",而"互联网+党建"则是推动党建科学化、现代化的重要内容。2017年11月11日,中共中央政治局委员、中组部部长赵乐际在《人民日报》发表署名文章并指出,要推动基层党建传统优势与信息技术有机融合,真正让基层党组织建设成为宣传党的主张、贯彻党的决定、领导基层治理、团结动员群众、推动改革发展的坚强战斗堡垒,让党的旗帜在每一个基层阵地高高飘扬。

2. 各地党建党务网站的建立

网站的建立是实行电子党务的基础,各地方、各层级组织、各部门都相继建立了自己的网站。目前,党建党务网站主要由党的组织部门、机关工委、党史研究

[①] 马德秀.电子党务初步实践与探索[M].北京:中共党史出版社,2006:19-20.
[②] 左梦.推进"互联网+党建"的动员令[EB/OL].(2015-07-03)[2016-12-01]. http://pinglun.youth.cn/ll/201507/t20150703_6821192.htm.

室、党的宣传部门、党的相关杂志社建设和维护,从中央级来看,主要有依托人民网的中国共产党新闻网、中国政府网、中央统战部网、中央对外联络部网、中央外宣办网、中共中央党校网、人民日报网、中央编译局网、中央档案馆网、党建研究网等,除此之外,各级党委或部门都有自己的党建网或新闻网,如北京党建网、唐山党建网、山西盂县党建网、辽宁农村党建网、贵阳机关党建、重庆党建、山东滨州市组织部网、上海基层党建等,这些地方网站大多有各级党委的网站链接,介绍党委情况、工作动态、信息发布等,涉及新闻动态、信息查询、党史党建信息、理论研究、党务日常管理、领导行踪、文件发布、办事指南、党员干部管理、论坛博客、基层党建、问卷调查、网络视频点播、网上党校、互动交流反馈、网站链接等内容。有的地方还把农村基层的网络党建和农业的产业化、农村的信息化结合起来,既有效地促进了基层党建工作,又带动了农村经济社会的发展。① 截至2016年9月12日,"共产党员网-全国党建网站联盟"已经有938家各级地方党建网站进驻,"中国共产党新闻网-全国党建云平台"已搭建1 663个党建云平台。②

3. 开发相关软件系统

推进"互联网+党建",不仅要有硬件的铺设,还需要相关的软件系统作为支撑。许多机关或企业领导认识到这一点,开发并应用了一些党务管理软件。目前已经开发、应用的有中组部以"电子党务"建设为核心开发的13个应用软件(包括中管干部管理信息系统、权限管理中心、领导干部查询系统、中组部内部网站、网站维护管理系统等)③,其中"中国共产党基本信息管理系统2005"是国家"863"计划课题项目,该软件对党组织和党员的基本情况实行信息化管理,具有统计报表、信息查询、打印输出等功能,目前逐步在中组部内部系统中推广应用。中共上海市委组织部、上海市信息化办公室委托上海交大金慧软件有限公司开发了"上海市基层党建管理服务网络系统",该系统依托上海市政务网等网络载体,建立全市统一的党员动态数据库,可供查询或决策,而且为广大党员提供服务和交流的平台,党务的日常管理工作也能在网上实现。以财政部机关党委为支持,用友政务软件技术有限公司开发了"用友GRP/A++党务管理系统",该系统支持党组织的各项业务,主要包括基本资料、党员管理、组织工作、宣传工作、纪检工作等。除此之外,还有四川省"电子党务管理软件系统"、陕西省"干部管理信息系统"、宁波

---

① 孙朝晖.江苏省高淳县农村网络党建的有益探索[J].红旗文稿,2005(19):4.
林英健.利用互联网技术开展党建工作[J].党建研究,2003(4):43-44.
② 陈甦,刘小妹.我国"互联网+党建"新模式成效斐然[EB/OL].(2017-01-28)[2018-08-06].http://politics.rmlt.com.cn/2017/0128/457699_2.shtml.
③ 郭宝兴.论党建工作的信息化[D].北京:中国人民大学,2006:20.

市"党内信息管理系统"等。①

4. 建立多层级系统合一的"互联网＋党建"平台

主要有四川省构建的全省三级党政信息网络系统、河北省构建的省市县乡四级电子党务系统、上海市党员党组织管理信息系统等。以四川省的全省三级党政信息网络系统为例：一是构建了全省三级信息网络，实现了省委各部委与21个市(州)、181个县(市、区)党委部门网络之间的互联互通；二是开发了大量重要党务信息资源，建立了省、市(州)、县(市、区)情数据库，各级党委部门的基本情况数据库，法律法规、文件资料等数据库，开展了党委信息的网上发布，各级党委部门每日更新党委工作动态信息5 000条以上，开展了网上党课、党风廉政建设、党建电视专题和农村基层党员远程教育等党建视频点播服务；三是各级党委部门办公业务系统应用在网上广泛开展，实现了党委信息、督查等工作的网上报送、采编、处理、发布一体化，开展了公文网上交换、处理、归档、查阅，全省三级党委部门实现了电子公文和纸质公文双轨运行。②

4.2.3 国内"互联网＋党建"存在的问题

1. 对"互联网＋党建"认识不足

不少党员干部对互联网的发展趋势把握不够，对运用互联网加强和改进党的建设的地位和作用认识不够。有的认为党建工作传统的模式和方法经过几十年的实践，已经为人们所接受，并且非常有效，足以应对新形势的挑战；有的认为互联网与传统媒体的作用大同小异，加强互联网建设也只是多了一种宣传渠道而已；有的认为党的建设是党的内部事务，引进互联网这种开放性极强的媒体会给党的建设带来不利；有的认为互联网是一个虚拟空间，其所传播的信息、所反映的问题、所表达的意见未必准确，可信度低；有的害怕接触网络中尖锐、直率的语言和问题，或者担心在网络上过于张扬、高调，弄不好会影响仕途；有的认为互联网只是群众娱乐消遣的工具，与创新党的建设关系不大；还有的认为互联网与自己的工作关系不大，没必要费时间、花力气去学习掌握。③

2. 互联网上党的建设阵地滞后

近年来，我国在互联网阵地建设上虽然取得了很大收获，但仍然无法改变西

---

① 陈志.信息时代执政党党建工作新模式——"电子党务"问题研究[D].北京：中共中央党校，2008：48-49.
② 梁志坚.四川省电子党务的实践与思考[J].秘书工作，2004(11)：33-34.
③ 李珺.基于工作流的电子党务系统的研究[D].武汉：湖北工业大学，2009：6-7.
刘利琼.信息化时代党建工作面临的挑战和对策[J].党政研究，2014(1)：48-53.

方少数国家在互联网信息占有、支配和传播上的绝对优势。据统计,目前世界互联网企业巨头基本都是美国公司,网络软件有86%是美国生产的,世界性大型数据库有70%设在美国,中央处理器有92%产自美国。互联网上95%以上的信息是英文,其他国家的语言文字还不到4%,汉语言文字未及1%。西方新闻媒体也积极利用互联网来扩大其国际市场,如美国之音用53种语言上网,英国广播公司世界电视台用43种语言上网。以美国文化为代表的西方文化借助于互联网技术的垄断地位,在世界范围内全方位、全时空推销其价值观念、意识形态、社会文化,形成新的"文化霸权""文化殖民"。就连法国前总统希拉克也指出,"当今世界正面临着单一文化的威胁",这是"互联网+"时代下的一种"新形式的殖民主义"。受各种物质、技术条件制约,我国的网络阵地建设滞后,无论是数量还是质量都还处于劣势,这使得我们党利用互联网加强和改进党的建设难度加大。

3. 党建网络资源缺乏有效整合

目前,对互联网技术在党建中的运用还缺乏全局性、战略性的建设规划,加之纵向金字塔式管理体制的影响,各级党组织在互联网信息资源建设方面,按照地域、级别、行业划分,往往独成一体,各自为政,业务内容单调重复,影响了网络资源建设的速度和规模,造成了资金浪费和短缺、资源闲置和稀少并存的局面。同时,各级党组织在建设党建互联网系统时,采用各不相同的标准和技术设备,使用不同的数据库格式、不同的操作系统、不同的应用软件和用户界面,形成了分割的孤岛式信息系统,致使互联网资源组织化程度低、共享性能差,影响了互联网在党的建设中的正常运用。①

4. 对互联网功能的研究深度不够

普林斯顿大学玛丽·斯劳特(Marie Slaughter)教授曾在美国《外交》杂志上发表文章,提出在互联网世界,衡量国家实力的标准不是军事,而是联系程度,联系最多最全的国家将充当全球的核心角色。目前我国"互联网+党建"水平基本还停留在Web 2.0甚至Web 1.0时代,我国多数党建网站偏重静态信息和新闻发布,突显了网络的全球性和快捷性,而对其交互性、透明性、隐蔽性等其他优势缺乏深入研究和有效运用。在创造性地把互联网与党的思想、组织、作风、制度、反腐倡廉等建设的各个方面联系起来,搭建工作平台,开辟工作渠道方面还做得不够,进而导致用户访问量还较少,社会影响力还较低。② 从全国党建网站的建立情况来看,尽管从中央到省、市、区县、街镇的"五级党建网站"基本建成,上下级党组织网站之间大多建立了连接,但覆盖全国各级党组织的党建统一网络至今尚未形

---

① 李珺.基于工作流的电子党务系统的研究[D].武汉:湖北工业大学,2009:6-7.
② 刘利琼.信息化时代党建工作面临的挑战和对策[J].党政研究,2014(1):48-53.

成,"全国党建云平台"还主要是宣传部门或媒体部门的一个宣传平台。①

5. 重技术手段轻党务核心

"互联网＋党建"中,党建是核心和目标,互联网技术是服务于党建工作的工具,是一种技术手段和方法。党务信息管理、党务工作方法、党务工作流程、党务工作评价等党务核心工作是互联网时代党建工作的核心和灵魂,党务平台的开发是围绕着这个核心问题开展的。有的部门花费大量的资金,漫无目的地购置计算机和网络设备,只注重信息手段而忽视了党务核心内容,不能够使党建工作与互联网技术有机结合。这样一来,购置的计算机只能当作高级打字工具或上网工具,忽略了党建最核心的事情,放弃了互联网党务平台的建设,购置的设备不能发挥应有的作用。②

6. 党建网站的管理和保障滞后

许多基层党组织十分重视党建网站的建设,但却不注重网站内容的更新,不注重网上舆论的引导,不注重提高网站设计的质量,不了解群众对网络信息的需求。由于没有高效的管理,因此一些党建网站往往徒有其名,很少有党员群众"围观",更没有党群之间的互动,当然也发挥不了党组织在网络上的战斗堡垒作用。③一方面,从目前全国党建网站的情况来看,尽管各级党委基本都建立了党建门户网站,甚至一些党支部也建立了门户网站,但全国党建"僵尸网站"为数不少,例如,点开一些党建网站的栏目,经常会看到"内容正在建设""无法打开该页面"等现象。这在很大程度上与党的建设中的形式主义、官僚主义、消极不作为有关。另一方面,党建网站建设重形式、轻内容,重信息"粘贴"、轻"互动",缺乏应有的吸引力与影响力。例如,一些党组织平时开展了不少各项活动,但网站上的内容却很少,党建工作与党建活动在网上得不到及时的、应有的反映;有的党建网站发布了不少信息、转发了不少学习材料,但仅仅是信息发布,缺乏生动有效的阐释;有的党建网站的内容让群众"看不懂、信不过";有的党建网站缺乏与受众的互动平台和互动环节,即使设置了意见交流栏目,也常常无反馈、无内容。①

7. 部分基层党员干部运用互联网的能力较差

一是不会用网。由于相当一部分基层党员,特别是一些农村地区的中老年党员文化素质相对不高,存在不懂计算机或不会用网的问题,在利用互联网党务平台推动服务时往往力不从心。二是不深用网。在实际工作中,许多基层党员没有上网的意识和习惯,运用网络仍停留在浏览网页、即时通信、传送文件等层面,与

---

① 刘红凛. 党建信息化的发展进程与"互联网＋党建"[J]. 南京政治学院学报,2016(1):37-38.
② 李珺. 基于工作流的电子党务系统的研究[D]. 武汉:湖北工业大学,2009:6-7.
③ 刘宗洪. 信息化技术与基层党建创新——以上海为例[J]. 探索,2015(2):31.

党务工作的有机结合不深,运用和应对新媒体的能力不强,导致"看似天天上网,其实离网很远"的尴尬局面。三是不善用网。一些基层党组织和党员运用信息化手段管理党员、引导舆论、组织活动的能力不强,不善于利用网络推动党建工作,特别是在一些网络突发事件发生时,他们不仅不能及时向社会发布信息,还缺乏与媒体沟通的经验,导致小事变大,使工作陷于被动。①

4.3 基层党组织在推动"互联网＋党建"建设方面的探索与实践

4.3.1 "互联网＋"时代的党员在线学习培训实践

武汉铁路局人事处(党委组织部)运用互联网思维中的产品重塑、用户至上、回归起点的理念创立了网上党校,为主动对接党建工作新常态做出了有益的尝试。

1. 以用户至上的理念来满足全局党建工作和全体党员学习需求

用户至上的理念是互联网思维中最核心的部分,是一种强调聚焦用户普遍的、强烈的且高频的需求从而创造产品价值的开发理念。武汉铁路局网上党校在开发使用过程中分别从基础建设、资源保障、规范运行三方面实现了用户需求。

(1) 着力抓好网上党校的基础建设

网上党校注重把网站基础建设放在首位,力争做到立足实际、满足需求。一是科学设置栏目,丰富网页版块内容。着力突出紧贴社会发展要求、紧贴铁路党建工作实际、紧贴广大党员干部需求的原则,开设党建动态、重点专题、入党导航、阶梯教室、示范党课等特色版块12个。其中,每年开展的专项工作活动情况会在"重点专题"版块进行集中宣传,如近几年开展的"党的群众路线教育实践活动""创先争优教育活动"等都设置了专题栏。二是抓好硬件软件升级,加快网上党校迭代。为积极应对党建任务不断变化、党员队伍不断壮大的形势,武汉铁路局人事处(党委组织部)全力支持网上党校的建设发展,购置了专业的数字影像录制设备,适时进行硬件更新,并多次对网页进行了改版美化,不断完善了网上党校的形式与内容,力求在整体布局的美观性、栏目设置的科学性、资源收集的全面性等方面有所提高。

(2) 着力增强网上党校的资源保障

网上党校始终坚持围绕全局党建中心工作、为党建工作服务这一原则,紧跟

---

① 张亚勇.以党建工作信息化推进基层服务型党组织建设[J].学习论坛,2015(3):24.

铁路党建工作形势,创新网络活动模式,提高网络党建效益。一是开设理论学习窗口,推进学习成果转化。武汉铁路局人事处(党委组织部)注重依托网上党校加大对党的创新理论,特别是党的十八大和习近平总书记系列重要讲话精神的学习宣传力度,发动各单位党员干部上传心得体会。同时精心开办网上党校"阶梯教室""示范党课"版块,先后把近年来的授课内容和视频剪辑成专题片挂在网上,供各党支部学习参考,得到广大党务工作者一致好评。二是展现党建中心工作,推动基层党组织建设。网上党校注重把铁路党建工作作为网站建设的核心内容,以"党建动态""重点专题""廉政课堂"版块为主,及时传达党建最新要求,宣传党的创新理论,发布相关党建规章制度,播发廉政警示案例,收集制作网上学习课件,设置在线学习内容,不断提升学习内容的丰富性、拓展性、多样性。全程跟进报道党校党员培训类的主体班次开展的重要党建活动,精心录制成片,做到每次大型活动制作一部专题纪录片,每次党务培训录制一部基层党组织建设实例教育片,并及时上传网络。三是宣传先进典型事迹,弘扬当代社会"正能量"。网上党校注重挖掘铁路模范典型事迹,专门在改版中增加了"群星璀璨"版块,对集体和个人的先进事迹进行宣传报道,扩大宣传效应。

(3) 着力保证网上党校的规范运行

网上党校建立之后,为保证学习质量,武汉铁路局人事处(党委组织部)明确要求各级党组织在落实党员网络培训工作的过程中努力做到四个结合:一是定期学习与临时学习相结合,除按照上级组织的重大部署安排学习内容外,还要下达全年学习计划和季度学习计划,明确学习内容和学习要求;二是自觉学习与严格考核相结合,除积极鼓励全体党员利用网络培训平台提升自身能力和素质外,还应根据需要指定必学课程,按计划进行统一的网上考试,并严格按照有关制度进行考核;三是脱产学习与网络学习相结合,将更丰富的学习资源作为辅助培训内容,如将脱产培训老师讲授的内容制作成网络课件,供党员课后进一步消化吸收,还要依托网络培训系统的考试模块组织脱产培训的结业考试,以科学评估培训效果;四是路局培训与单位内训相结合,武汉铁路局人事处(党委组织部)负责全局党员学习资源的管理和培训的组织实施,基层站段利用网络培训系统开发针对本单位党员的网络课件并组织培训,进一步提高培训的针对性。同时,基层站段对党员的相关学习情况要做出明确规定,把党员干部学习理论知识与解决安全运输生产实际问题的能力有机结合起来,把党员干部的在线学习时长、学习考核成绩同其绩效考核、竞争上岗、收入分配、提职、晋级、评优挂钩,使党员网络培训迅速进入良性循环。

2. 以回归起点的理念来评价网上党校的建设成果

提升全局党建工作质量是党建工作中的难题,也是建立网上党校的初衷,更是互联网思维中谈到的起点。以回归起点的理念来评价成果,遵循的是问题目标一致性的逻辑,具体到网上党校建设,就是看应用成果是否解决了党建工作中的难题。武汉铁路局网上党校于2014年8月8日正式上线运行,截至2017年8月,点击率已达10万余次,得到了全局各级党组织和广大党员干部的普遍好评。

(1) 强化党员干部理想信念教育,为凝心聚力提供强大的精神动力

武汉铁路局网上党校的开通加强了党员干部的经常性教育,在使党员进一步增强政治意识、坚定理想信念方面发挥了示范引领作用。尤其是近几年来,针对开展的"适应新常态宣讲""群众路线教育实践活动""转、创、增宣讲""两学一做"学习教育等重大专题,网上党校充分发挥了覆盖面广、发布快捷的优势。武汉铁路局借助于网上党校学习平台,在第一时间组织制作相关学习课件,以开放式学习考试的方式组织23 048人次干部选学相应的网络培训课程,有效缓解了工学矛盾,实现了资源共享,让党员干部将学习内化于心,为进一步开展工作凝聚了人心。

(2) 坚持党的正面宣传,营造良好舆论氛围

习近平总书记在全国宣传思想工作会议上的讲话中曾特别强调:"宣传思想工作创新,重点要抓好理念创新、手段创新、基层工作创新,努力以思想认识新飞跃打开工作新局面,积极探索有利于破解工作难题的新举措新办法。"因此,做好宣传思想工作比以往任何时候都更加需要创新。当前,互联网已成为文化传播的主渠道、舆论争夺的主战场、意识形态工作的最前沿。武汉铁路局网上党校面对复杂的网上思想舆论生态,以敢于担当、敢于管理、敢于创新的精神,不断巩固壮大主流思想舆论,努力创建清朗、文明的网上精神家园。武汉铁路局从上至下都深刻认识到网上党校是统一干部思想、提高政治素质的重要平台,各级党组织都鼓励党员干部为网上党校提供资源,截至2017年5月,已有60多名专兼职教师参与录制优质党课,20期党员示范班教学课件和专题片上网展示,200余人次党员干部上传学习心得,形成了齐抓共建精神家园的良性发展态势。[①]

4.3.2 "互联网+"时代的社会动员能力实践

重庆市大渡口区委着眼于网络阵地的占领、信息技术的运用和工作机制的创新,借助于信息化手段进行了提升党的社会动员能力的初步尝试,取得了一定的成效。

大渡口区物价局党支部在2008年组织召开"开放式组织生活会"时,利用"七一网"的网络公告系统面向全区党员发出通知和邀请,吸引了来自学校、医院等不

---

① 熊国斌.运用互联网思维助力全面从严治党——以武汉铁路局网上党校建设为例[J].理论学习与探索,2017(5):28-30.

同行业的 70 余名党员主动报名参加，取得了良好的效果。

在 2008 年北京奥运会开幕前夕，为进一步加强对互联网党建信息平台的安全监管和维护，保障奥运期间网络信息安全，大渡口区委利用"七一网"短信系统，向全区近 400 名网络管理员和近 200 名基层党组织负责人发送关于加强网络安全管理工作的具体要求，第二天便收到了来自基层党组织的反馈意见建议近 50 条，其中切实可行的意见建议近 30 条。

2008 年 5 月，四川汶川大地震发生后，大渡口区委通过"七一网"《手机党报》和短信系统及时发布最新动态和区委要求，号召广大党员干部积极行动，捐款捐物，全力支援抗震救灾工作，其间共发送手机短信 2 万余条，发布《手机党报》共 10 期，信息发布后，共收到全区党员干部缴纳特殊党费 161 万元。大渡口区内各行业系统党员主动利用博客论坛传递灾区最新情况，发布各自单位抗震救灾最新进展，号召动员全社会积极投身抗震救灾工作，其间共发表抗震救灾相关文章 287 篇，吸引 3 万余人次浏览关注。

2008 年 6 月，大渡口区建桥工业园区党工委在网上建立党群义工队，通过网络发布义工活动公告和短信，接受党员群众网上报名，短短几天内吸引了园区内不同企业的近百名党员群众参加义工活动。

2008 年 8 月，鑫鹏达党员服务中心邀请西南大学经济学专家在"党员活动日"为党员开办专题讲座，活动信息通过"七一网"网络公告系统和短信系统发布后，吸引了 300 余人次在网上浏览关注。活动开展当日，可以容纳近百人的党员活动室座无虚席，许多党员自带板凳挤在过道聆听讲座，受欢迎程度大大出乎党员服务中心意料。

2007 年西南地区遭遇了干旱、洪涝灾害等极端气候的袭击，网络上开始有人散布"三峡工程危害论"，将极端气候的形成归咎于三峡大坝工程，并取得了一部分不明真相的网友的支持。面对这一情况，有党员主动在"七一网"博客平台上发布剖析文章，从科学角度解释极端气候灾害的形成原因，指出"三峡工程危害论"的荒谬性，及时辟谣，并引导广大党员群众不传谣、不信谣，在短时间内吸引了近 3 000 人次浏览关注，数十人对文章进行了评论。[①]

4.3.3 "互联网十"时代的反腐倡廉建设实践

2008 年被称为中国的"网络监督年"，周久耕、董锋、林嘉祥……这些原本不为人知的姓名，因网友的"青睐"而"名扬天下"。

2008 年 11 月，一名网友发帖称在上海地铁二号线捡到一个环保购物袋，里面

---

① 资料来源于中共重庆市大渡口区委组织部。

装着江西新余市、浙江温州市有关部门出国考察的详细票据。该网友将出国人员的姓名、职务、护照号、行程以及旅行社报价等在网上曝光,这些资料显示,"新余人力资源考察团"11人13天花费35万元,"温州培训团"23人21天花费65万元。11月底12月初,新余、温州两市分别对有关人员给予免职、警告等处分。

2008年12月,南京市江宁区房产管理局局长周久耕在接受采访时表示,明年江宁区的楼市很乐观,房地产开发商低于成本售楼要被查。此言在网上激起轩然大波。报道见报当天,一位网友在凯迪社区发帖,随后许多网民进行"人肉搜索",有网友揭露周久耕在一次会上抽的烟是160元一盒的"南京九五至尊",之后又有网友通过以往的新闻图片查出周久耕戴的是价值10万元的世界名表"江诗丹顿"。12月28日,江宁区委研究决定免去周久耕的房产管理局局长职务。

红网《百姓呼声》栏目主编肖雄表示,网络监督实践让他们尝到了甜头。该栏目自2001年5月创办以来,截至2009年2月,发出"调查函"3 200多件,为群众提供咨询服务7万多次,监督解决投诉问题2.5万多次,回复办理率超过85%。2007年、2008年连续两年,该栏目闯过"3个1000",即省市县各级领导批示、政府相关职能部门回函回复处理情况、律师回复网友提问均超过1 000个。2008年,《百姓呼声》栏目荣获中国新闻奖一等奖。

原长沙市市长张剑飞经常上网,有时还谈心式地回答网友的提问,他表示,有了网络的监督,到处都有"警惕的眼睛",政府工作人员会更加注意自己的行为。领导干部要有心理承受能力,诚心诚意接受网友监督,表扬的当作鼓励,批评的当作鞭策,共同的目的都是促进工作。2008年长沙市政府试行了市民代表列席市政府常务会议和市长办公会议制度,下一步,市政府将选择部分常务会议议题在网上直播,让网友在网上同步参与,使网友对市政府的决策进行直接监督,增加政府工作的透明度,提高决策水平。

2008年8月,甘肃省委书记陆浩通过甘肃省委办公厅与人民网取得联系,就网友留言中的热点问题连续回复3次,于是,兰州市教育乱收费、建材市场价格混乱等问题成为当地政府的主抓要务。湖南、福建、陕西、天津等地书记、省(市)长也相继通过人民网"地方领导留言板"回应网友留言。

2008年8月13日,株洲市纪委、市监察局出台《关于建立网络反腐倡廉工作机制的暂行办法》,成为全国首个网络反腐文件。之后的一个月内,《关于贯彻落实〈关于建立网络反腐倡廉工作机制的暂行办法〉的实施意见》《网络反腐倡廉工作平台操作规程》等文件相继制定,为网络监督与纪检监察制度对接迈出了坚实的第一步。"株洲模式"令人眼前一亮,它的主要内容包括:市纪委、市监察局依托红网株洲站建立"株洲廉政"网页,在网页上设立举报信箱;以单位实名参与红网论坛株洲版互动,开辟"反腐倡廉网络信息中心",设立"纪检监察信访"实名ID,授予独立处理本中心所有文帖的权力,纪检监察机关在3日内向网络信访人做出受理反馈。为推动网络反腐工作进一步深化，市纪委要求所属各县市区纪委、监察局都在红网实名注册，安排专人受理和处理网络信访件，形成上下联动的工作机制和格局。据株洲市纪委秘书长曹新耀介绍，2008年7月试运行一个月，8月正式出台《办法》，到2008年年底，共受理网络举报207件，查实办结100余件，在网上发布查实结果50余件，其中有不少重大案件，可以说初见成效。

2012年8月26日，陕西省延安市境内发生特大交通事故，事故确认共有36人死亡，3人受伤。在交通事故现场，陕西省安监局局长杨达才背对烧毁的客车，面对事故处理人员微笑之时，被人拍照上网，随后这张照片在网上疯传，激起了网民的愤怒。当晚22时29分，网民"卫庄"在其微博发布了一张杨达才佩戴手表的照片，23时57分，渤海论坛的新浪官方微博发布了杨达才在不同场合佩戴五块不同款式手表的照片，称这是"陕西省安监局局长杨达才同志的爱好"。8月27日18时12分，某奢侈品网首席运营官孙多菲发布微博称，据公开图片，经向表行业内专家请教，杨达才戴过劳力士、豪雅、雷达、江诗丹顿等名表，至少有五块。杨达才因此被网民戏称为"表哥"。9月21日，陕西省纪委官方网站"秦风网"发布消息，鉴于杨达才在"8·26"特别重大道路交通事故现场"笑脸"的不当行为和佩戴多块名表等问题，经调查，杨达才存在严重违纪问题，撤销其陕西省第十二届纪委委员、省安监局党组书记、局长职务。

2014年，湖北省纪委监察厅网站运行一周年，访问量达227万人次，平均每天为6 200人次，通过网站发布包括23名厅官在内的8 000余名党员干部违纪违法案件查处的信息，平均每2天就发布1条"打老虎"或"拍苍蝇"信息，成为人们获取湖北反腐信息的第一源头。一年来，这一平台每天收到的网络举报在50件以上，较2013年旧有的网络举报渠道增长90%以上，成为纪检监察机关发现腐败案件和违纪违规问题线索的重要平台。同时，先后有8个省直部门、市州一把手做客网站参与访谈及与网民互动，增加了官民沟通的窗口，也更好地调动了民间反腐的积极性。[1]

2016年，全国检察机关第一例网络受理微博举报反腐案立案。4月11日，宁夏固原市西吉县检察院官方微博对网民"火石寨丹霞地貌"微博举报个别乡（镇）干部涉嫌贪污一事进行了公开答复："关于您举报西吉县火石寨乡个别干部涉嫌贪污涉农惠农资金一事，经我院初查，已决定对火石寨乡政府原乡长王某某、马某某，原会计王某以涉嫌贪污罪立案侦查。"这只是宁夏三级检察院开展微博问检以来众多案例中的一个。宁夏三级检察院官方微博开通以来，共收到网民举报投诉、意见建议、法律咨询等信息上万条，通过"线上""线下"两种渠道全部给予回复

---

[1] 盘点2014湖北新闻：南水北调排第一[EB/OL].(2015-01-13)[2017-07-22]. http://huanggang.house.sina.com.cn/news/2015-01-03/09485956958943044763138.shtml? qq-pf-to=pcqq.c2c.

和详细解答,办结率达到100%,赢得了广大网民、新闻媒体以及政务媒体研究机构的关注和点赞。①

2018年3月,安徽巢湖市纪委监委在办理省纪委监委指定专案中,竟然成功利用科技手段从谈话对象处提取到一组被删除的微信聊天记录。调查人员根据此线索变换谈话思路,使谈话对象心理松动,主动交代问题,迅速推进了专案审查调查工作。

原红网总编辑舒斌说,《百姓呼声》栏目的成功靠的是大胆创新网络监督形态:在全国率先实行投诉的后台实名制,确保真实性;将网上监督与内参专报相结合,拓宽监督领域;整合外部党政资源,向被投诉者的主管单位发函,将回函在"呼声回音"中刊出……这样一来,广大网民满意了,政府形象树立了,网站声誉提高了,也形成了一种政网互动、政民互动的良好氛围。

人民网的舆论监督栏目设有"有话网上说""人民时评""人民热线"等,已形成较为完善的体系,该栏目成为网民与各级党政部门之间的良好的互动平台,同时也是对各级党委、政府的有力监督。②

2010年12月29日,中国首次发布的《中国的反腐败和廉政建设》白皮书也首肯网络监督作用,称随着互联网的快速发展和广泛普及,网络监督日益成为一种反应快、影响大、参与面广的新兴舆论监督方式。③

2011年9月,为回应国际社会的关切,中央纪委、中联部、外交部组织中外媒体30余名记者赴江苏、浙江采访反腐倡廉、预防腐败情况,这是中央有关部门首次组织外国媒体实地观察了解地方反腐败的新内容与手段措施。记者发现,两省数市力推应用网络信息技术手段反腐,将分散的权力集中起来进行网络监察、让权力在网上透明高效运行成为当前预防腐败的亮点。同时,不少官员对公众通过微博等网络手段提供反腐线索表示支持,对网络反腐表现出积极态度。

如今,地方政府和纪检、监察机关越来越意识到网络的重要性,注重从网上听取民意、汇聚民智,其意识到,地方政府只有积极应对,对网络监督快速介入、甄别真伪、及时公开、引导民意、化解民愤,才能掌握主动权,控制事态发展。④

---

① 网友微博举报乡镇干部涉嫌贪污[EB/OL].(2016-04-13)[2017-07-22]. http://nx.people.com.cn/n2/2016/0413/c192482-28135930.html.
② 程少华,傅丁根.网络监督:蓬勃中呼唤规范[EB/OL].(2009-02-03)[2017-07-22]. http://news.dayoo.com/china/200902/03/53868_5261087.htm.
③ 刘元旭.两会观察:网络监督渐成为反腐倡廉的新锐力量[EB/OL].(2011-03-13)[2017-07-22]. http://www.china.com.cn/2011/2011-03/13/content_22128597.htm.
④ 张蔚然.中国力推信息技术反腐败让权力在网上透明运行[EB/OL].(2011-09-14)[2017-07-22]. http://news.cnnb.com.cn/system/2011/09/14/007076668.html.

4.4 "互联网＋基层党组织建设"的效益分析

4.4.1 "互联网＋基层党组织建设"的基本估价

1. 基层广泛探索将新技术手段运用到党建工作中

各级党组织几乎都建立了相关网站，利用互联网宣传党的方针政策、发布党建信息；建立网络党校，对入党积极分子进行网上党课教育；利用网络加强对流动党员的服务与管理；利用网络和基层党员互动，实施网络开放式党建；少数单位甚至试行了网上表决，让党员通过网络进行某项党内事务的表决。

手机作为一种新的通信手段，同样成为基层党建的一个新平台。有些地区为党员配备了"党建手机卡"，每天定时为所有党员发送一份党建手机报，将中央、省市委的重要声音在"一秒内"传达到每个党员；有些地区创建了"手机党支部"，利用手机为支部党员提供党务服务；有些地区创建了"党建微信公众平台""党建微博账号""党建 App"等，利用网络媒体和互联网技术传递党务信息。

2. 多数基层党组织及党员认可新技术党建手段

多数党员对基层党组织采取新技术手段进行党建活动表示欢迎。"党员的年轻化、知识化是党未来的一种趋势。这种趋势和新技术党建手段广泛应用趋势形成了良性互动，党员越来越年轻化、知识化，新技术党建手段的应用就会越广泛、越普及，也会越来越被广大党员认可和接受。""80后、90后的学生，基本上是伴随着网络成长的。党组织利用网络和学生党员进行沟通，会让这些年轻党员产生一种亲切感，会迅速拉近党组织和这些年轻人之间的距离，因为这证明了党对社会新事物的接受认可和灵活应用，展现了党是一个不断学习、不断改进、充满活力的党。"党运用新技术党建手段和时代的节拍相吻合，可以有效提高党建工作效率，更加贴近群众生活，有利于增强党员群众对党建活动的认可和接受程度。

4.4.2 "互联网＋基层党组织建设"的效益分析

1. 降低党务工作运行成本

电子党务前期投入虽然较高，但其运行可使机关内部的运作成本大大降低，并且随着社会主义市场经济的发展，大量的"单位人"变为"社会人"，党员队伍的流动性越来越大，分布范围越来越广，党员队伍社会化管理的任务就越来越重，而党务工作的相对管理成本也就越来越低。

① 互联网技术降低了组织内部一般公务处理的成本。信息的网络化传输，公文的电子化处理以及办公自动化系统、管理信息系统、决策支持系统等的广泛应用，不仅提高了信息传输的效率，也使党建工作运作成本大大降低。

② 组织结构和工作流程优化重组，减少了中间管理环节，降低了机构和人员的费用开支。

③ 通过党务工作信息网络随时掌握基层党员队伍建设情况，尤其是非公有制经济组织党员和流动党员队伍的现状，比以往采用地毯式登记的办法节省了大量的人力和时间，也节省了大量的经费开支。

④ 组织工作网站和虚拟党组织的建立为党组织与党员的互动提供了广阔的信息平台，也使得行政管理成本和党员接受教育管理的费用大大降低。

2. 提升党务工作的公信度

"互联网＋党建"有利于建立一个公正透明、廉洁高效的政体，有利于提高党务和政务工作的公信度，从而有利于提高党在人民群众中的威信。由于"互联网＋党建"实际上是党委部门的综合信息系统，它的使用要求工作程序规范、运转有序、公开透明，因此，开展"互联网＋党建"建设将有利于党的各项工作公开公正，可防止党的各级领导干部利用职务以权谋私，有利于树立党在人民群众中的良好形象。例如，近年来采用的电子选举计票、电子表决，以及实行重大决策电子化、民主化等，都收到了较好的社会效益。

3. 提高国家综合竞争能力

人们谈及竞争，大多是指企业之间的竞争，但事实上，目前的经济竞争不仅是企业之间的竞争，也是供应链之间的竞争，更是区域企业构成的经济共同体之间的竞争，从更高层次来讲，更是政府之间甚至国与国之间的竞争，但归根结底是一场人才的竞争。在我国，领导班子和人才队伍建设是党建工作的一个重要组成部分，"互联网＋党建"建设有利于各级组织部门按照中央关于《干部任用条例》的要求选拔任用领导干部，选好配强各级党政机关、国有企业、事业单位的领导班子，加强人才队伍建设，为加快经济发展、构建和谐社会、提高我国的综合竞争能力提供坚实的组织保证。

4. 加强党的执政能力建设

加强党的执政能力建设是党从保证党和国家的事业兴旺发达、长治久安的高度提出的一项带有全局性、根本性的战略任务。"互联网＋党建"有利于党务工作围绕加强党的执政能力建设这条主线，不断更新观念，创新工作方式，以改革的办法克服目前党建工作遇到的新情况新问题，进一步提高基层党组织的创造力、凝聚力、战斗力,不断增强党的执政能力。①

4.5 案例分析:村级党组织建立动态管理系统实现工作的快捷与高效

山东泰安岱岳区创新农村基层党组织管理方式,在全区663个行政村(社区)设立党建名片,研究开发以文档、图片、视频信息为主要内容的岱岳区农村基层党建动态管理系统,搭建起全区农村基层党建工作信息化管理平台,山东岱岳组研②对此进行了分析。

1. 实施动因

村级党组织是社会主义新农村建设的领导核心,村级党组织书记是社会主义新农村建设的带头人,处在科学发展的最前沿和生产生活的第一线,是贯彻落实党的各项路线方针政策,联系、服务、凝聚党员群众,维护稳定、推动发展、促进和谐的领导核心和重要枢纽。岱岳区针对区内村级党组织和党员数量多、村支部书记分类管理情况复杂、各村(社区)村情差异大等特点,探索建立了岱岳区农村基层党建动态管理系统,作为抓好、抓强村级党组织和村级党组织书记,推动村级各项活动开展,促进村级堡垒作用发挥的着力点,重点解决村级党组织信息沟通不及时、情况掌握不全面、发展优势难互补等问题,实现了对村级党组织的动态化、常态化、平台化管理和实时监督,促进了村级党建工作规范提升。

2. 主要做法

① 丰富内容,实现信息系统化。按照"形式统一、表述规范、便于管理"的原则,对全区663个村(社区)的党建信息进行全面采集和系统整理,为每个村(社区)建立了"村级党建名片"。"村级党建名片"的主要内容分为村情文档信息、村情图片信息、党组织书记视频信息、动态信息四个部分。村情文档信息主要是663个村(社区)的基本信息,包括地理位置、耕地面积、人口、党员队伍状况、村"两委"干部状况、后备干部状况、大学生村官状况、村级经济发展状况、任期三年发展规划以及荣誉奖惩等;村情图片信息主要是村"两委"干部和大学生村官的照片,村级组织活动场所及其内部办公设施、制度版面等相关图片;党组织书记视频信息是村级党组织书记约2分钟的讲话录像,重点介绍村(社区)的基本情况、存在问题、发展思路、任期目标、工作措施等内容;动态信息是各村(社区)重点工作推进情

---

① 庞廉.广东省党务工作信息化管理途径及措施[D].广州:华南理工大学,2005:15-16.
② 山东岱岳组研.山东泰安岱岳:探索建立农村基层党建动态管理[EB/OL].(2010-02-26)[2019-07-27]. http://dangjian.people.com.cn/GB/11034666.html.

况、落实上级工作要求的动态信息、图片等内容。

② **完善功能,实现使用便捷化**。依托"村级党建名片",研究开发岱岳区农村基层党建动态管理系统,把"村级党建名片"打造成了对村(社区)实行动态信息化管理的平台。该系统具有四个方面的特点。一是信息容量大:系统信息分为17个乡镇(街道)的党建信息和663个村(社区)的党建信息两部分,包含完整的文字信息、图片信息和视频信息。二是功能完善:系统设有乡镇信息、村信息、统计查询、打印报表、系统设置五个模块,提供能自主维护的后台数据库,支持多用户、分权限登录,能实现录入修改、查询统计、汇总打印等多项功能。三是操作便捷:系统界面简洁直观,设有系统应用菜单,一般使用人员不需要培训,按照界面提示即可完成对各类信息的浏览、查询、统计、存储等各项功能操作。四是拓展性强:目前,该系统已挂在岱岳党建外网上,还与区委组织部OA办公系统和党员党组织数据库实现了资源共享,系统预留空间,内容和功能可以根据党建工作新需求做进一步拓展。

③ **三级联动,实现管理动态化**。为确保系统信息的及时更新,对岱岳区农村基层党建动态管理系统实行区、乡、村三级联动式管理维护。村(社区)负责村级党建信息的收集和上报;乡镇(街道)负责乡村两级党建信息的整理、录入、修改等维护工作;区委组织部负责指导和监督各乡镇(街道)对系统信息的维护。系统维护一般要求半年和年终两次定期集中维护,村"两委"干部调整任免、党员队伍建设状况等重要党建信息有变化的可根据管理权限随时进行维护更新。区、乡、村三级分别安排专人负责,明确任务要求,落实责任追究制,有效保证了系统信息的真实准确和及时更新。

3. 主要成效

① **提高了农村基层党建的工作效率**。各级党组织通过岱岳党建网可以随时登录岱岳区农村基层党建动态管理系统,按分配权限进行查阅浏览、统计汇总、录入存储等操作,既方便了上级党组织及时准确地掌握基层党建工作情况,又提高了农村基层党建的工作效率。此前,需要下去跑几十天完成的工作,需要经过电话通知、发放报表、基层上报、统计汇总等繁杂的工作流程完成的有关数据信息,现在一般只需点几下鼠标,几分钟就能完成,既大幅度提高了工作效率,又有效节省了大量的人力、财力和物力。

② **加强了对村级党组织书记的动态监管**。根据乡镇(街道)对村级干部调整任免或换届选举等情况产生的村级人事变动,"村级党建名片"中村级干部信息及时更新,使区委对村级干部的管理能一竿子插到底,迅速直观地了解村(社区)里的完整信息,实现了对村级党建工作的直管,解决了区委对全区村级干部(尤其是村级党组织书记)的备案管理问题。通过录制村级党组织书记视频信息,让村级

支部书记亮亮相、排排队,与全区先进村(社区)进行横向比较,对照先进找差距,自觉加压谋发展,有利于激发村级党组织书记干事创业的积极性和主动性,加强了对村级党组织书记的考核监督,促进了"双向述职"评议制度的落实。

③ 促进了村级活动场所的规范提升。通过拍摄村级组织活动场所图片,让村级亮亮家底、看看差距,有利于村级扎实推进"党群之家"建设工程,对设施不齐、制度不全、环境不好、作用发挥不到位的村(社区)进行及时整改提高,有力地促进了场所规范提升和作用发挥。在农村基层党建动态管理系统中,全景展示各村场所环境的实地拍摄图片,按照各村环境和场所的完善程度划分成场所先进村、中间村、落后村。场所建设比较落后的村通过在系统中观看场所建设先进村的图片资料,在整体环境、活动场所、办公条件等方面与自身实际进行比对,对落后的原因是什么、落后的地方在哪里、落后的差距有多大有了感性认识,抓场所、抓环境有了参照,学习、整改、提升有了目标。自农村基层党建动态管理系统建立以来,共有72个活动场所建设较差的村结合村情实际进行了整改,解决了场所乱、环境差的问题,缩小了与先进村之间的差距。

④ 解决了村级制度规范运行问题。农村基层党建动态管理系统内的"村级党建名片"模块可以及时全面地反映村级党组织干事创业、工作进展、活动开展和落实"双规范"制度的情况。目前,全区663个村(社区)的三年发展目标规划和村务规章制度均一一在该系统中予以公开,各村(社区)在各自的三年发展目标规划中都明确了发展的目标、思路、责任和措施等内容,并在"村务公开"栏目中明确了村务处理的程序和村"两委"干部的责任,既明明白白地告诉党员群众有事情需要解决时该去村里找谁问、找谁办、找谁管,又规范了村"两委"干部的权责,有力地加强了对村级落实制度规范情况的监督管理,让村级组织按章理事、按规办事,避免了不规范、不合理现象的发生。

⑤ 推动了村级经济社会事业发展。农村基层党建动态管理系统建立了村级交流和相互学习的平台,各村(社区)的村情基础、区位条件、资源优势和发展方向都通过村情资料进行公开展示。村(社区)与村(社区)之间可以在农村基层党建动态管理系统中互相了解对方情况,并可以通过资料上留有的联系方式进行联系。农村基层党建动态管理系统为各村(社区)之间加强交流、促进合作提供了新的桥梁,各村(社区)通过管理系统可以分析查找限制自身发展的瓶颈和存在的问题,进一步理清发展思路,通过合作实现共赢,发展壮大村级集体经济,促进经济社会的全面发展、和谐发展。

4. 分析体会

① 农村基层党建动态管理系统是提高工作效率的好帮手。基层党建工作事务多、范围广、任务重、要求高,而组织部门受人力、物力、财力、精力的限制和其他

方面工作的牵制,在强化对基层党组织的管理、加强对基层党建工作的指导上还存在一些不够全面、不够深入、不够精细等方面的问题。岱岳区共有17个乡镇(街道)663个村(社区),按每天摸排10个村(社区)计算,全部摸排一遍要两个多月的时间,单凭走访调查实现对农村基层党建的动态掌控监管牵涉时间长,耗费资源多,同时会加重基层的负担,单纯依靠乡镇(街道)收集、整理、上报基层党建动态信息又存在着信息不够畅通、内容不够全面、沟通不够及时等问题。建立农村基层党建动态管理系统后,依托该系统,信息来源终端直接延伸到村级党组织,村级、乡镇按照分配权限,可以直接把相关数据上传到系统,由组织部门实行无纸化审核,可较大程度地减轻工作强度、节省大量资源、确保信息时效、提高工作效率。

② **农村基层党建动态管理系统是提升党建水平的新途径。** 岱岳区农村基层党建动态管理系统在继承传统党建工作的好做法和好经验的基础上,建立了形式统一、表述规范、内容丰富、生动形象、更新便捷、安全高效的党建数据库,并通过设定好的程序对数据进行操作,实现了基层党建工作的信息化管理,为基层党组织和组工干部提供了方便,提高了工作实效,增强了工作活力,提升了管理水平,推动了基层党建工作跨越式发展。

③ **农村基层党建动态管理系统是整合党建资源的大平台。** 岱岳区农村基层党建动态管理系统有效整合了"村级党建名片"、岱岳党建网站、OA办公系统以及党员党组织数据库等各种党建信息资源,形成了党建信息的优势聚集和优化组合,解决了党建资源相互独立和分割、系统效应和综合作用难以发挥的"信息孤岛"现象,推动了党建工作方式和党建工作载体的创新,促进了党建工作的优化升级。

4.6　调查研究:随州市加强基层服务型党组织建设的调查

党的群众路线基层教育服务实践活动开始以来,随州市利用互联网技术整合网络资源,实行"七网合一",建立手机、计算机、电视"三屏互动",市、县(区)、乡(街道)、村(社区)"四级互联"的便民服务综合平台,取得了初步成效,受到了群众的欢迎。随州市运用"互联网+"思维创新基层服务型党组织建设的做法被中组部《组工信息》《中国组织人事报》等媒体刊发,并得到了省委领导的关注。为进一步总结推广随州市的做法经验,联合调研组[①]深入随州市农村、社区进行了实地

---

① 联合调研组.运用"互联网+"思维助推党建工作创新——关于随州市加强基层服务型党组织建设的调查报告[J].政策,2015(10):65-67.

调研。

1. 可贵的探索

随州市整合、利用党政机关和企事业单位信息化建设成果，按照"平台共管、资源共建、信息共享"的思路，将基层党组织动态信息管理、网上村村通、"三屏互动进农家"、农村网格化管理、行政审批服务、村级财务公开、金融惠农信息等系统进行"七网合一"，搭建便民服务综合平台，实现一个网址登录、一个主平台发布、多个子平台共享，通过电视、计算机、手机直接将便民服务推送到群众家里、用户手上，实现"三屏互动""四级互联"，创新了基层党组织联系服务群众的载体，提升了服务群众的质效。

开通"信息快车"，服务群众致富创富。 随州市把便民服务综合平台载入宽带电视网中，开设随州信息、每周农经、就业服务、远程教育等8个版块（包括30个子栏目），满足群众在科技兴农、产品销售等方面的信息需求。市场信息及时推送：信息管理员根据群众需求，依托综合信息平台及时发布供求信息。通过每周农经版块，村民足不出户就能及时了解农产品的市场行情。通过就业服务版块，村民可以及时获得企业招工信息。农技咨询在线服务：开通农技专家讲堂、专家热线，邀请农业专家讲授种养技术、病虫害防治知识等。发展电子商务：根据地方产业发展情况，与物联网融合，建立网上交易平台，改变传统的交易方式，开展在线销售、期货买卖、大宗交易等，同时与市农行合作，在村组设立自助终端，打通资金流动的网络通道。随州市三里岗镇组织群众搭乘"信息快车"，销售本地特产香菇等，产品远销东南亚、日本、韩国市场，年销售额达10亿元。

推行"在线服务"，方便群众办事。 随州市拓展农村党员群众服务中心功能，延伸职能部门服务终端，把各类服务项目载入便民服务综合平台，提供菜单式便捷服务，基本实现农民办事不出村。审批事项在线办理：将14个部门77项与群众日常生产生活密切相关的审批事项下放到乡镇（街道），纳入便民服务综合平台，由村（社区）党员群众服务中心代为办理，群众通过服务系统全程跟踪办理流程，办结通知由系统自动推送到手机客户端。便民服务直达农家：财政、金融、供电等部门依托系统把基层网点延伸到村（社区），实现存取支付、涉农证件办理、矛盾纠纷调处、知情问政等"不出村（社区）"；供销系统结合"万村千乡"和"新网工程"建设，在综合平台开通电视购物、网上购物服务，让群众在家门口的网点就能购买到放心食品、放心农资。"十户联防"共保平安：按照"网格＋党员中心户"治理模式，以党员中心户为核心，成立十户联防组，依托便民服务综合平台打通农户间、网格间的联系通道，并与网格化平台、综治信息平台互联互通，实现互助共保。

实施网上"五务公开"，促进基层民主。 借助于互联网在信息传递上交互、开放和免费的特点，推进农村党务、村务、财务、政务、服务等"五务"公开。党员公开承诺、发展党员情况等16个党务公开项目,镇村干部信息、村级重大事项"四议两公开"情况等7个村务公开项目,村级财务收支、各种补贴款物发放分户明细等15个财务公开项目,由镇、村定期公开;农作物病虫害防治、农村实用技术培训等5个服务公开项目,各类粮食补贴政策、农机购置补贴政策等23个政务公开项目,由市、县相关部门及时公开,接受群众监督。例如,财政部门建立的村级财务信息、民政部门受理的村级低保对象名单,都会自动更新到对应的系统平台中,群众通过电视、手机、计算机都能看到。

搭建网上"党员之家",服务基层党员干部。针对农村党员集中难、教育难、管理难、组织难等问题,利用"三屏互动"系统,整合远程教育、在线学习等平台,建立网上"党员之家",推动党建工作信息化。试点单位随县382个村根据市委统一要求,建立了便民服务室,选配培训了专兼职信息员,把村党员群众服务中心建成村里的信息中心。一是党建数据"一网覆盖"。设置市县传真、支部动态等专栏,将党组织和党员信息、党建活动等事项录入平台,实现了基层党建网络化覆盖。二是党务管理"一竿到底"。各级党组织及时上传开展活动的图片、学习资料和会议视频以及基层党组织和党员的公开承诺事项及整改落实情况,发放征求意见表,上级党委检查工作时,只需调看基层党组织的照片或者视频资料,既方便又可靠。三是党群互联互动。采取网上公开述职、手机民意调查等管用措施,有助于把联述联评联考工作做实做细,广大党员群众随时可自由浏览、反馈意见,参与监督评议,既方便上级党组织动态管理监督,又让广大党员群众实时在线参与、开展互动交流,受到了基层党组织和党员群众的欢迎。

2. 有益的启示

随州市运用"互联网＋"思维,通过建设便民服务综合平台,集约了行政资源,拓展了基层党组织的服务功能,满足了群众的便捷化、个性化需求,打通了联系服务群众"最后一公里",是创新基层党建工作的有益尝试,值得各级党组织借鉴。

履行第一责任,强化组织领导。随州市在群众路线教育实践活动中,着力实施以发展民主、保障民生、凝聚民心为主题的"三民"工程,将便民服务综合平台建设作为"三民"工程的重要内容,把基层党建融入发展经济、服务群众、促进和谐的实践之中。市委书记刘晓鸣向全市党员群众发布《基层党建工作公开承诺书》,对便民服务综合平台建设等事项作出公开承诺。市委出台专门文件并多次召开协调会、推进会,抓好便民服务综合平台建设,还将26个市直部门参与便民服务综合平台建设工作情况纳入年度责任目标考核体系,进行考核和督办,以抓发展、抓项目的力度和办法来落实党建责任。

加强统筹协调,整合各方资源。针对延伸到基层的众多服务平台存在重复建设、部门分割、利用率低等问题,随州市大胆创新,推进多网融合。市委、市政府联合出台《关于统筹城乡网格化管理强化运用服务的指导意见》,要求各部门解放思想、打破壁垒、整合资源。明确以网格化系统为依托,搭建四级联动的便民服务信息化系统。由市委组织部门牵头,成立由相关部门组成的工作专班,把分属各部门和企事业单位的信息系统整合进来,实现"七网合一"和"三屏互动",形成纵横相通的"信息高速公路",为拓展基层党组织服务功能提供技术和信息保障。

借力市场机制,降低行政成本。 随州市委在便民服务综合平台建设中,坚持党委领导、部门配合、企业参与、群众自愿的原则,制定引导和激励政策,兼顾各方的利益诉求,形成共建共享的格局,节约了建设成本和管理成本。鼓励网络运营商、金融机构、供销社等参与建设、管理和营运,实行成本共担、资源共享,使企业扩大了网络覆盖面,增加了客户和业务量,减少了重复建设和低水平竞争;充分利用已建网络、现成资源,只对原有系统进行升级改造,不兴建机房,不铺设专线,降低了建设成本;将村级原有的远程教育管理员、"三屏互动"信息管理员、网格员、计生员、代办员"多员合一",只需聘用一个综合管理员。2013—2015年,随州市在开发应用上投入的财政资金不到100万元,便民服务综合平台已初步形成覆盖全市村级组织的格局。

抓好队伍建设,建立长效机制。 随州市坚持人才往基层凝聚、财力向基层倾斜、机制在基层创新,以扎实有力的队伍建设为线上服务平台提供坚强后盾。该市出台便民服务综合平台信息管理员管理考核办法,建立健全管理人员录用、培训、管理及考核评价等机制,按照"分级管理、分层培训"的原则,开展全员培训工作,确保管理员能够独立完成各类信息输入、审批事项网上申办、系统管理和设施维护等,建设一支综合素质较高的管理员队伍。该市还探索政府购买服务、以奖代补的办法,对信息发布考核达到规定目标的管理员,每月分别给予100~300元的奖励,对"三屏互动进农家"用户达到80户以上的村级管理员,电信部门每月发放100元的补贴。这些措施在一定程度上缓解了基层网络无人管和管理成本高的问题,有利于网络的长期运行。

第5章 "互联网＋基层党组织建设"的新模式研究

5.1 "互联网＋"时代基层党组织工作的新特点

互联网技术的可传递性、可复制性、快速运算性、智能性、共享性、开放性、平等性、全球性等特点赋予了"互联网＋"时代基层党组织工作新特点。

1. 及时性

互联网社会最基本的元素就是信息，信息成为继物质和能源之后推动经济社会发展的三大资源之一。"互联网＋党建"的各项活动本质上是围绕信息而展开的。狭义的信息是指蕴含在具体消息、代码或符号中的抽象量，并且是可以度量的。广义的信息是指客观存在的一切事物通过物质载体发出的情报、指令、数据、信号中所包含的一切可传递和交换的知识内容。① 所以，信息普遍存在于人类社会之中，"互联网＋党建"活动中的文件、政策、数据库、画面、讲话、公式等虽然本身不是信息，但都是信息的载体，"互联网＋党建"的及时性就是指这些载体所包含的信息在信息发布、信息传递、信息反馈阶段的及时性。

① 信息发布的及时性。许多党务部门都在网上开辟专栏发布相关的党务党建信息：及时发布党和国家领导人的重大活动情况与讲话，各地党务部门网站也都第一时间更新报道当地主要领导的活动和言论情况，这样做可以让党员群众适时了解各级领导的行踪，避免不必要的政治谣言和猜测；及时发布各级党组织制定的最新文件、政策、措施以及重要会议精神，报道各地当天的重要新闻，让党员群众及时掌握党的路线、方针、政策，了解党和国家以及各地的大事要闻，提高党员群众的素质，开阔党员群众的视野；及时发布各地各级党组织的各项党建党务活动，如过组织生活、开会、党员发展、民主评议等。

② 信息传递的及时性。信息是搭载在上述的各种载体上进行传递的，信息发

---

① 江源富,赵经纬,程德林.电子政务[M].北京:国家行政学院出版社,2005.

布的目的就是进行信息传递,所以信息总是处于传递的过程中。互联网技术的出现使得信息的传递可以瞬时快速进行,"信息高速公路"使信息的传递真正实现了"信息无国界",整个世界正在向着加拿大学者马歇尔·麦克卢汉所预言的"地球村"迈进。具体到电子党务,各种党务信息能及时快速传递,例如,党的文件、政策、措施和重要会议精神的及时传递可以打破传统党务工作中自上而下的多层级传递方式,也可以打破各个党务部门、各地之间的信息隔阂,保证党的路线、方针、政策和重要会议精神的传达与执行,有利于各个党务部门、各地之间的相互交流、学习、监督。

③ 信息反馈的及时性。信息反馈是控制论中的一个极其重要的概念,控制的基础是信息,而任何控制都必须依赖信息反馈来实现,信息反馈是实施控制职能的关键。"它是指在计划执行过程中,由控制主体随时收集到的有关实际工作情况的信息。控制者通常将这类信息与计划信息进行比较,查明发生偏差的原因,以便采取纠正措施。"①所以,要实现组织目标,必须重视反馈信息。在"互联网+"时代的基层党建中,各级党组织和各个党务部门为实现经济社会发展的大目标,必然会制定相关的文件、政策、措施,这些在当时是具备科学合理性的,但是随着时代的发展与变化,其有可能不再适合当地的实情,所以必须及时反馈信息,调整纠正制定的文件、政策、措施,互联网可使信息及时反馈,进而可使执政党掌控经济社会发展的大局。

2. 交互性

"交互性是互联网空间的一个潜在的主要特征,它是指网络行动主体之间以及网络行动主体内部围绕着信息和知识之生产、交换、流通、竞争和冲突等环节而产生的一种相互参与和相互操作性质。"②基于互联网技术本身的交互性特征,"互联网+党建"模式也具有交互性的特点,"互联网+党建"的主体和客体都是网络行动中的主体,在党务部门内部或党务部门与社会间体现出交互性,主要包括以下几类。

① 学习的交互性。传统党务的教育培训工作在一定的时间和地点进行,以课堂讲授为主,课堂的互动性不强。互联网时代党务教育培训工作则突破了时间和空间的限制,通过互联网可以随时随地下载相关资料有选择性地学习,实现了"教"与"学"一定程度的分离,教学手段和教学方式也越发多样化,更为重要的是,原来课堂的互动性不强的问题可以得到解决,原来因时间和地点的局限,面对面不好意思参与互动交流的情况在网络上将不复存在,学员可以就一个问题与多个教师探讨,学员之间也能相互交流,网络的匿名性往往能使学员反映真实的想法

---

① 杨善林,李兴国,何建民.信息管理学[M].北京:高等教育出版社,2003:188.
② 王平.城市信息化与政府治理模式的创新[M].上海:学林出版社,2006:44.

和问题,教师则可以有针对性地讲授或解答,这就是学习的交互性。

② 办公的交互性。在"互联网+党建"的推进过程中,大量传统的纸质文件资料被电子文档逐步取代。单从技术上说,只要有足够的网络宽带,在办公室、在家都可以办公,这是未来发展的趋势。党务部门之间或各地各级党组织之间能相互交流、互通有无、协调合作,并能在一定条件下实现部门间的在线跨地域协作办公,为党员和社会提供更好更优的服务,在办公中体现出交互性。

③ 沟通的交互性。互联网的普及化发展、传播速度之快以及通信媒介的丰富与便捷,使得每一位公民化身为"手握麦克风的记者",形成"全民记者"的局面,每个人都可以成为声音的发出者。① 与此同时,党务网站上大多专门设有书记信箱、部长信箱、纪检监督信箱、基层党员信箱、留言板、网络在线交流与对话、微信公众号、微博等,建立起上级与下级、领导与党员、党员与党员、党员与群众直接沟通对话的渠道,网络媒介使这种沟通不再是单向的,党组织、党务部门、基层支部、党员、群众间的沟通变得十分便利快捷,这些网络主体既是信息的发布者,又是信息的接收者,其身兼两种角色使得"传"与"收"的界限模糊了,在密切党群关系的同时展现出沟通的交互性。

3. 虚拟性

利用互联网技术可以创建一个体验虚拟世界的计算机系统,生成一个形象逼真的,具有视、听、触等多种感知功能的虚拟环境,"在计算机屏幕上出现的对象,实际上是由数字方式(比特)来表示的音乐、图像、语言等,也就是说,它所示的由各种信息表现的各种对象,是虚拟的"②。可见,虚拟性是网络空间的基本特点,互联网技术以虚拟的方式快速地反映现实世界,"互联网+党建"就是利用互联网技术对党建党务工作的创新,不可避免地带有虚拟性。

① 党建党务工作的数字性。从技术层面来说,"互联网+党建"是党务的主体或客体。在网络环境中,使用相关的计算机设备以实现相互作用、信息交流和视景仿真,体现的是一种先进的数字化人机接口技术,所以说"互联网+党建"是"人机合一"的系统,离不开互联网技术,也离不开党务的主体或客体的使用。然而,作为依托互联网技术传送的信息,其存在形式是数字的,即以比特(即 0 和 1)形式存在,比特是信息的 DNA,正在取代原子成为社会的基本要素,相较而言,比特没有重量,可以复制,可快速传递而不受时空的限制,而且使用的人越多,其价值越大,这些都是原子所没有的。网上所有的信息和活动都是数字化比特的作用,文件、资料、图像、声音等都成为数字化比特的符号终端显现,所以互联网上的党建党务工作也是数字化的结果,党建党务工作的数字性表现出电子党务的运行是

---

① 徐明,李震国.网络社会动员作用机制与路径选择[J].中国行政管理,2016(10):52.
② 风林.全面建设小康社会过程中的城市文化建设[D].北京:中共中央党校,2005:106.

"模拟""虚拟"现实的党建党务工作。

② 党建党务工作的非实体性。从电子党务的运行来看,除了计算机硬件、相关辅助设备、传输介质等是物理的客观实体之外,以这些工具运行和展现的党建党务工作都具有非实体性,计算机网络中的事务是不可触摸的,党务部门和人员在其中的活动也不具备现实物理世界中的可感知性。传统党务的党组织机构是实体性的存在,党的思想建设、组织建设、作风建设、制度建设都在现实生活中进行,虽然电子党务的党务处理方式还不能取代传统党务,但是"互联网＋党建"可使党务部门、各地各级党组织、工作人员在网上非实体地存在,虚拟地处理党务工作、开展党建活动,出现了网上支部、网上党委、网络党校、部门协同办公、在线服务等,能为党员群众提供更好的服务。本质上看,这种非实体性来源于数字化比特的处理结果,"由计算机支持、由计算机进入和由计算机产生,是多维度的、人造的或'虚拟'的真实。它是真实的,每一台计算机都是一个窗口;它是虚拟的,所看到的或听到的,既不是物质,也不是物质的表现,相反它们都是由纯粹的数据或信息组成的"[①]。

③ 虚拟性反映现实性。需要指出的是,虚拟性不是虚无性,虚拟更多的是强调模拟之意。所以,"互联网＋党建"的虚拟性不是虚无的,更不是虚假的,它是现实的传统的党建党务工作在网上的映射,虚拟性反映现实性。虽然"互联网＋党建"依附于虚拟的网络空间,但是互联网上的党建党务工作的基础为现实的党建党务工作。首先,"互联网＋党建"的主体和客体是客观现实的,不论是各个党务部门,还是各地各级党组织以及党员和群众,本质上都是客观存在的,网上支部、网上党委、网络党校、部门协同办公等只是其结构和功能的延伸,就现实情况来看,还不可能替代或削弱原有的组织或部门。其次,党建党务工作本身是真实的,"互联网＋党建"不是要取代传统党务,只是鉴于传统党务在现实中面临的新形势与新问题,有必要也有可能进行创新,所以党建党务工作本身是真实存在的,相比于传统党务,网上党建党务工作内容没有大的变化,只是形式有所不同。最后,网上党建党务工作的效果是真实的,电子投票的结果是有效的,网络调查的结果是反映现实的,数据库的自动生成统计是客观的,网上部门协同办公的结果与现实办公的结果一样有效,这些都说明虽然电子党务是借助于互联网技术的创新,但其最终的效果是客观的、真实的,毕竟是人创造支配信息网络,而不是互联网技术支配统治人。

4. 共享性

"互联网＋党建"的共享性基于互联网的开放性,在互联网中没有疆界,也没

---

① Benedikt M. Cyberspace: First steps[M]. Cambridge, MA:The MIT Press,1994:123.

有关卡,虽然在现实中出于种种需要存在对网络的控制支配,但这不能从根本上改变互联网的开放性。互联网的开放性不仅体现在其缩短了人与人、民族与民族、国家与国家之间的距离,还体现在其带来了信息资源的发布、流通、使用的开放、包容与共享,"网络平台上一切信息的生产、流通、经营、消费对任何人和组织都是开放的、共享的,对信息的发布者和接收者都是同样的,任何人为的障碍都不应该也没有必要存在"①。

① 信息资源的超时空性。"互联网+党建"中运行的信息、资料、文件等可以超越时间和空间的限制,在党务部门间和各地各级党组织间快速传递。与纸质信息资源的传递相比,"互联网+党建"中信息资源的传递更快捷有效,信息不会因时间长短和空间距离而被阻断、损耗、丢失,信息的快速运行决定着信息资源的价值。正如尼葛洛庞帝所说:"在数字化世界里,距离的意义越来越小。事实上,互联网的使用者完全忘记了距离这回事。在互联网上,似乎距离还往往起了反作用。与近距离的对象相比,我常常更快地收到来自远方的回信。"②正是由于信息资源的超时空性,信息的传递变得相当便利广泛,党务部门、各级党组织、党员群众都能更快更容易地获得与发布信息资源,信息资源的共享由此而来。

② 信息资源数据库的共享性。"有人说网络带来了工具的革命、过程的革命、感觉的革命和创作模式的革命。但从文化的角度讲,更重要的是互联网实现了即时交互和资源共享。"③"互联网+党建"因此体现交互性和共享性。党务部门之间、党组织之间的文件、信息资源以及建立的数据库都能相互查阅、相互调用、沟通交流,最大限度地开发利用信息资源数据库。另外,信息资源数据库的共享还可以出现在党务部门与党员群众之间,在保密和确保安全的条件下,及时向党员群众提供信息资源数据库。信息资源数据库使用的人越多,其价值越大,这正是信息资源的特殊性。

③ 网络平台的共享性。为开展"互联网+党建",各地方、各层级组织、各部门都相继建立了自己的网络平台。有的是借助于电子政务的平台进行,这样不仅可以节约成本,还可以借鉴电子政务的一些经验和做法,共享电子政务的信息资源数据库,统一技术标准,打破信息分割;有的是几个党务部门共享一个网络平台,或在上级党组织的网络平台上建立下级党组织和部门的链接,这种网络平台的共享能节约资金和技术,有助于更加方便地开展党建党务工作,有助于更好地为党员群众服务。④

---

① 李斌.网络政治学导论[M].北京:中国社会科学出版社,2006:60.
② 尼葛洛庞帝.数字化生存[M].海口:海南出版社,1997:208.
③ 杨华.网络文化的本质特征及其当下意义[J].东疆学刊,2004(1):86-90.
④ 陈志.信息时代执政党党建工作新模式——"电子党务"问题研究[D].北京:中共中央党校,2008:61-66.

5. 扁平化

"扁平化"的核心内容是减少管理层次,"互联网＋党建"的服务扁平化是指借助于互联网的直通性,缩短党组织与党员、人民群众之间的距离,为基层党建工作开启"政情下达""民意上传"的便捷之门,拉近群距离,密切党群关系。将扁平化思维应用到基层党建工作中:一方面,使基层党组织与广大党员直接联系,党员可以直接通过专门的党建网络平台参与教育培训、党的组织生活、服务群众等活动,基层党组织提供线上线下相结合的一体化服务模式,整合党建资源,优化服务流程,形成有效的服务合力,提高服务效率;另一方面,减少不必要的中间环节可大大提高互联网党建工作的廉洁性,许多党组织的工作可以通过互联网进行,如网上申请入党、网上缴纳党费、网上审核等,这就极大地减少了依靠权力寻租的机会,提高了党组织的廉洁水平。①

5.2 "互联网＋"时代智慧党建平台的特点

① 科学性。利用智能软件,根据各级党组织的需要设置党建工作流程,如"三会一课"工作的开展、如何发展党员、民主评议流程、评议结果公示等,为党务工作人员提供辅助。党务工作人员利用平台设计工作环节,并根据工作流程的反馈做出科学调整,以改进党建工作效果。

② 实时化。在智能手机、个人计算机普及的背景下,技术公司利用智能软件将平台与每一个党员建立联系,并保证信息在手机、计算机上的同步更新。例如,在党员量化考核中,及时组织在线学习、考试,推送知识库,保证思想政治教育内容的实时更新。

③ 信息化。智慧党建平台本身就是信息技术与党建工作相融合的产物,在党务工作中,党组织对信息数据的收集与利用打破了时间与空间上的限制,党组织不仅能够及时而全面地掌握党建资讯,还能够创新服务模式,如在线收缴党费、在线申请困难党员救助、在线办理党组织关系转入、在线开会与培训等,大大提升了党建工作的效率。

④ 移动性。移动智能时代的到来推动了移动终端的普及,在智慧党建平台的支持下,党员、党务工作者只需要下载相应的 App,就可以随时随地学习、办公,例如,党员登录平台后可以完善党员档案、报名参加党建活动、进行交流互动等,从而让党建工作渗透到工作与学习的微观层面,以深化党建工作效果。

---

① 中国软件与技术服务股份有限公司党委"互联网＋基层党建"研究中心.互联网＋基层党建[M].北京:党建读物出版社,2017:53.

⑤ 互动性。智慧党建平台打破了传统党建工作中单向沟通的局限,利用平台上的互动功能,党员之间、基层党员与党支部书记之间、党员干部与群众之间能够进行即时沟通,以实现多维度互动,活跃党建工作氛围,提高党员参与度,协调党内关系。

⑥ 智能化。智慧党建平台打破了传统工作模式中党务工作者全面控制党建工作形式与内容的局限,其利用对信息数据的收集与分析,对党建工作进行规划。这不仅减少了党务工作者的工作量,也限制了人为因素的主观作用,让大数据分析结果指导党建工作,及时分析各个环节、各个领域的工作效能,针对问题做出实时预警,以充分体现党建平台的智慧。

⑦ 可视化。智慧党建平台容纳了多种信息资源呈现形式,能够直观可视地实现对党建信息的展示,如展示党建活动图片、党建工作效果的数据分析立体模型、党建活动地图。这些立体信息让党建工作过程与效果一目了然,让信息数据利用更加便捷。

⑧ 规范性。智慧党建平台根据各级党组织的党建工作要求制定规范化的活动内容,并监督各环节积极落实。例如,在落实"三会一课""两学一做"学习教育的工作中,平台会制订各种工作计划,包括规定动作计划、上级任务计划、本级党组织计划,也包括计划提醒、计划执行、计划监督、计划反馈等,确保每一个环节都能够有效落实。[①]

5.3 "互联网+"时代基层党组织开放式管理模式

随着市场化、现代化、全球化的相互激荡,党员的流动性、分散性、自主性不断增强,利用现代互联网技术手段建立开放式党员发展与退出、教育与管理以及作用发挥的新机制,是新时期社会环境深刻变化对党员队伍建设提出的新课题。

1. 有序开放的党员发展与退出机制

适应开放型经济社会发展的需要,建立开放的党员发展与退出机制,是保持党员队伍先进性、纯洁性的前提和基础,按照城乡一致、有序开放的原则,在党员发展与退出方面实现三个"突破"。

① 突破发展党员严格以地域和单位为纽带的传统。随着现代社会人员流动性的增强,在部分村(社区)已很难找到青年作为党员发展对象。因此,不再完全以地域、部门和行业单位的户籍、供给关系为发展党员的主要纽带,各基层党组织将本辖区、本单位全体有知识、有能力、有影响的人员均作为党员发展对象,高度

---

① 刘仁明.智慧党建平台的"智慧"之处[EB/OL].(2018-09-28)[2019-09-28]. http://theory.people.com.cn/n1/2018/0928/c40531-30317996.html.

重视在进城务工人员、单位临时聘用人员等流动人员中发展党员。试行不再下达党员发展指标，不再向外出打工人员比较多的村硬性要求发展党员，以村（社区）和企业党组织为依托，统一把流入人员作为发展对象统筹考虑，坚持成熟一个发展一个。

② 突破发展党员只在党支部内部研究讨论的常规。全面公开党员发展程序，坚持党员发展公示制，对确定的入党积极分子、发展对象、拟吸收的预备党员和拟转正的预备党员，均向广大党员群众进行公示。建立党员发展公告制，对新发展的预备党员和转正的党员，均通过基于互联网、面向全社会的党建信息平台进行公告，党员群众可通过网上留言、电话反映等形式向上级党组织提出意见和建议。试行群众列席党员大会制度，邀请部分群众代表列席讨论发展党员的党员大会，确保发展对象从一开始就处在群众的广泛监督之下。

③ 突破党员退出只针对严重违法违纪人员的惯例。制定党员标准的明确细则，为党员退出机制提供具备可操作性的依据。党员标准就是党员与普通群众相比所具有的先进性和纯洁性，就是党章规定的党员应该履行的八项义务。但是党章规定的党员义务是对党员的统一要求，是各行各业的党员都应该做到的，是一种笼统的党员标准。在实践中我们的党员分布在各行各业，各行各业党员的先进性标准应该有所区别。中共广东省委出台了《优秀共产党员的具体标准》，针对村镇、街道社区、机关系统、国有企业、学校系统、医疗卫生系统、非公有制经济组织和社会组织等八个领域分别制定出不同的优秀共产党员标准，村镇优秀共产党员的标准是"五带头"，街道社区优秀共产党员的是"五自觉"，机关系统优秀共产党员的是"五先锋"，国有企业优秀共产党员的是"五标兵"等。每个领域优秀共产党员的标准都与各个行业的特点相联系，这样就为各行各业的党员标准确立了明确细则。因此，在总结各地实践经验的基础上，应尽快在全国范围内制定各个行业党员标准的明确细则，逐步实现党员退出机制的常态化和制度化。①

2. 适度开放的党员教育与管理机制

创新党员教育管理理念，充分利用现代互联网技术拓展党员学习教育和组织生活的方式方法，切实推进党员人性化、精确化、规范化管理。

① 建立统一、实时动态的党员信息库。借助于党建信息平台，采取分别授权、分级维护、动态管理的方式建立统一的党员信息库，对农村、社区、企业和机关等各类党员进行统一管理。该信息库为每名党员自动生成一个"党员电子活动证"，全面记录党员的基本信息、党费缴纳、组织生活、义工服务、教育培训等情况，凡具有管理权限的网络党务管理人员，均可突破时空限制，对相应的党员进行实时、动态、精确管理。同时，为基层党组织配备党员身份认证识别器，党员用第二代（电子）居民身份证在相应的党员服务中心"刷卡"，便可直接登录本人"党员电子活

---

① 王同昌，单博迪.当前党员退出机制存在的问题及对策[J].理论导刊，2014(6)：60-62.

动",进行相关信息的查阅和维护。

② 建立规范、方便灵活的组织管理制度。规范党员组织关系管理,对"单位人"中的党员,组织关系统一转入供给单位,对"社会人"中的党员,组织关系原则上保留在户籍所在地党组织。全面推行网上转接党组织关系,免除党员转接组织关系需多处奔波的苦恼,为党员节约大量的时间和精力。建立党员网上和手机缴纳党费系统,使党员无论身处何地均可方便地按期缴纳党费、履行义务。

③ 建立跨组织、交互式的党员组织生活制度。试行"三会一课"向各级党组织适度开放、"专题组织生活会"向社会逐步开放、"民主生活会"向同级党组织有限开放。在参加对象上,党组织可邀请其他党组织党员以及流动党员、入党积极分子和群众参与。在组织方式上,通过党建信息平台发布公告,在党组织内部征求意见并向上级党组织提出申请后进行。在主题确定上,坚持围绕中心、服务大局,将服务经济社会发展和关系民生的重大问题作为组织生活的重要内容,解决组织生活"空洞无物"的问题。

3. 全面开放的党员作用发挥机制

党的先进性要通过党员的模范行动来体现。建立党员时刻保持先进性、处处体现先进性的作用发挥机制,是加强党的先进性建设和执政能力建设的根本,着力于平台、载体和组织创新,建立党员有效发挥作用的新机制。

① 实施"党群联动"工程,构建党组织对外增强凝聚力、共产党员对外展示先进性的平台。围绕基层党建资源的充分整合和工作的有效统筹,大力开展以组织联线、阵地联建、活动联办、困难联助、义工联手等"五联行动"为主要内容的"党群联动"工程,促使基层党组织成为有效凝聚其他社会组织的核心,促使党员成为有效联系服务群众的纽带。

② 创建全面开放的党员服务中心,建设党组织服务党员、党员服务群众的窗口。按照有专人、有设施、有制度的要求,高质量地建设党员服务中心,并建立相应的网上阵地。党员服务中心要及时收集义工组织和相关党组织的活动信息,并在网上发布。

③ 建设广益社会的党员义工组织,培育党员履行义务、服务社会的载体。建立"党员义工"服务制度,要求只要身体条件适宜,每年须开展 16 小时以上的群众性、社会性、公益性义务服务活动,并将此作为党员年度评议的重要内容。

5.4 "互联网+"时代基层党组织动态式管理模式

随着改革开放的深入、市场经济体制的确立和就业择业方式的多样化,劳动力在不同地区、不同行业和不同所有制之间的流动日趋广泛,外出务工经商和人才流动中的党员越来越多,党员管理出现了许多新的情况和新的问题。

目前,对流动党员教育与管理的效果并不理想,还没有从根本上解决问题,流动党员的教育与管理已成为当前组织工作的难点和焦点。互联网技术有助于从根本上解决流动党员教育与管理难的问题,通过互联网技术,形成"人们走到哪里,发展党员的工作就到哪里;党员在哪里,党组织的活动、教育生活就在哪里",避免出现党建工作空白点。利用互联网技术可解决基层党组织与流动党员组织生活、网络评议、网络投票、网络监督、党费缴纳等问题,图5-1所示为流动党员动态管理结构图①。

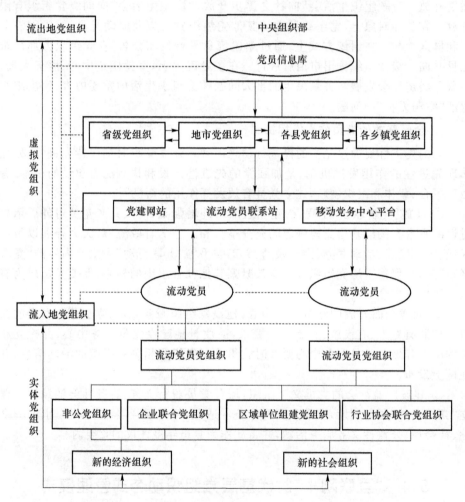

图5-1 流动党员动态管理结构图

---

① 常倩倩.互联网技术发展与党内民主建设研究[D].武汉:华中师范大学,2009.

5.5 "互联网+"时代基层党组织学习培训新模式

5.5.1 基层党组织传统学习培训模式的弊端

1. 党员教育培训手段滞后

一方面,党员教育培训工作仅凭"一支笔、一张嘴、一块板、一堆纸"的现象仍然存在。这种方式仅停留在简单的"读读报纸、念念文件"的集中学习、统一教育形式上,照本宣科、单向沟通,没有给党员提供更新、更多、更有说服力的信息,抓不住党员的思想脉络,达不到应有的效果。另一方面,随着人类正迈入一个以网络为主要技术支持的信息时代,现代信息技术不但对世界经济、政治、军事、文化等产生着重大影响,而且广泛渗透社会的各个角落,深入人们生活的方方面面,使得广大党员接收信息的渠道拓宽,思想日趋活跃,生产和生活方式发生变化。另外,西方发达国家凭借其在互联网技术方面的优势,千方百计地推销其价值标准、意识形态、生活方式及社会制度等,利用现代信息技术对社会主义和发展中国家进行政治宣传和文化渗透,企图实现其"西化""分化"的政治图谋。在这种影响下,有的党员对党的宗旨、党员标准等容易产生怀疑,对党组织的教育容易产生抵触情绪,对社会主义和共产主义信念容易发生动摇。面对严峻的形势,如何站在时代的高度,主动迎接互联网技术为党建工作带来的挑战,认真研究新形势下党员教育培训的规律和要求,积极开创网络党建工作的新领域,不断扩大党建工作的阵地,成了摆在我们面前的一个新的课题。

2. 党员教育培训缺乏针对性

一些基层党组织对党员的教育培训主要根据上级党组织的统一安排,主要学习马克思主义经典著作,中国特色社会主义理论,党的历史,当前时期党的新理论、新思想、新观点,当地出台的一些政策、法规等。不管是农村党员还是街道社区党员,不管是党政机关党员还是企业党员,往往都是"一个单子吃药",不同领域的基层党组织很少结合党员实际安排有区别的教育内容,忽视了党员的实际特点和需求,安排的教育内容不对路、不解渴。这样就造成一些党员想学的内容通过培训学不到,使党员对党组织安排的学习内容提不起兴趣,不愿参加培训,从而影响了教育培训的效果。[①]

---

① 董宜彦. 对基层党员教育培训存在问题的思考[J]. 学理论,2014(35):103-104.

3. 党员教育培训方法简单

党员的教育培训是一个互动的过程。要有效地达到教育党员的目的,既要遵循教育管理的一般规律,不断改进管理手段、丰富教育内容,又要从党员的特点出发,改革教育管理方法,引导党员主动参与,通过党员的自我教育、自我提高达到教育目的。传统的党员教育培训往往过于强调党组织的主导地位,忽视党员的主体作用,把党员教育培训演绎为向党员灌输思想、提出要求和布置任务的单向说教方式,方法简单,缺少生机和活力,使党员处于一种被动、应付的状态,容易使其产生厌倦、抵触心理,会削弱党员教育培训的实际效果。①

4. 党员教育培训的监督考核失之于软

基层党组织把党员教育培训的工作重点放在了教育的过程上,对教育效果如何关注较少,甚至没有关注。有的党组织考核制度非常齐全,但只是挂在了墙上,执行得不好,形同虚设;有的党组织制度不健全,对教育培训的考核涉及不多或者没有涉及;有的基层党组织中一些有职务的党员干部有时以工作忙为借口而不参加学习培训,支部书记也不好管理;有的基层党组织学多学少一个样,学与不学一个样,对不遵守培训纪律者、不参加学习者缺乏考核,没有形成有效的激励和约束机制,把党员教育培训工作当成一种"软任务",致使党员教育培训的效果不理想。②

5.5.2 "互联网+"时代基层党组织学习培训模式的类别

1. "互联网+"时代的自主学习模式

"互联网+"时代的自主学习,就是运用互联网技术,在教学过程中,在教师的启发、引导下,让学员带着一种积极要求了解问题、解决问题的强烈愿望与心情,用探究的方法自主参与学习,从而达到解决疑问、掌握相应的知识与能力的目的。自主学习适合在互联网环境中进行,互联网可以提供研究所需的大量资源,能帮助学员建立小组协作,能使教师实现异步指导。

① 互联网环境下基于游戏的自主学习方式。基于游戏的自主学习方式是指在教师的指导下,以游戏方式开展的自主学习。在游戏环境中,学员能快乐地进行学习而不容易产生厌学情绪。多媒体和互联网技术能提供界面友好、形象直观的交互式学习环境,有利于激发学员的自主学习兴趣,同时,其还能提供图、文、声、像并茂的多种感官综合刺激,更有利于情景创设和大量知识的获取,可为营造

---

① 安明刚,陶文亮.现代信息技术在高校党员教育管理中的应用[J].贵州工业大学学报(社会科学版),2004(4):11-15.
② 董宜彦.对基层党员教育培训存在问题的思考[J].学理论,2014(35):103-104.

快乐的学习氛围提供理想的条件。

② 互联网环境下基于任务的自主学习方式。基于任务的自主学习方式是指利用互联网环境给学员布置学习任务,进行任务驱动的自主学习方式。通过上网查询、人机交互等方式,学员在不断克服困难中完成任务。互联网中存在着大量的信息,教师的任务就是引导学员在信息的海洋中筛选、获取有用的信息。学员通过实际操作以及必要的信息技术帮助进行自主探究,能充分发挥主观能动性。这样不仅重视了学员作为学习主体的积极性、主动性,也充分发挥了教师的主导作用。

③ 互联网环境下基于探究性的自主学习方式。在教学的实施上,学员根据教学目标确定一个主题,自己收集相关的信息并加以处理,将相关的内容和拓展信息制成"演示文稿",上课时演播、交流,阐述学习心得或学术观点。互联网环境不仅为教材学习服务,还对教材内容进行延伸和深化。这样,学员在主动求学的过程中,不仅对所学知识有了更全面、更深入的理解,还培养了自主学习的意识,学会了怎样研究问题。

④ 互联网环境下基于个性化的自主学习方式。个性化自主学习是互联网环境下最重要的学习方式,最能体现学员的学习主体地位,实现学员自主学习的意愿。互联网技术、多媒体及虚拟现实等技术相结合,可以虚拟教学课堂,学员可以按照自己的需要选择学习内容,可以按照自己的特点选择学习方法,可以按照自己的时间安排学习计划,可以按照自己的能力选择学习内容的深度。教师与学员之间可以通过互联网环境的支持在任何时间、任何地点进行信息交流,不必拘泥于课堂上有限的时间。人机交互的教学模式能有效地实现教学个别化,为大面积因材施教提供了重要条件。

2. "互联网+"时代的协作学习模式

"互联网+"时代的协作学习是利用计算机技术来辅助和支持协作学习的一种学习模式。微信公众号就是一种很好的网上协作模式,学员把自己的学习经验与学习体会,以及在学习中遇到的问题放到微信公众号中,其他人可以给其留言进行交流,解决问题,达到共同学习的目的。

① 竞争。竞争是指两个或更多协作者参与学习过程,辅导教师根据学习目标与学习内容对学习任务进行分解,由不同的学员"单独"完成。辅导教师对学员的任务完成情况进行评价。竞争模式有利于激发学员的学习积极性与主动性,但易造成因竞争而导致协作难以进行的结果。

② 辩论。辩论是指协作者围绕给定主题确定自己的观点,并查询资料以支持自己的观点。辅导教师对他们的观点进行甄别,选出正方与反方,然后双方围绕主题展开辩论。辩论可在组内进行,也可在组间进行。辩论模式有利于培养学员

的批判性思维。

③ 合作。合作是指多个协作者共同完成学习任务。在任务完成过程中,协作者之间根据学习任务的性质进行分工协作。不同协作者对任务的理解及其视点可能不完全一样,各种观点之间可以互相补充。

④ 问题解决。这是协作学习的一种综合性学习模式,对于培养学员的各种高级认知以及问题解决与处理能力具有明显的作用。

⑤ 伙伴。伙伴是指协作者之间为了完成某项学习任务而结成伙伴关系。在任务的分解、定义、复习、评价等环节上进行进一步的补充。①

5.5.3 "互联网＋"时代基层党组织学习培训的特点及优势

1. "互联网＋"时代基层党组织学习培训的特点

① 交互性。网络课程不是单方面的教材,而是可实现互动学习的内容,它提供教师与学员、学员与学员之间的教与学、学与学的基础,使学习不是一个灌输的过程,而是一个协作交互的过程。

② 个别性。网络课程打破了一本教材面向所有学员的局面,它将集体的课堂教学变为网络的个别化学习,是分层次、分对象实现个别化教学的课程。

③ 开放性。网络课程是开放式的课程,学员的学习将以此为基础在广阔的网络空间中探索,它是一个平台,其开放性将给学员提供更多的学习资源。

④ 选择性。网络课程是使学员有选择地学习的课程,它将自主权交给了学员。学员可根据自己的水平、兴趣以及发展要求选择要学习的课程及其范围、深度、难度等。

⑤ 参与性。网络课程不同于传统的课程,学员的参与程度将决定学习的发生和效果。

⑥ 创新性。网络课程是开放式的课程,其内容和形式都决定了其创新性的目标和特点。创新性不仅包括课程内容的创新,也包括课程形式、学习过程、学习效果的创新。②

⑦ 动态性。网络教育培训突破了时空的限制:可以"随时"教育,党员之间的互动可以在任意时间达成;可以"随地"教育,通过微博、微信、论坛等可以实现异地实时互动;可以"随势"教育,根据不同的培训对象和不同的培训需求,可以采用不同的培训方式,组织不同的培训内容。③

---

① 杨晓丽.网络环境下的学习模式初探[J].中国教育信息化,2008(6):33-35.
② 吏曼君.网络环境下学生自主学习模式的研究与实践[D].天津:天津师范大学,2009.
③ 中国软件与技术服务股份有限公司党委"互联网＋基层党建"研究中心.互联网＋基层党建[M].北京:党建读物出版社,2017:149.

2. "互联网＋"时代基层党组织学习培训的优势

① 有利于提高党员培训的质量。基于网络的党员培训能够实现优质培训资源的共建、共享。最基层的党员通过光盘、网络可以看到、听到党中央以及省市级优秀培训专家的授课实况,从而克服传统的集中培训由于师资不足,尤其是基层优质师资不足造成的培训效果逐级递减的情况,实现党员培训整体质量的大幅度提高。网络教育有利于提高党员培训质量还体现在互动上。传统党员培训以说教为主,受训党员仅作为倾听者和旁观者,容易分神,不容易将培训学习引向深入。基于互联网的党员培训需要受训者不断思考、不断参与、积极互动、发表自己的意见和观点,因此有效地提高了党员培训的质量和效果,使受训者能够真正从培训中受益。

② 有利于降低党员培训的成本。基于互联网的党员培训较之传统面授形式的党员培训,具有前期投入大、规模大、平均成本低等特点。随着国家网络基础设施的普及、网络宽带的不断拓宽以及基层网络终端的激增,利用网络教育开展党员培训的时机越来越成熟。只要具备一定的硬件和软件条件,就可以依托现有的信息化体系开展大规模的网络党员培训。

③ 有利于提高党员培训的形象性和生动性。基于互联网的党员培训课程是以多媒体和超链接的方式呈现给受训党员的。心理学的研究表明,人们在接收外来信息时,视觉和听觉共同作用的效果最佳。互联网信息不但图文并茂,而且声色俱全,因此基于互联网的党员培训具有形象和生动的特点,能够使党员在培训中产生身临其境的感觉,使其尽快融入特定的情境之中,这有利于受训党员更全面、更深刻地领会培训知识,获得自身提升。

④ 有利于解决基层党员的工学矛盾。基于互联网的党员培训具有跨越时间和空间的特性,允许受训党员自主选择培训的时间、地点以及学习的方式,为广大基层党员提供了便利。目前,党员干部普遍在工作中承担着重要职责,加之生活中家庭的重担,其很难抽出大段时间参与长时间的集中面授培训。但是,培训是党员干部更新自身知识体系、提高政治觉悟和工作实践能力的重要环节,又不能逃避,不容错过,这就造成了十分突出的工学矛盾。互联网培训的开展较好地解决了这一矛盾,受训党员在自己家中、在单位甚至在田间地头都可以随时挤时间开展学习。学习成为党员干部日常工作、生活的一部分,党员干部也由此成为终身学习的楷模和标兵,成为带领群众奔小康、步入学习型社会的领路人。

⑤ 有利于掌握网络教育的主动权。随着计算机技术和互联网技术的不断发展,计算机网络作为一个巨大的信息源,通过音频、视频传输信息,实现交互功能,可以促进人们更好地接收信息。然而互联网上的知识和信息包罗万象,有正面积极的,也有负面消极的。近年来,国内外企图颠覆和破坏社会主义的敌对势力通

过网络加强了对思想领域的渗透,网络中充斥着许多负面的信息,这就要求在党的建设过程中,我们要积极抢占网络阵地,掌握网络教育的主动权,让网络成为加强党员政治理论和业务知识学习的新途径,拓展党员日常学习的时空,为推进学习型党组织建设服务。①

⑥ 有利于促进基层社会与经济发展。基于互联网的党员培训,其意义远不止于培训本身。党员作为社会主义的建设者和生力军,在社会各行各业起着先锋作用。党员在参与网络培训的过程中,必然会接触一系列信息技术,并从培训中获得信息素养的提升和信息技术能力的提高,这有利于开拓基层党员干部的视野,促进党员干部工作方式和生活方式的转变,并最终实现以信息化带动社会生产和经济发展的现代化。基于互联网的党员培训还有利于密切党群干群关系,繁荣基层文化事业,倡导新的文明风尚。互联网在激活党员干部的同时,也将激活基层社会与经济的发展,使党员和群众共同迈入信息时代,成为新时代的主人。②

5.6 "互联网+"时代基层党组织社会动员新模式

5.6.1 "互联网+"时代社会动员的特点

我国正处于社会急速转型、矛盾凸显、群体性事件多发时期。一方面,教育水平、法治和公民意识、政治参与积极性得到了很大提高,另一方面,大量新的社会问题和矛盾层出不穷,"两方面因素的结合,使中国每天都上演着个体性的或集体性的抗争"③。

互联网日益深入人们的日常生活,成为"第四种媒介",其对现实生活的影响力也与日俱增。正面"网上群体性事件"对改善党和政府形象发挥了积极作用,如在"汶川地震救援""中国向索马里派出护船舰队"等事件中,正面影响力达到了"一呼百万应"的效果。但多数网上群体性事件的影响是负面的,网上网下联动,直接损害党和政府的形象和公信力,甚至侵蚀政权的群众基础。④

对于国内发生的一系列事件,如虐猫事件、厦门PX事件、上海磁悬浮散步事件、Anti-CNN和抵制家乐福、汶川地震灾后救援等,互联网都在其中起着不可替

---

① 戴昌军,杜艳莉,王志锋.依托信息技术建平台改革干部培训拓途径[J].科教文汇,2013(4):14.
② 乔东林,肖丽志,赖显明.利用网络教育开展党员培训的模式与效果研究[J].党建研究,2009(23):115-117.
③ 赵鼎新.集体行动、搭便车理论与形式社会学方法[J].社会学研究,2006(1):1-21.
④ 夏德才.维护网上虚拟社会稳定工作探析[J].公安研究,2012(4):11-16.

代的沟通、传播作用。网民们利用互联网发布信息、组织讨论,进行社会动员、形成合力,从而改变现实状况。从虚拟社区到现实生活,互联网在其中扮演的角色越来越重要,这也可看作社会动员的一种新形式。无论是电报之于 20 世纪初的中国,还是互联网之于当下的中国,都凸显着新技术手段对于社会行动、社会生活的巨大影响。

法学界有学者把这种互联网在其中起到巨大作用的行动,即"网络群体在一定社会背景下,为了实现共同的目的,利用网络进行串联、组织,传播某一方面信息,扰乱社会秩序的社会问题"称为网络群体事件[①]。无论是组织性较弱的群体性事件,还是目标、组织都较明确的社会运动甚至革命,都有一个组织、动员的过程。在某些情况下,动员过程甚至是影响行动、运动成败的关键因素,网络动员无疑是信息时代一个新颖且重要的问题。"互联网+"时代社会动员具有以下特点。

① 方便、成本低。互联网相较于传统传媒的一大优势就是成本低、方便。任何获得消息的人,只要有一台联网的计算机就可以发布消息,也可以鼓动、发动网民,而不需要巨大的成本投入,也没有高门槛的阻碍。

② 传播迅速、时效性强。互联网上的信息可以实时发布、24 小时发布、滚动播出,而且一经发布,只要不被屏蔽,就可以被传播到世界各地一切能上网的地方。这种迅捷为网络动员提供了方便,也为群体性事件、社会运动的形成提供了可能。

③ 影响广泛、波及面广。互联网的进入门槛较低,网民数量巨大,覆盖面广,因而网络上的信息可能会产生更加广泛的影响。

④ 匿名性与任意性。互联网的匿名性扩大了人们活动的范围,也包容了网民言论的任意性。目前网络实名制尚未确切落实,人们在网上可以自由发表言论,只要这些言论不危及国家安全和民族利益,一般不会被网络警察、版主立刻删除或屏蔽。这也是人们热衷于上网,并通过互联网发表言论的原因之一。

⑤ 动员方式的理性化与情感化。近些年发生的重大网络动员事件无一例外地以情感和理性作为主要动员方式,这有别于传统社会动员的命令方式,能够引起网民的共鸣,更有效地提升动员的速度,增强动员的力量。[②]

⑥ 其他手段的匮乏。其他表达民意的渠道(如报纸、广播、电视)的精英化使得普通人难以触及,而且这种精英化的媒介通常伴有信息审查制度,有些信息不能任意发布,即表达渠道不畅,这也是社会公众特别依赖互联网的深层原因。传统传播媒介限制了人们参与社会活动的空间,相反地,互联网给了人们很大的自由,也在一定程度上改变了人与人、媒介与人之间的互动关系模式。"互联网使人们在感知与介入世界方面获得了前所未有的自主性,提高了人们参与社会的兴

---

① 卢国显.农民工治安参与的实证研究[J].中国人民公安大学学报(社会科学版),2008(5):131-136.
② 王妍舒,张宗鑫.从雷洋事件看新媒体生态中的网络动员[J].青年记者,2016(26):20.

趣。"互联网渐渐被人们看作中国民主化进程的重要助推器。①

⑦ 主客互换日益常态化。匿名性既是"虚拟社会"最为显著的特征,又是"虚拟社会"社会动员实现主客体角色互换的前提条件。在"虚拟社会"的社会动员中,大多数的主动参与者通过对相关信息进行转发、阐释、重新定义等举动,实现从动员客体向动员主体的角色转换。随着各种交互式新媒体平台不断涌现,实现社会动员主客互换将变得更为便捷、更为常态化。②

5.6.2 "互联网+"时代消极社会动员的危害

1. 网络社会动员中消极行动力量的特点

网络社会动员中消极行动力量是在一种潜在的、隐形的状态下形成和发展的,主要有以下几个特点。

① 发展的隐蔽性。在互联网上进行的社会交流是虚拟的,网络社会动员中消极行动力量的发展具有很强的隐蔽性。首先,参与网络交流的网民身份具有隐匿性:在互联网中,网民的身份是很难确定的,如果本人不表明自己的身份,一般没有人会知道对方的真正面貌,不知道对方是男是女,生活在哪里;在网络空间里,每个人不再是"人",而是出现在另一个人的计算机屏幕上的信息,这就给网络社会动员发起者提供了隐蔽身份的条件;如果网民通过QQ、E-mail等通信软件进行点对点传播,基本都是在私密的环境内进行的,传者与收者都处于相对隐蔽的位置,处于监管的盲区。其次,发起动员的信息内容不易鉴别:在互联网中,每个人都可以将现实生活中的不满情绪发泄出来,有的人会利用一些议题进一步扩大影响,发起网络社会动员并形成消极行动力量;由于网络的即时性强,信息传播速度极快,信息的求证和确认困难,很多虚假的信息也会被传播开来。再次,利用正常的电子商务等各种消费模式进行动员:现在人们消费的模式多种多样,随着互联网的发展,电子商务已然成为现代人生活的重要组成部分;特别是国外很多会员制消费模式进入我国,消费群体被不同的消费模式锁定,人们在消费产品的同时也在消费不同的文化、接受和逐渐认同其价值观,这些都是潜移默化的,被长期锁定的消费群体会逐渐接受该模式的消费理念和文化,最终达到一定的认同度,这也是一种隐形的网络社会动员,只是这种动员暂时还没有产生消极的行动力量,是一种纯粹的消费行为,但这种动员模式极易被某些政治利益集团利用,其可能通过这些合法的电子商务模式进行网络社会动员,实现其政治企图。

② 传播的快速性。网络社会动员的传播速度是惊人的,特别是在传播进入

---

① 晏荣.网络动员:社会动员的一种新形式[D].北京:中共中央党校,2009:28-29.
② 潘华.互联网社会动员:变革"群众运动式"的传统社会动员[N].中国经济导报,2016-11-11(2).

"自媒体"时代后,参与传播的每一个个体的交互主体性特征都得到了强化,实现了跨越时空的人际传播、组织传播、大众传播的兼容。这种裂变式信息扩散格局的传播为网络社会动员赋予了惊人的传播效能。特别地,微博的广泛使用充分体现了信息的即时性强、传播速度快、交互性强的特征,一旦在网络上形成了议题的聚集,就会呈现一个迅速蔓延、无限扩张的链式反应结构。在4G网络、手机这些微传播形体加入互联网后,更加整合了各种信息渠道,形成了融传统主流媒体和新媒体为一体的多元信息传播网络。

③ 影响的超强性。传统的动员模式的动员能力是非常有限的。著名的演讲家马丁·路德·金发表《我有一个梦想》演讲时,动员了25万左右听众,应该可以说规模空前了。但随着互联网的发展,动员可以在短时间内迅速传遍五湖四海,动员所能达到的规模也不可估量。这种动员速度的无限性和动员规模的无量性使网络社会动员的能力空前强大,其超强的影响能力是难以估量的。网络社会动员既可能迅速集合几十人、几百人进行"快闪暴走"运动,也可能在短短几周内动员几千万网民进行网络签名抗议,还可能动员部分人员走到现实中进行游行示威,因此,对网络社会动员所引起的危机很难预测。例如,在2009年的"石首事件"中,当死者涂远高的尸体被停放在其生前工作的酒店的大厅时,群众使用手机、相机等拍摄了现场的照片和视频,并发布至网络。当互联网上盛传"涂远高的死亡和其老板有关,而老板受到石首市部分领导的保护"时,当地网民开始由"线上"走到"线下",为"保护尸体"与警察发生冲突,并最终发生了打砸抢烧的群体性事件。[①]

2. 网络社会动员中消极行动力量的危害

随着互联网虚拟社会中网民的增多,现实社会中的各种矛盾越来越多地在互联网中体现出来,网络社会动员中产生的消极行动力量也呈扩大趋势,危害作用更凸显出来。

① 导致政府公信力减弱。政府公信力是指公众评价政府使用资源的效果,及社会期待或需求满足程度可以向公众交代的程度。在互联网信息发达的今天,公众对政府的公信力要求越来越高,公众的任何不满意都会与政府的作为有联系。2018年5月18日,《重庆青年报》官方头条号报道"大学生破解彩票漏洞获利380万被取消保研名额并获刑"称:近日,就读于某知名大学的张某,因涉嫌利用专业知识破解彩票漏洞非法获利380万元,涉及金额特别巨大,相关执法机关正式向法院提出起诉,而一旦罪名成立,除没收380万元赃款之外,张某还将面临3年以下有期徒刑。文章后半部分详细介绍了张某如何计算出博彩网站的漏洞,并晒出了

---

① 徐迎祖.网络动员及其管理[D].天津:南开大学,2013:151.

张某与昵称为"注册网址"的博彩网站管理员的聊天页面。这则"新闻"发布后,在各大内容平台上热传。《北京青年报》记者发现这篇报道没有事发的具体时间、地点、人名以及单位名称,疑点重重,而且文中3张配图都是其他新闻事件的照片。更为蹊跷的是,在这则"新闻"的配图中留下了"暗号",指向一家名为"爱购彩"的博彩网站。从表面来看,这只是一则普通的社会新闻,但实际上,从新闻人物、图片到整个事件,均为虚构,而通过报道中"不经意"流露出的博彩网站网址,业内人士指出,这是博彩网站的"钓鱼"新套路,不明真相的读者有可能因此陷入博彩网站的陷阱。

《重庆青年报》等传统媒体的官方账号为其打上了"新闻"的幌子,新媒体的转载更加快了它的传播。据不完全统计,网易新闻客户端、百度百家号、腾讯天天快报、今日头条等平台上都刊发过类似的新闻。这就是网络社会动员中消极行动力量作用的结果,虽然没有直接针对政府作为的内容,但这种在网络上传播虚假信息所造成的后果消解了网络传播的公信力,人们最后总是把账记在了政府的公信力上,认为政府对网络监管不力,让一则虚假的信息愚弄了大家。

② 群体性事件诱发。传统的政治动员是政治权威主体控制下的有秩序的政治行动,而网络社会动员是一个个特定事件诱发的人们群体性的行为,消极行动的力量具有很大的突发性、偶然性和随机性,对社会安全稳定会产生很大的冲击。网络社会动员的跨地域性、超时空性、超链接扩散性增加了现实中政治运行的风险因素和政治危机的预测难度。网络给普通民众提供了一个有效的政治参与平台,人们可以通过网络自由地表达观点,广泛地进行交流。当人们对某一政治事件和政治行为产生共鸣时,就会利用互联网自发地组织起来向权威发出强烈的政治信号,试图影响相关的政治进程和政治结果。当人们对国家关于某一国际国内问题的传统做法不认可或者出现了新的政治热点问题时,一部分人会出于宣泄政治情绪而鼓动网络签名、游行示威,发动网络社会动员。如果控制不好这股力量,就会导致一系列的连锁反应,甚至诱发政治动乱。从国家安全的角度来看,网络社会代表的是一个全球化的虚拟的超国家信息权力的结构和实体。

由于网络社会动员的最初发起者可以隐藏真实身份,加之网络传播时间地点的不确定性、网络传播的跨国性以及网络传播速度与更新快等原因,政府对网络社会动员过程的刚性控制非常困难。例如,1999年11月底在美国西雅图召开的世界贸易组织第三次部长级会议开幕式,由于有近三万人游行示威而被迫延迟了五个多小时。社会动员的发起者是美国的一些劳工、人权和环保组织,这些示威者相隔千里、互不相识,却能够在短时间内聚集在西雅图,完全是网络社会动员的结果。当时社会动员发起者建立了众多的网站进行宣传鼓动和信息交流,甚至连示威者在西雅图住的饭店都在互联网上做了精心调查和安排。

③ 加速国家主流意识形态分化。意识形态是一定社会或一定社会阶级、集团

基于自身根本利益对现存社会关系自觉反映而形成的理论体系,是该社会阶级或集团政治纲领、行为准则、价值取向、社会理想的思想理论依据。在全球化的进程中,网络社会动员中的消极行动力量会加速国家主流意识形态的分化。例如,以美国为首的西方发达国家凭借其强大的经济、科技和军事实力,不仅从整体上主导着全球的经济政治"新秩序",还在思想文化方面从整体上主导着全球。西方资本主义国家以民族、宗教、人权为借口,以"西化""分化"为目的,以"社会主义失败论""趋同论""文明冲突论""人权高于主权论""中国威胁论"等为论据,对我国横加指责和干涉,试图在意识形态上遏制我国,推行资本主义的政治体制和民主模式。在互联网中,全球化带来了不同文化的交流和融合,文化的多元发展态势导致人们出现思想混乱和信仰危机,对社会主义倡导的价值观念和生活方式形成挑战。西方意识形态通过各种形式的网络社会动员的渗透,直接威胁着中国意识形态的安全,使一些人对西方文化产生亲近感、信任感和认同感,甚至动摇了对自己民族的自尊心、自豪感,开始信仰西方的自由主义价值观。特别是西方敌对势力,其妄图通过网络社会动员强化消极行动力量的作用,让受影响的人否定中国共产党的领导和人民民主专政等,渗透西方党政观念。

网络社会动员扩大和提升了受众接收信息的自主权和主动权,拓展了受众对信息的发布扩散能力,使不同社会群体舆论具有自主性、分散性和随意性,使社会舆论导向控制和管理难度加大。传统意识形态所具有的凝聚能力下降,意识形态对不同文化层面进行引导整合的难度加大,给意识形态引导舆论导向、传播健康文化、整合不同文化的功能带来新的挑战。网络社会动员中的消极行动力量又诱发了对核心价值和公共道德"合理性"和"必要性"的怀疑,产生了拜金主义、享乐主义、利己主义、虚无主义等消极现象。这种现象如不及时遏制,将会削弱中华民族的精神力量,消解国家和民族凝聚力,危害国家长治久安。①

5.6.3 "互联网+"时代社会动员的方法

"互联网技术的发展改革了社会的传播结构,传统的社会组织结构和权力运行方式也必然随之变化。特别是能直接走进千家万户,来到每一个社会细胞之中的电视台、广播电台,其实际成为一种准权力部门……它们也就具有了权力组织的意味。在某些特殊场合,它们甚至比正规的权力组织更具有权力的力量。"网络在社会动员、社会运动中的作用就是如此。

① 电子公告牌(BBS)。BBS是一种很有效的信息、观点交流沟通的平台。各大门户网站基本上都开通了这一功能平台。在中国最大的网络社区天涯论坛上,

---

① 李不难.化解网络社会动员中消极行动力量的思考[J].西安政治学院学报,2010(3):32-34.

网络管理员会及时开设社会热点专区,网民们也会紧跟热点问题在上面发布信息、发表观点。例如:2008年,随着北京奥运会的临近和相关活动的开展,天涯论坛开设了"聚焦奥运"专区;2008年5月12日四川汶川地震发生后,天涯论坛又出现了"汶川地震""志愿者"专区。网民们在上面就某一具体问题进行讨论、辩论,现实世界中的很多活动也最初发迹于此、组织于此。

② 博客(BLOG)。博客,特别是精英、社会知名人士的博客,是传播观念、进行社会动员的重要途径。在厦门PX事件中,国内著名专栏作家连岳的博客就起到了这样的作用。他利用自己的知识优势和话语优势向广大网民做宣传,号召大众关注PX项目的建设、迁址、环评会议的召开等问题,普及公民权利意识,在整个事件中起到了有效的组织、宣传作用。而汶川地震后,国内著名房地产商王石在其博客中发表对其公司有关向地震灾区捐款的解释和议论后,引来网民们的辱骂、反对,以致有网民针对此事号召网民们抛售该公司股票、拒绝购买该公司房产,这一事件也从反面说明了博客在社会动员中的巨大作用。

③ 社交媒介工具(如QQ、微信、微博)。围绕奥运圣火传递,有网民建议在各地建立"圣火城市民间报道QQ群",以超越传统媒体的最迅捷、最直观、最全面、最民间的方式,展示国内网民的独特魅力。在厦门PX事件中,很多信息和走上街头进行抗议的号召也是通过网络、QQ发布的。2016年5月9日晚,一位名叫"山羊月"的知乎用户发表题为"刚为人父的人大硕士,为何一小时内离奇死亡"的文章,随即,这一文章从知乎迅速扩散到微博、微信公众平台、微信朋友圈,并引爆了社会舆论。① 可见社交媒介工具在网络动员方面的优势和可用性。

④ 网站(如Anti-CNN网站)。在以抵制家乐福、CNN为代表的运动中,颇为国人称道的一件事是清华大学毕业生饶谨建立Anti-CNN网站,理性反击国外传媒的歪曲报道,维护国家民族利益。而Anti-CNN网站通过众多志愿者的辛勤工作,不仅发布国内外媒体的报道、视频,也设有BBS等公共讨论专区,方便网民们交流,分享信息、观点。该网站无论是组织者、工作人员,还是普通的用户,都是理性化程度相当高的,理性讨论成为其重要特点。

⑤ 电子邮件(E-mail)。电子邮件由于有转发功能,可以较为广泛地传播,是传递信息的一种快捷方法。与博客相比,这种方法在熟人之间使用较多,因而其中传播的信息对邮件接收者来说有较高的可信性,能够动员的有效活动力量往往也较大。

⑥ 手机短信。手机作为一种便捷的通信工具,其普及率已超过固定电话,用户遍及不同地区、社会各阶层,很多消息都是通过手机短信传播的。在厦门PX事件中,手机短信就发挥了巨大的作用,甚至被人称为"短信干政"。2008年6月发

---

① 王妍舒,张宗鑫.从雷洋事件看新媒体生态中的网络动员[J].青年记者,2016(26):19.

生的贵州瓮安事件初期,手机短信也成为谣言散播的重要渠道。[1]

基层党组织应认真研究信息时代出现的新情况新问题,努力降低网络社会动员中消极行动力量的危害,着眼于网络阵地的占领、信息技术的运用和工作机制的创新,借助于信息化手段,通过电子公告牌、博客、社交媒介工具、网站、电子邮件、手机短信等手段,有效提升基层党组织的社会动员能力,牢牢占领马克思主义网上阵地。

5.7 "互联网＋"时代基层党组织虚拟模式

5.7.1 互联网技术挑战传统组织结构

传统的组织结构属于科层制,又称行政官僚制,这种组织结构的特点是权力集中在等级体系的上层,信息、指令和工作从一个层级向另一个层级、从一个部门向另一个部门有序地传递。这种等级链严格地规定着组织中的人员和职能的关系,其特征是办公体制等级化、工作任务专业化、工作程序系统化、人际关系非人格化、运作资源内部化。这种组织结构的创立和发展是与社会人员素质普遍较低、社会管理环境比较平稳、互联网技术不发达的特征相适应的,其最大的优点是效率较高,其弊端在于对外界环境变化的适应能力较差,而且压抑了组织成员的积极性,同时,中间管理层的大量存在造成信息失真度高,影响了决策的质量。

自20世纪30年代以来,行政官僚制一直受到学者们的批评,学者们一直在努力寻求替代官僚模式的其他理论。互联网先天具有开放性、虚拟性和去中心化的特点,当互联网技术被应用于党务管理工作时,它的这些特点也不可避免地被带入党组织中,对传统的组织结构产生影响。互联网技术的应用为打破行政官僚制提供了技术手段。

5.7.2 "互联网＋"时代的虚拟组织

1. 企业组织虚拟化的启示

虚拟组织是与实体组织相对应的一个概念,这一概念最早是在企业中发展而来的。所谓虚拟组织,指的是一个虚拟的工作环境,其不受时间及空间约束,所有的员工都是独立的知识工作者,工作是通过操作计算机,使用电话、传真、网络进行联系的,工作地点具有较大的弹性空间,而产品及劳务通过信息科技来完成运作。

---

[1] 晏荣.网络动员:社会动员的一种新形式[D].北京:中共中央党校,2009:23-27.

虚拟组织最大的优势在于可以把不同地域的现有资源迅速组合成一种没有围墙、超越空间约束、靠信息网络手段联系和指挥的经营实体,以最快的速度推出高质量、低成本的产品和服务。例如,一家虚拟公司只有 50 名员工,但其 1997 年全年营业额却达到 5 000 万美元,它的全部设计、生产、销售业务都通过信息网络来组织,本身只负责发明创造和生产核心部分的业务,其他事情都交给建立良好合作关系的其他单位完成,自己甚至连财务部都没有。

当前,组织发展表现出了以实体组织为主、以虚拟组织为辅的特征,而在未来的趋势中,虚拟组织将会越来越多。新技术将我们带入一个新时代,将出现新型的组织和新的管理模式。

2. 虚拟党组织的建立

互联网技术在管理中的应用为虚拟党组织的建立提供了基础。虚拟党组织可理解为"以互联网为基础,重新构建党组织、党员、群众三者的互动关系,建立跨越时间、空间、组织的全天候的服务体系"。

现实党组织工作中仍存在许多问题,如流动党员难管理、流入地和流出地党组织双重管理等问题,需要引进虚拟党组织来解决当前的问题,提高党建管理的质量与效率。目前,流动党员多数是外出的农民工、大中专毕业生、留学回国人员、复退转业军人,他们往往在流入地非公有制经济组织和社团组织中工作,所处的地点分散,流动性大,作息时间不统一,要组织他们在一起过组织生活不太现实,要他们分别到固定的流动党员之家过组织生活也比较麻烦。近年来,各地都试行了一些方法,如建立流动党员档案、登记造册、报上级党组织备案等,但效果不够理想。由于流动党员变动频繁,流动性大,这些方法也不能全面、准确地反映流动党员的真实情况。同时,在流入地和流出地党组织的双重管理上,双方党组织经常联系,及时沟通,密切配合,共同负责,建立职责明确、沟通顺畅、双向互动、管理有序的工作机制,这种办法在理论上切实有效,但实际操作起来比较困难,管理费用太高。因此必须寻求一种更为科学有效的方法,从根本上解决流动党员管理难的问题,虚拟党组织较好地解决了这一问题。

虚拟党组织的主要形式呈网络状而非金字塔式,打破了传统组织之间的严格界限,改变了组织间的关系,形成了一种更为开放的互动模式。① 中央组织部应引入虚拟党组织的理念建立全国范围内的虚拟党组织,首先建立全国党员的信息数据库,使得党员的身份认证可随时随地通过网络查阅核实,实现随时跟踪流动党员的去向。同时,在流动党员工作和生活的地区可以建立小规模的、松散组合的组织单元,让这些组织单元采用电子化的方式进行沟通,使每个流动党员可突破

---

① 庞廉.广东省党务工作信息化管理途径及措施[D].广州:华南理工大学,2005.

时间、空间的限制与党组织联系,参与组织生活,汇报自己的学习和思想。每个单元保持各自的独立性,但同时它们又构成一个整体,并通过互联网技术接受流入地党组织的管理。流入地党组织通过网络与流出地党组织沟通联系,加强流入地与流出地党组织对流动党员的双重管理,从而有效地实现对流动党员的动态管理。

5.8 案例分析:宁国市以"智慧党建"模式提升基层党建工作水平

党的十八大以来,随着"四个全面"战略布局的提出,以及党内一系列重大实践活动、学习教育的组织实施,基层党建呈现出良好态势。但与新形势、新任务、新要求相比,各地党建工作普遍面临传统党建方式存在盲区、党组织平时考核不够到位、党组织功能不尽完善的问题。针对上述三大难题,2015 年年初开始,宁国市坚持以改革创新的精神积极寻求破解办法,特别是在推进党员教育信息化上率先作为,努力探索"互联网+党建"的新路子:一方面,认真学习、分析中央开展"互联网+党建"建设的新形势和战略机遇;另一方面,广泛深入调研,坚持标准为先,努力打造功能齐全、标准一流的宁国"智慧党建"平台。

1. 主要做法

着眼于打破束缚基层党建工作的障碍壁垒,着力于建设让各级党组织参与管理、全体党员共同使用的宁国"智慧党建"网络综合平台,让功能覆盖线上线下。

① 整合资源,打造综合平台。整合原有的先锋网站、社会管理一体化平台、志愿者服务平台等载体和党建年报等基础数据,将组织生活、学习教育、互动交流、党员服务等诸多功能融于一体,建成"智慧党建"平台。同时,根据"智慧党建"功能,在先锋网站原有的栏目内容上,增设智慧地图、党员服务、组织生活、互动交流、创先争优五大模块和我要入党、我找党代表、组织关系转接、党员微心愿等 14 个子模块,分门别类设立相应的服务内容和功能。在此基础上,开通手机客户端系统,立足手机浏览资讯、沟通联系的本质功能,设"会员中心、互动平台、微信平台、电视节目、远程教育、微博推荐"6 个模块,与"智慧党建"网络平台互联互通,使广大党员、群众能随时随地了解最新的党务资讯、参加组织生活并通过论坛等功能进行互动。党务工作者还能通过手机客户端接收组织活动的待办信息,真正实现"互联网+党建"的工作理念,达到"统筹资源、务实管用、功能齐全、安全可靠"的预期目标。

② 充实数据,加强信息支撑。截至 2015 年年底,将全市 1 000 多个党组织及 23 000 余名党员的信息导入"智慧党建"平台,并将所有党员设定为平台会员。在

智慧地图上对党组织的坐标进行标注，并与企业、单位网站以及基础数据无缝对接，实现党组织信息、党员数量、党组织负责人姓名、工作进展的动态展示，所有党组织信息一目了然，并可按照非公、农村、城区、机关分类检索。以党的理论政策方针及各种业务知识充实网上学院，使广大党员群众可以随时通过网络自学。通过网格化管理，按城区和农村将38万城乡居民的基本信息录入社会管理一体化平台，并与"智慧党建"平台链接，通过查询功能，可快速准确地掌握党员户籍情况、工作情况和社会情况，为组织找党员提供了便利。

③ 科学运用，发挥智慧功能。定制个性化会员积分系统，对党员个人信息、党龄、登录平台、表彰、在线学习、志愿活动及思想汇报心得等采取积分制，督促党员履行义务，通过积分高低实现对党员的科学考核评价。为每个党支部确定一个平台管理员账号和密码，加强对管理员的业务培训，管理员在发布活动信息的同时，通过勾选参加活动的党员，实现信息发布和党员积分统计双重功能。运用群发短信平台和网上组织关系转接，实现信息发布和党务工作的高效化。

④ 优化机制，实现过程管理。高度重视"智慧党建"平台体系建设和管理工作，积极从制度建设、机制保障、队伍管理、信息发布等方面提升与创新。市委组织部党员电教中心负责"智慧党建"平台的全面管理维护，做好信息员管理、会员管理、信息发布、数据导入、资源上传等工作，并对各级党组织加入平台情况进行监督和评价，及时解答会员提出的问题。各级党组织都有后台管理权限，负责对本级党组织的基本信息、会员进行管理，发挥网站功能开展网上组织活动、报送党建信息、转接党组织关系，做好系统运行维护。

2. 取得成效

"智慧党建"平台建立以来，多次受到上级领导视察肯定，得到社会各界广泛好评。2016年5月17日，安徽省委副书记李国英到宁国视察时，对宁国"智慧党建"平台给予充分肯定，指出要结合"两学一做"学习教育，对"智慧党建"平台深入调研总结，努力打造全省典型。目前，宁国市"智慧党建"平台成效初显，主要体现在以下四个方面。

① 构筑了"互联网＋党建"的新模式。将互联网、大数据、云计算等新技术应用到党的建设中，实现党建与现代信息技术的融合，为基层党建的发展插上了"信息化的翅膀"。通过广泛宣传引导，较好地引导各级党组织树立互联网思维，丰富了党建工作的时代内涵。

② 找准了建强支部的新路子。以全程纪实党组织建设情况为切入点，"倒逼"党组织建强堡垒，建立起整顿软弱涣散党组织的长效机制，建强了支部，提高了凝聚力。进一步巩固了基层党建工作的"网上阵地"，彰显"网上党支部"的功能，让党组织的影响力无处不在。

③ 顺应了党员群众的新期盼。特别是结合"两学一做"学习教育,依托平台加强纪实考核,改进党员学习方式,大大提高了党内组织生活的规范化程度,充分激发了广大党员参加学习教育、争当优秀党员的内生动力。通过倾力打造"党群之家",真正打通了"最后一公里",满足了党员、群众的多元化需求。

④ 实现了党员教育管理智能化。真正打破了束缚基层党建工作的障碍壁垒,创新党员教育管理方式,搭建升级版"空中课堂",推动学习教育方便、快捷、灵活,大大提高了组织生活的规范化程度,也多方面展示了党员队伍的良好精神风貌,顺应了党员、群众的新期盼。

3. 探讨与思考

智慧党建是个宏伟工程,必须以创新理念健全完善工作体系。经过一段时间的推广使用,"智慧党建"平台成效明显,但仍存在功能不够优、应用不够广、管理不够精细化等实际问题,要有针对性地加以改进完善。

① 顶层设计是基础。目前,各地都在探索建立智慧党建系统,但是模式多样、功能各异,无法实现互联互通,客观上也造成了技术开发上的资源浪费。由于受条块分割等因素制约,形成了一个个"信息孤岛"和"信息烟囱",信息不能充分融合和数据不能共享已成为智慧党建构建过程中的一大障碍。针对上述问题,首先,要做好制度设计。智慧党建要运行好,必须要有一套完善的制度体系,同时要发挥使用者的主观能动性。制度的设计要兼顾时代的特征,对服务内容、服务形式、服务时效等制定简单划一的工作标准,又要有体现时代特色、个性化的服务标准。其次,要实施纸质信息电子化。市委市政府在政策上要鼓励支持各基层组织把党建信息电子化,建立大数据库以便接入智慧党建系统。最后,要与智慧城市对接。在智慧党建的构建过程中,一方面要注重借用智慧城市建设中其他职能部门既有的智慧系统,并坚持开放共享的原则,做到公开数据的共通共用,有效提升效率、节约成本,另一方面要在与智慧城市整体布局一致的基础上,注重对智慧党建独有程序的开发,保证智慧党建的引领地位。要统筹规划推进党建智慧化与政务信息化互融互通,促进协调发展,实现信息共享与工作相融,努力实现党务办公自动化、管理信息化和决策科学化。

② 普及应用是目的。在调研中发现,宁国市"智慧党建"平台的市直机构党员用户较多,而偏远乡镇党员、农村党员、流动党员用户较少,宁国智慧党建的普及程度远远不够。智慧党建要真正发挥作用,必须实现线上与线下相结合、虚拟与现实相结合,要坚持党建工作在虚拟世界与现实生活两种空间中同步推进。要加大智慧党建宣传力度,切实提高智慧党建的应用水平和普及程度。要经常性组织全市党务干部开展"智慧党建"平台专题培训,特别要加大对老党员和流动党员的培训力度。要建立智慧党建推广应用的长效工作机制,实现平台日常工作规范

化、常态化。要按照方便党员、方便群众、方便组织的原则，建立开放式的党组织覆盖体系，运用建立"网络支部"、区域化党组织等方式，探索把党的组织建立在网上、工作覆盖到网民党员的工作机制，并依托信息化党建工作平台，推进党的资源城乡共享、党的组织城乡共建、党的生活城乡互动，加速构建统筹城乡发展的基层党建新格局。

③ 安全可靠是保障。截至2017年2月，宁国市"智慧党建"平台建设工作由聘请的专业网络技术公司来抓，尽管签订了相关保密协议，但仍然存在安全隐患。从长远角度看，需要从源头上规避风险，结合以后的平台推广应用，把平台安全性能建设摆在更加突出的位置。党建网络建设不同于其他网络建设，其政治性、严肃性、保密性和安全性尤为突出和重要。智慧党建的信息要做区分，确认哪些可以公开哪些不能公开，防止被商业机构盗取窃用。要严格按照党的工作的性质、原则、范围、保密程度等方面的要求，对党务信息进行分类、分级界定，确保党组织上网的安全性。要探索建立科学规范的党建智慧化运行机制，强化信息网络安全防范，研究"互联网＋党建"的保密性与公开性的边界和应对措施。要根据"互联网＋党建"的特点，研究建立"互联网＋党建"应用软件统一的技术标准和规范，制定系统应用、网络安全、数据保密、信息安全等方面的技术标准以及软件开发、系统建设各个环节需要的标准和规范。

④ 人才队伍建设是关键。截至2017年2月，宁国市"智慧党建"平台的管理和维护工作主要由组织部门的工作人员兼职完成，缺乏一支专业化的人才队伍。中共宁国市第十四届党代会提出全面建设智慧党建的目标。因此，为了进一步推动全面建设智慧党建工作，建立一支专业化的人才队伍成为当务之急。要建立一支由网络信息技术人才、党务工作人才、平台管理人才、新闻通讯人才组成的专职人才队伍，还要建立一支由各乡镇组织干事、选派干部、大学生村官、村级后备干部及社区网格员组成的平台兼职通信员队伍作为补充。要定期加强对上述四类人才的管理以及业务指导与培训，提升"智慧党建"平台管理维护水平。①

5.9 调查研究：杭州市高新技术开发区互联网企业党建工作的实践探索

为在新形势下加强党的领导，更好地促进互联网企业发展，必须创新互联网企业党建模式。实践表明，互联网企业党建工作应坚守原则、锻造队伍、完善机

---

① 秦华,闫妍.安徽宁国:以"智慧党建"模式提升基层党建工作水平[EB/OL].(2017-02-27)[2018-08-13]. http://dangjian.people.com.cn/n1/2017/0227/c406978-29109381.html.

制、创新形式、搭建平台,积极引领互联网企业员工同心同向思进取、群策群力促发展,在稳"故"纳"新"中强化基层党组织的整体功能,巩固党的执政基础。冯志峰、商丽萍[①]通过对杭州市高新技术开发区企业党建工作进行调查,提出了互联网企业党建工作创新的五点对策。

1. 杭州高新区互联网企业党建的实践探索

作为国家级高新区,杭州滨江高新区在工作中针对互联网企业集聚的现状,积极探索规律,促进"党建＋"的思维与"服务、共享、开放、平等、众筹、创意"等元素相结合,整合资源,做好服务文章,实现了"党组织需求最大化"和"党员作用发挥最大化"的同频共振效应。

(1) 以"党建＋"的思维增强"主线化"定位

注重在思想上培育"党建＋"的意识,在工作中认识"党建＋"的作用,在行为上落实"党建＋"的任务,从而实现企业党建工作"高附加值"。

① 突出"党建＋"的主题思想。分别从党建工作服务于"年轻人喜欢""党组织需求""企业主支持""企业人才孵化"出发,开展"青春党建""智慧党建""文化党建""人才党建"等四大党建活动,明确党建工作在青年组织、企业发展、和谐文化、人才建设中的政治引领作用,有效提升企业党建在这些工作中的影响力和作用力。

② 强化党务工作者的主业意识。将企业党建作为街道、机关党委(党组)书记履行基层党建工作责任制专项内容,定期开展抓企业党建工作述职活动,强化领导干部抓好企业党建的主业意识;以每季例会、典型示范、实地观摩、案例教学等方式,与企业党务工作者共同探讨新情况、新问题,解决面临的实际困难,增强做好党建工作的责任感;以会议发言、组工信息、报刊刊载等形式推广企业党组织的好经验、好做法,从而有效提高党务工作者工作的积极性、主动性。

③ 落实党建工作主体责任。坚持将党建工作纳入全区党建工作的总体布局,结合实际,研究制定中长期工作规划,建立党建工作联系点,指导企业党组织开展好各项工作;建立机关结对、联系走访制度,推动机关干部深入企业党组织调查研究、指导工作,真正做到一级抓一级,抓一件成一件,确保工作落到实处。

(2) 以"服务"的意识推动"核心化"回归

服务是市场经济的决定因素,在企业党建中,只有从传统的党建行为模式转到尊重企业发展的"以企为主"的党建服务模式,才能确保互联网企业党组织"两个作用"的发挥。

① 服务于企业员工,提升生产力。始终发挥党组织作为企业和群众的纽带的

---

① 冯志峰,商丽萍.互联网企业党建工作的实践探索——杭州市高新技术开发区企业党建调查[J].中国领导科学,2017(8):57-62.

作用，动员广大党员积极为企业发展出谋划策，为企业决策提供保障。以"一个党员一面旗"为主题，通过技术比武、技能竞赛发挥党员传帮带作用，带领员工提高业务素质、增强党员先进意识。

② 服务于企业文化，提升凝聚力。以"组织稳定人心、队伍帮促人心、帮扶温暖人心、教育引领人心、活动凝聚人心、阵地调适人心"等"六心"举措，努力深化"活力和谐、合作共赢"的"和凝为一、融合发展"的"和合共同体"建设，促进党组织和企业、企业和员工之间的深度交融，凝聚企业发展力量，增强党组织的向心力和感召力。

③ 服务于企业发展，提升竞争力。推广企业党委书记列席董事会、重大决策及管理考核征求党委意见等制度，保证企业党委在企业重大决策和日常管理中的参与权和决策权的实现；主动加强与各级党委政府之间的联系沟通，帮助企业协调行政审批、政策申报以及员工住宿、子女入托入学等实际困难，形成有困难找党组织的良好氛围。

(3) 以"共享"的理念构建"区域化"格局

按照"共享"的理念，综合运用现代管理手段，通过构建区域化党建格局，打破单位与单位间的藩篱，实现资源共享。

① 建立区域性党组织。依托园区党委以及阿里巴巴、吉利集团、华三通信、中控集团等44家"党建强、发展强"的企业党组织，建立52个区域性党组织，以区域性党组织的协调整合打破区域内单位之间的壁垒，实现资源共享、活动共办、工作共推。

② 打造区域性活动中心。从积极开展党的建设工作出发，以园区统筹、街区统筹、社企统筹、商圈统筹、楼宇统筹等形式，在全区确定30多个区域性活动中心，通过集中财力、完善功能，使活动中心实现多功能、一体化。

③ 开展区域性活动。结合区域化党建工作实际，由区域性党组织定期组织区域内各类专业人员以双向选择的形式组建医疗义诊、法律咨询、心理咨询、政策宣传、科普宣传、助学支教、环境保护等各类志愿者服务队伍，有效提升党组织的服务能力。

(4) 以"众筹"的方式形成"多元化"保障

根据企业党组织的实际，创新党建工作保障方式，通过"众筹"的方式形成财政、企业家、市场、党员各方支持、多方筹措的保障体系。

① 有人干事。按照相关规定，公开招聘专职非公企业党务工作者，下派到各区域企业工委，负责企业党建日常工作。推动有条件的企业党组织配备专职党务工作者，目前，吉利集团、中南建设集团、萧宏集团、东冠集团等10多家行业龙头企业配备了专职书记或副书记，阿里巴巴、中控集团、五洲管理、大华股份、正泰太阳能等20多家企业配备了专职党务工作者。同时，采取"一人一企、一人多企、多

人一企和双向选择"等有效方式,先后选派5批共123名政治素质高、熟悉党务工作、精通生产经营的中层以上干部到企业党组织担任党建工作指导员,为企业生产经营出谋划策,帮助企业加快发展。

② 有钱做事。加大对企业党建工作经费的保障:企业党建工作经费按照党委2万元、党总支1万元、党支部3000元的标准,由市、区财政共同保障;党员活动经费由区级财政按照每名党员每年60元的标准下拨到各企业党组织,上缴到区企业党工委的党费全部返还;在组织活动时,以市场化的手段寻求有需要的企业和组织给予支持和赞助,从而有效保障党组织活动的开展。

③ 有阵地议事。积极开展"红色家园"党员活动阵地建设。吉利集团、中控集团、中南集团、五洲管理、聚光科技、浙大网新、恒生电子、元光德电子等企业先后推出"红色引擎、红色中控、红色桩基、红色领航、红色传感、红色互联、红色家园、红色指数、红色光带"等融党建与企业文化于一体的"双强"品牌、"红色系列"工程,示范带动全区200多家企业党组织对"党建文化阵地"进行了不同程度的整合和提升,大大提升了党组织的凝聚力。

(5) 以"开放"的姿态推动"信息化"建设

主动顺应信息化发展的潮流和趋势,以"开放"的姿态积极推进企业党组织党务公开。

① 构建智慧平台。以推进建设"智慧e谷"为契机,构建融信息推送、网上办事、组织生活、党员管理、互动交流为一体的开放式"智慧党建"信息化管理服务平台和工作体系。以东部软件园、海创基地等8个园区(基地)党委为单元,构建完善"智慧党建"区域性管理服务平台,加强"1+X"园区党建、发展服务综合体的信息化建设,更好地实现"发展服务'零距离'""党群办事不出园"。

② 实现智慧管理。以网上党建园地、网上党校、党组织QQ群等建立完善网络e支部,丰富党建活动内容、创新党建活动形式、拓展党建活动渠道,并以信息化手段推进任务分解、量化考核等各项制度,使党建工作更有效地覆盖和深入每一个支部、每一名党员。

③ 开展智慧互动。建立覆盖全区的微信群、微博、QQ群。不断加强对微博、微信公众号等自媒体的引导与建设,"利用互联网直播创新创优大赛、开展在线访谈等,推动党建工作由封闭向开放发展"。

(6) 以"平等"的态度实现"同等化"管理

应对流动党员数量增多的趋势,开展组织找党员活动,实行同等化管理,使他们与在册党员一样发挥先锋模范作用。

① 以"组织找"让流动党员"回家"。各企业党组织通过"组织上门找、老乡联系找、告示全国找"等有效形式,全面准确登记各互联网企业中流动党员的信息,精准比对、认真核对流动党员身份,进行分类统计。把在企业工作口的党员纳入

企业党组织统一管理,对于无明确单位的流动党员则通过单独组建或区域联建的方式成立42个流动人员党(总)支部,实现组织全覆盖。

② 以"严管理"让失联党员"守家"。规定"1名流动党员结对不少于20名流动人口",落实"十必报"和每月例会制度,鼓励流动党员在行业协会、同乡会等社会组织中担任职务、发挥作用。针对流动党员参加社区服务和组织生活的情况建立台账,进行量化积分和量化管理及积分考核,确保流动党员发挥先锋模范作用。

③ 以"优服务"让流动党员"恋家"。搭建QQ群、微信群、微博、网站等网上服务阵地加强沟通联系,推出教育培训、法律维权、帮扶救助等10项基础服务,满足流动党员日常工作、生活的基本需求;推行"专人受理""专人跟进""限时反馈"的"驿站式"服务,提升流动党员所求问题办结率和服务满意度;吸纳流动党员骨干进入街道流动人员党委班子,给予其流动人口专职协管员待遇,使其有一定的工作保障。积极推行由社区流动人员党组织副书记同时担任流动人口兼职协管员的办法,使之享受适当的经济待遇,增强他们的获得感,让流动党员时刻感受"党组织"这个家的温暖。

(7) 以"创新"的意识拓展"显性化"活动

互联网企业的职工主要是"80后""90后"等青年群体。为此,党建工作必须优化组织设置,以年轻"显性化"等活动来回应他们的需求。

① 设计"自主+个性"的组织形式。根据企业党建工作的需要,结合党员的岗位特点和爱好需求,量身定做"个性化自主组合"党支部和党小组,以"众筹"方式在党员间自发开展党组织活动,引起了党员的广泛关注,为创新、创意开展组织生活打下了基础。

② 开展"组织+党员"的"双领"活动。以"组织领项目、党员领任务"的手段,由区企业工委在年初列出"四大党建"内容,让企业党组织根据自身实际情况认领活动项目,动员党员领任务,并发动区域范围内的企业和党员群众共同参与。党组织具体承办和策划,使活动更能结合企业实际,符合党员需求,受到了企业和党员的欢迎。"双领"活动使党建工作"项目化"推进、"具体化"落实。

③ 搭建"责任+分享"的党群工作平台。坚持党建带群团建设,领导工会、共青团、妇女组织等履行社会责任,共同组建"五水共治""三改一拆""青春助迁"等志愿服务队,有效服务群众;牵头举办篮球联赛、足球联赛、文艺汇演、青年思想交流等活动,培育团队精神,分享成长经验;依托最美广场、微笑亭、光荣墙等阵地,长期开展"雷锋就在身边"系列志愿服务活动,使党员履行社会责任、展现模范作用,树党建品牌。

这些实践探索活动内容丰富、方法管用,激发了党员活力,增强了党组织向心力,提升了企业发展力,保障了互联网党建企业党员的民主权利和企业的合法权益,党组织建设焕发出勃勃生机。

2. 创新企业党建工作的有效途径

党建工作需求在基层，动力在基层，实践在基层。作为一项实践创新性工作，互联网企业党建必须更好地引导年轻人爱党、爱国、爱岗，创新开展党建工作，抓住年轻人的核心诉求，稳"故"纳"新"，切实做到"党建在企业文化中、党建在实际工作中、党建在群众活动中"，不断提高党的凝聚力、战斗力、创造力。

① 坚守互联网企业党建根本原则，引领互联网党建企业发展方向。习近平总书记指出，"经济建设是党的中心工作，意识形态工作是党的一项极端重要的工作""念好了人才经，才能事半功倍"。为此，"要着力推动互联网和实体经济深度融合发展，以信息流带动技术流、资金流、人才流、物资流，促进资源配置优化"。为在互联网企业发展过程中更好地贯彻"党领导一切"的根本要求，"互联网＋党建"必须坚持"政治家办网"的坚定信念，将党建工作和企业的中心任务挂钩，将党建工作融于业务发展，在抓好党建工作的同时，大力帮助互联网企业发展壮大。积极支持互联网企业员工创业致富，引领互联网企业在坚持正确的方向上走创新驱动之路，在提质增效中实现稳定可持续发展。

② 锻造互联网企业党建骨干队伍，激活互联网党建企业内在活力。要强化互联网企业党建工作，必须培养一支优秀的党建骨干队伍，由组织部门牵头，发挥宣传、经信、商务、科技等部门的资源力量，在尽可能不增加人员编制的情况下，组建互联网党建工作领导小组，运用现代信息技术，统筹工作，形成联合作战能力。坚持从企业党建工作的重点领域和关键环节出发，以优秀党员为核心形成先锋团队，建设一支政治素质过硬、业务能力过硬、理论宣传过硬的党建人才队伍，让每个党建小组都凝聚成为一个"招之即来，来之能战，战无不胜"的互联网党建工作队伍，引导舆论，反映民意，凝聚共识，攻坚克难，为企业发展添砖加瓦。

③ 完善互联网企业党建工作机制，规范互联网党建企业运行轨道。立足现有的实践经验，紧扣互联网企业党建工作的特殊性，结合地方实际，认真贯彻"寓管理于服务"的思路，不断完善互联网企业党建工作机制。在坚持"三课一会"制度的同时，互联网企业党建要以提高企业核心竞争力为主题召开组织生活会，将"讲党性、重品行、作表率"的要求贯穿党员日常工作生活中，利用微信、微博等开展党组织活动，积极促进"党支部工作上网、党员集结在线"，努力实现党组织活动从"点对点"到"点对面"的转变。结合互联网企业的特征，探索推行"党建引领、以大带小、行业互动"的互联网企业党建工作机制，注重抓好规模大、影响大、潜力大的互联网企业的党建工作，以此发挥行业管理优势和辐射功能，促进互联网企业党建工作由"属地松散型"向"行业紧凑型"运行机制的转变，不断提升党组织的凝聚力、向心力和影响力。开展以"我积极、我主动、我负责、我执行"为主题的党组织专题活动，实现互联网企业党建平台界面亲切、形式新颖、互动性强、凝聚人心，坚

持发展红色网络阵地,耐心教育劝导纠正灰色网络取向,依法依规取缔黑色网络渠道,净化互联网空间。

④ 探索互联网企业党建有效方法,助推互联网党建企业发展壮大。鉴于互联网企业员工年纪轻、学历高、活力强的特点,党建工作应紧紧围绕"抓党建、促业务"的基本原则,与互联网企业业务工作相融合,走出"为党建而党建"的小圈子,契合党组织与企业之间的"共同语言"和"共同目标",找准党建工作与企业发展的"最大公约数",从而使企业能够忠于党的领导、担当社会责任、弘扬主流价值,凝聚推动企业发展的正能量。要有效破解互联网企业党建文化融入难、服务发展难、凝聚人心难一系列问题,提高企业的核心竞争力,形成企业品牌,让党建工作为企业所需要、为企业员工所认可、为党员所拥护,实现党组织、企业主和员工"三赢"的良好局面。

⑤ 创建互联网企业党建新型载体,鼓励互联网企业员工创造价值。互联网企业党建要成为企业员工内心认同的"娘家人",必须坚持人性化服务,推动党建工作由传统向现代、由封闭向开放、由单向向互动发展。把互联网企业"党员岗位职责""公司使命""国家和社会发展要求"有机结合起来,积极探索"实体+虚拟"的活动场所,创建互联网企业"网络党校""党员活动基地"等新型学习平台、服务平台和交流平台,畅通舆情传输渠道,及时解决企业和员工存在的困难,化解企业发展过程中存在的问题,充分发挥网络党组织和网民党员引导舆论、凝聚人心、服务群众的作用,巩固党的执政基础,不断提高党的执政合法性。

第6章 "互联网＋基层党组织建设"的模式设计及运行机制研究

6.1 "互联网＋基层党组织建设"创新的领域

"互联网＋基层党组织建设"是新生事物，没有固定的模式，需要用新的理念、新的工作方式来推动。

1. 创新智慧化的工作理念

"互联网＋基层党组织建设"不是简单地用互联网工具模拟基层党组织工作的内容和过程，更重要的是理念创新。要基于中国特色社会主义党建理论和先进模式，广泛应用当代计算机技术、网络技术和数据库技术，对基层党组织的工作内容、活动方式进行改造、重组和优化，建立集形式、内容、手段、方法、工作格局于一体的基层党组织工作全新模式，实现党组织内部、外部信息共享和党建资源的有效利用，从而更好地促进基层党组织工作。

2. 创新智慧化的工作平台

建设一个先进、实用、高效、智能的基层党组织工作信息系统，构筑一个覆盖全系统或地区的多级数字化党建网络。

① 创建互联网信息平台：整合各级党建网站，构建网上党建信息传播体系，确保党组织的影响力。

② 创建在线学习平台：依托党员远程教育管理系统，开发集文字、视频和图片资料于一体的网上学习资源库。

③ 创建党员信息平台：以身份证号码为标识，为党员和入党积极分子建立"电子档案"，实现实时查询、动态管理。

④ 创建联系沟通平台：开通党员服务网，为党员提供在线咨询、业务办理服务。

⑤ 创建网上社区平台：以党内生活为主题，设置时事热点、党务公开等主题论坛，把组织生活会、思想交流会开到网络上。

3. 创新智慧化的管理方式

通过党务信息管理应用软件构建统一的党员动态信息库，建立面向基层广大党员的服务平台和双向交流窗口，使基层党组织形成智能化、规范化的网络管理。

① 实时查询统计：通过"电子档案"查询党员基本情况，实时掌握党员队伍数量、分布、结构以及发展变化等情况。

② 组织关系转接：通过互联网信息平台，建立党员组织关系电子化、无纸化转接。

③ 做好党员管理：建立流动党员和预备党员管理信息系统，建立入党积极分子培养档案电子库，充分运用互联网技术和计算机分析技术，通过互联网平台对党员进行目标责任考核。

4. 创新智慧化的工作机制

依托党员、党组织信息库，利用电子邮件、手机短信、公告和在线学习等系统，开展网上党务工作。

① 创新网络化办公联动机制：设立网上办公系统，开展立体服务，进一步提高党组织和党员服务群众的质量和效率。

② 创新网络化信息发布机制：建立有限授权、分级发布的信息发布机制，让每个基层党组织、党员都可以在自己的权限范围内发布相关信息、传达最新动态。

③ 创新网络化舆论引导机制：借助于网络获取信息、传播信息，避免网络"失声"的尴尬，保持网络话语权，加强党在互联网社会的主导权和控制权。

④ 创新网络化教育培训机制：通过信息化平台创新党员教育培训手段[1]。

6.2 "互联网＋基层党组织建设"的原则标准

6.2.1 "互联网＋基层党组织建设"的基本要求

① 既要重硬件，又要重软件。硬件和软件相互依存，协同发展，两者不可偏废。必须按照国家信息化战略中明确的以"软"带"硬"，"软""硬"结合的要求，大力开发和优化基层党组织工作软件，建立健全基层党员信息服务机制，形成真正适合基层实际的党建工作智慧化格局，不断丰富基层党建网络的信息内容。

---

[1] 邓群策.略论推进基层党组织工作信息化[J].党建研究,2010(5):30-31.

② 既要重装备,又要重培训。信息化除了需要物资设备以外,还需要人的参与。只有培养一支热爱基层党建工作、熟练掌握信息技术的现代化党务工作者队伍,才能为基层党建工作信息化提供人力资源保障。

③ 既要重技术,又要重制度。智慧化是一场深刻的社会革命,它既涉及技术层面,又涉及制度层面,如果简单将其理解成一场技术变革,制度上没有调整和变革,技术就不能发挥其重要作用,技术的应用必然受制度的阻碍。

④ 既要重局部,又要重整体。智慧化是一个优化业务、建立规范的过程,每个单位甚至每个人都会成为网络上的一个节点。"互联网+基层党组织建设"需要各级基层单位、各个部门、各个地区的互联互通,这样才能实现大范围、广领域的党建资源交流和共享。①

6.2.2 "互联网+基层党组织建设"的设计原则

① 实用性原则。首先,系统的投入应该考虑自身需求及系统的性价比,不可贪大求全;其次,系统要具有友好的用户界面,用户接口和操作界面设计尽可能考虑人体结构特征及视觉特征,界面力求美观大方,操作力求简便实用。

② 标准化原则。软件设计严格执行国家有关软件工程的标准,保证系统质量,提供完整、准确、详细的开发文档,各模块之间要实现数据共享、互联互通,清晰体现内在逻辑联系,数据之间相互关联、相互制约。

③ 先进性原则。在技术上采用业界先进、成熟的软件开发技术,面向对象的设计方法,可视化的、面向对象的开发工具,采用浏览器/服务器(Browser/Server)体系结构。

④ 扩展性原则。软件设计尽可能模块化、组件化,并提供配置模块和客户化工具,使应用系统能灵活配置、适应不同情况,数据库的设计应尽可能考虑将来的需要。

⑤ 安全性原则。系统采取安全认证措施防止用户口令被破解;保证 24 小时安全运行,并有冗余备份;定期备份数据库,保证在灾难发生后能快速从灾难中恢复。

⑥ 合法性原则。作为党的工作部门,系统必须保证与我国现行的有关法律、法规、规章制度相一致,并能满足机要、保密部门对公开发布信息的要求。②

⑦ 以人为本原则。在网站的栏目设计和内容形式上,要与现实拉近一些,把深邃的、严肃的思想,伟岸的、先进的形象演绎为广大党员喜闻乐见的信息,增强政治思想工作的渗透力和影响力。③

---

① 邓群策.略论推进基层党组织工作信息化[J].党建研究,2010(5):30-31.
② 张伟.高密党建网站信息管理系统的设计与实现[D].济南:山东大学,2009:7.
③ 郑玉杰.运用党建信息化平台不断提高党员教育管理工作效率[J].学理论,2009(15):178-179.

6.2.3 "互联网+基层党组织建设"的评价标准

1. 应用标准

"互联网+基层党组织建设"的基础在网络,核心在软件,关键在安全,目的在应用。判断一个"互联网+基层党组织建设"系统的好坏时,不是看它的功能有多齐全、概念有多完善,而是看它的实施效果,即运用它是否可以切实实现预期的目标,能否取得短期或长期的效益。在具体建设过程中,要牢固树立"应用第一"的指导思想,坚持从实际出发,以业务需求为导向,并把应用作为衡量"互联网+基层党组织建设"成败得失的根本标准,努力提高应用水平,实现党务信息数字化、对外服务网络化。

应用标准包括各种"互联网+基层党组织建设"应用方面的标准,主要有数据源、代码、电子公文格式和流程控制等方面的标准,网上组织生活、网上学习、评优工作(发布评优通知、评优方法及细则以及批准和表彰)、工作通知(以邮件、公告栏等方式发布工作通知)、党务信息公开与宣传、网上党课(以网络形式进行党务知识、理论培训)、民主评议和监督等都需要利用应用标准来评价整个系统的可用性。

利用应用标准对"互联网+基层党组织建设"系统进行评价,有利于加快重点应用系统研发,优化现有业务流程,找准互联网技术与党务工作的结合点,针对现有工作中的瓶颈和主要困难不断开拓党建工作的新途径、新领域;有利于抓住重点,党员党组织管理和干部管理是党的工作的基础和重点;有利于加强"数据仓库"建设,完善信息资源体系;有利于建立各级党组织部门分类管理的信息资源体系,实现信息的有序流动和广泛共享,从而为各级应用系统提供数据服务。

2. 技术标准

推进"互联网+基层党组织建设",是要掌握一种认识世界和改造世界的新手段、新武装,即以计算机技术、网络技术、信息技术、远程教学技术为主的新的智慧化手段[①]。面对新形势新任务,如何通过掌握利用先进的生产力、先进的技术切实加强党的建设,是每一个党员,尤其是党的各级组织负责人需要始终关注并思考的重大问题。

我们党的性质决定了在不同的时期,党的各项工作要始终利用先进的技术手段达到教育人民、团结爱国力量建设中国特色社会主义的目的。在网络安全技术不断发展的今天,全面加强安全技术的应用是党务信息化发展的一个重要内容。针对各级党组织互联网技术不规范的状况,有必要制定"互联网+基层党组织建

---

① 王代言.加强高校党校网络化建设[J].中共四川省委省级机关党校学报,2005(1):91-92.

设"的信息技术标准,实现党员党组织内部的信息集成和共享,包括不同部门间的信息集成和共享,解决"信息孤岛"问题,一定要遵循统一的技术标准,保证不同部门的不同数据可以在不同的操作平台间共享。

统一标准,规范管理,加快应用软件和系统平台的研发,优化组织工作平台,主要包括制定人员管理信息、办公信息、统计信息等方面的标准和软件研发规范,并以此根据工作发展需要,统一组织研发基础应用软件。另外,为推进"互联网＋基层党组织建设",应制定和完善必要的技术标准,并且在技术标准中要注重评价其易用性和可扩展性。

设计系统界面时,应注重美观、简单、明了,使党建工作人员经过很短时间的培训或不培训就可以操作,从而提高工作效率,缩短进入新系统的时间。在设计系统时应预留接口方便日后扩展,以保证系统可以无缝地加以扩展,要注意采纳国际标准和国外先进标准,以达到电子产品的相互兼容、信息网络的互联互通,实现信息资源的快速流通和高度共享。

3. 网络基础设施标准

互联网空间为人们创造了虚拟的世界,在这个虚拟的世界中,每一个网络终端既是一个利用、采集、发布、传输信息的主体,又是整个网络世界中的一个细胞。无论从形式还是从量与质的规定性来说,网络都已经成为思想政治工作的新领域、新阵地,作为一种便捷的信息传播方式,其在很大程度上成了意识形态的传播工具和斗争阵地。因此,要制定网络基础设施标准,确保互联网技术的地位和网络基础设施建设的优势,确立在网络空间中党的意识形态主导地位,服务于"互联网＋基层党组织建设",为其提供更为广阔的空间和有效的途径。

网络基础设施标准包括为"互联网＋基层党组织建设"提供基础通信平台的标准,主要有基础通信平台工程建设、网络互联互通、网络相关应用软件等方面的标准。网络基础设施标准主要用于评价和监督各部门的内部局域网建设,主要是加大服务器、网络设备、计算机的配备和更新力度,并不断完善基础设施。网络基础设施标准能够促进各部门建设统一的网络中心,便于各级之间通过高速网络实现互联。

网络基础设施标准有利于专用网站在组织系统内部发布信息、交流情况;有利于充分利用互联网收集、发布和传递信息方面的优势,抢占网络上的马克思主义阵地,扩大互联网上党建工作的覆盖面。

4. 信息安全标准

安全保密体系是"互联网＋基层党组织建设"的重要保障。"互联网＋基层党组织建设"不仅包括面向公众的内容,也包括为各级党组织服务的内容,其中涉及的都是关于党员和党组织的信息,涉密信息较多,保密性较强,公文交换、档案管理、信息传送、领导批示件办理等工作都涉及秘密,所以对数据的安全性、系统的顺利运行都有着更高的要求,一旦出现系统安全问题或者泄密事件,其后果不堪设想。能否保障党务网站的信息安全,不仅事关党和国家的利益,还直接关系到信息化建设的成败。

建设"互联网＋基层党组织建设"的网络系统时,必须同步建设安全保密体系以及安全评价体系。信息安全标准是构建"互联网＋基层党组织建设"安全机制的基本前提。信息安全标准包括为"互联网＋基层党组织建设"提供安全服务所需的各类标准,主要有物理级、网络级、系统级、应用级四个层面,包括防盗、网络隔离、数据备份与恢复、防病毒、安全级别管理、身份鉴定、访问控制管理、加密算法、数字签名和公共基础设施等方面的标准。[①]

信息安全标准可根据组织运作的目标对组织内部的各类网络资源、系统资源和数据资源的使用进行控制和管理,是各类安全设备充分发挥功能的关键,也是安全管理的一个重要内容。另外,在评价信息安全标准时要注意评价该系统是否具有可靠性,完成后的信息系统将成为日后各级党组织运作和交流的基础,因此系统的故障率应该趋近于零,同时,公共数据库层应该有完善的备份功能,将故障的危害性降到最小。

5. 管理标准

"互联网＋基层党组织建设"不是一个地方党委或组织部门的任务,而是一个全党参与的复杂的系统工程。因此,应用信息化工程建设应以评价在建设过程中是否采取以应用带动资源整合,并通过跨部门应用项目带动信息资源的共享开放为管理标准。在推进项目建设时,配套的标准法规是否及时跟上,新的业务流程建立后是否及时加强对各方落实情况的监督检查,都需要管理标准来评价。所以,管理标准有利于合理调配资源,充分利用现有资源和基础设施,防止搞重复建设。另外,信息资源的质量参差不齐,而资源优化配置的质量与信息本身的质量息息相关,管理标准有利于提高信息资源配置质量,高质量的信息资源会赢得更高的利用率,随之会产生更大的效益。

管理标准包括确保工程建设质量所需的有关标准,主要有工程验收和信息化工程监理等工程建设管理方面的评价标准。在实际工作过程中遇到的技术、使用、维护等方面的问题要以制度化形式加以落实,避免因后期维护力度不足,而造成网络内容更新不及时、网络上传功能不完善、后期维护升级不及时等问题,要确保党建工作的正常运转。[②]

另外,在评价"互联网＋基层党组织建设"系统的管理标准时,还要评价该系统是否具备以下功能:一是党组织生活管理,即通知、组织和记录党组织的生活;

---

① 马德秀.电子党务初步实践与探索[M].北京:中共党史出版社,2006.
② 杨大力.党建信息化价值和功能研究[J].广东科技,2013(22):194-195.

二是党组织添加设立管理,即下级党组织新建的批复,选举结果的审核和批准;三是党组织换届改选管理,即党组织改选的批复,选举结果的审核和批准;四是组织关系转移,即在网上实现党组织关系的转出与接收;五是年报统计,即党组织年报统计表格的下发、填写、上报和汇总;六是党籍管理,是否说明了党员缴费的详细情况;七是入党积极分子的相关资料管理;八是党务用品管理,即管理党务用品的采购、零用和费用等。总之,要确保运用信息化手段完善党员日常组织生活、党内制度监督、党内信息传送等一系列管理。[①]

6.3 "互联网+"再造党建业务流程的环节

业务流程再造可分为三个环节,即精简、重建和改进。精简是从组织的目标出发,从根本上对每一项流程的价值进行重新思考,去除那些僵化、脱节、冲突的流程,使业务流程得到简化;重建即根据新的业务要求,利用现代化的技术手段重新设计业务流程,它与精简不同,不是由于绩效的提高而带动,而是为了获得绩效上质的飞跃;改进就是在新的流程运转中,根据变化的情况逐步完善流程设计,使其更加合理化和高效化。

根据党务工作流程范围的特征和互联网技术的特点,可将业务流程再造分为以下两类。

① 功能内的业务流程再造。功能内的业务流程再造是指对组织内部的业务流程进行重组。传统管理模式下,组织内部中间管理层通常重复同一类非创造性工作,如党内统计、工作报表、党费统计、转接组织关系等,这类工作可以由计算机来完成,因此将中间管理层取消或合并为一项,如图6-1所示。[②]

② 功能间的业务流程再造。功能间的业务流程再造是指同一组织内跨越多个职能部门的业务流程重组,其可以增强组织的灵活性和适应性,缩短流程和作业周期。例如,党的组织工作按归口可分为农村、街道社区、机关、学校、科研院所、国有企业、非公企业、中介组织、社会团体和其他,也可分为农村、街道社区、机关、事业单位、国有企业、两新组织和其他,应对基层党组织更加科学地进行归口,以便进行合理的分类管理,如图6-2所示。又如,党的组织管理工作中,有面对党的基层组织,也有面对党的地方组织,二者的工作重点和方法有所区别。再如,党员队伍管理工作中,目前最突出的是流动党员和下岗工人党员的管理,还有发展党员、党费使用管理等工作,如图6-3所示。应对这些职能范围更加科学地进行划

[①] 申振东,唐子惠.高校党的建设信息系统的评价标准[J].湖南科技学院学报,2008(3):74-75.
[②] 庞廉.广东省党务工作信息化管理途径及措施[D].广州:华南理工大学,2005:36.

分,然后按职能分部门,使其职能范围有较少的重叠,以便于信息的划分、流转和有效管理,如图6-4所示。①

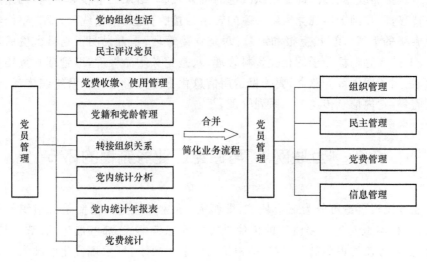

图6-1 功能内的业务流程再造示意图

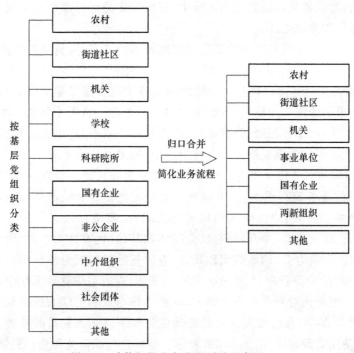

图6-2 功能间的业务流程再造示意图(一)

① 庞廉.广东省党务工作信息化管理途径及措施[D].广州:华南理工大学,2005:36.

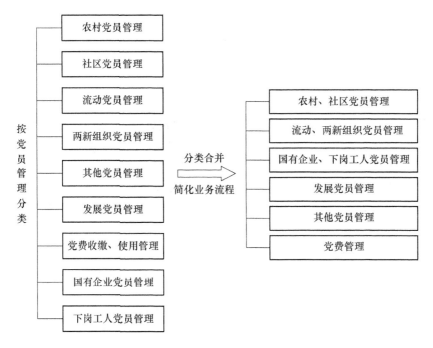

图 6-3 功能间的业务流程再造示意图(二)

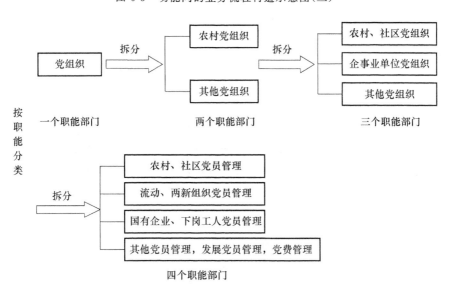

图 6-4 功能间的业务流程再造示意图(三)

6.4 "互联网＋基层党组织建设"的功能需求

1. 网站前台功能模块

① 组织机构。基层党组织简介,基层党组织领导简介,基层党组织机构设置。

② 申请成为党建网站用户。浏览中国共产党章程、基层党组织网站管理规定后再进入注册环节。

③ 用户登录。输入用户名、密码,登录后可浏览保密的信息。

④ 新闻动态。基层党组织工作会议、工作业绩等;基层党组织动态要闻,发布重要的通知、公告、干部任前公示等。

⑤ 政策法规。干部工作:干部工作方面的各种文件资料。组织工作:基层组织建设方面的各种文件资料。人才工作:人才队伍建设方面的各种文件资料。

⑥ 成果汇编。领导讲话,制度汇编,调研成果等。

⑦ 干部工作。任免动态:公开干部任免信息,接受社会监督。干部监督:公布信箱等联系方式,发布干部监督工作。选调生之家:报道优秀选调生事迹。

⑧ 人才工作。报道各类人才队伍建设情况和专业协会建设及发挥作用情况。

⑨ 远程教育。公布远程教育节目,发布教育课件,实施远程点播。

⑩ 它山之石。精选各地基层党建、干部、人才、远程教育等方面的先进做法和经验。

⑪ 文档下载。支持工作文件和相关资料的下载。

2. 网站后台功能模块

① 信息管理。实现对前台信息的添加、修改、删除、审核等管理。

② 管理员管理。添加、删除管理员,更改管理员权限,显示管理员列表。

③ 用户管理。查询用户信息,显示用户列表,添加、删除用户。

④ 系统管理。设置系统名称、版权、链接等有关信息。

3. 系统安全措施

互联网上的资源种类繁多,每种资源都有自己特有的信息和信息处理方式,这造就了信息安全问题解决的多样性。关于这种多样性,业界进行了详细的研究。ISO 7498-2 开放系统安全架构中提出,要解决系统安全问题,主要应在四个方面提供服务,而 IATF(信息保障技术框架)进一步演化为安全的五性。一是访问控制:保证访问某些特定资源的是获得了相应资格认证的人员。二是保密性:防止信息被非法获得。三是完整性:防止信息被非法篡改。四是可用性:保障信息服务能正常提供而不会被攻击。五是不可抵赖性:防止信息的使用被否认。

具体来讲,系统安全主要考虑三个方面:一是程序设计经过广泛的安全性测试;二是内部人员对系统的操作必须在自己的权限下进行,在系统中对权限进行管理,不同的用户被分配了不同的角色和操作权限,登录后系统会根据不同的用户设置相应界面和操作功能;三是服务器应用程序采取措施防止被恶意攻击,除了用防火墙等网络安全产品外,还在应用程序中采用了身份验证机制和加密技术,身份验证机制首先应划分资源访问范围,必须经过身份验证后才能进行相应的操作,此外,安全机制中使用加密技术对重要数据进行加密传送,接收端解密后使用,可防止信息伪造和信息被窃听。[①]

4. 非功能性需求

非功能性需求主要包括系统的约束与假设条件、系统接口、可用性、可靠性、性能、扩展性、可支持性,其规定了系统必须满足的服务水平、系统非运行时间的属性以及系统必须遵守的约束。非功能性需求虽然不直接影响系统功能,但在用户和系统支持人员对该信息系统的认可方面具有很大的影响,因此需要以系统学的眼光做出整体规划,做到统一设计,分步实施。

在对系统进行总体设计和规划时,要充分考虑环境对系统的影响及系统与外界的联系,使系统有较强的适应能力和扩充能力,同时具有灵活地与外界交流的能力和手段。从系统软件本身来说,具体体现在数据、功能、代码、组件等方面,应采用业界成熟的主流技术,从根本上保证系统具有良好的扩展能力和互操作性。应始终坚持开放、共享的思路,如提供强大的数据交换能力,使用方便的多源数据无缝集成功能,实现元数据驱动的数据管理功能,建设全面的数据字典等;同时,通过使用 XML、NET 等技术,可以非常方便地开发网络服务进行数据交换和互操作;通过组件化的设计和开发方法确保代码的可重用性。除此之外,设计中还需考虑系统后台数据库以及前台开发工具的选择,对系统前台开发工具的选择应更具备灵活性。[②]

5. 数据库

在 Java 环境下,数据库的存取方案有很多种,基于 Internet 开发的常用方案就是 JDBC(Java 数据库互连)。

(1) Java 访问数据库的模式

① ODBC 模式。作为微软公司开放服务结构中有关数据库的一个重要组成部分,ODBC(开放式数据库互连)提供了一组访问数据库的标准 API(应用程序编程接口),并制定了规范。应用程序编程接口通过 SQL(结构化查询语言)来完成

---

① 赵红.电子党务与党建科学化——以宁波江北电子党建为例[D].上海:华东政法大学,2012:18.
② 张伟.高密党建网站信息管理系统的设计与实现[D].济南:山东大学,2009:13.

多数任务。SQL用于获取ODBC的支持,SQL语句可以直接被用户送给ODBC。

② JDBC模式。JDBC是一种JavaAPI,它的作用是执行SQL语句,并使统一访问可以被多种关系数据库接受,JDBC由接口和类组成。JDBC提供了一种标准,更高级的接口和工具可以据此构建,使数据库应用程序能够被开发人员编写。

(2) JDBC的特点

使用JDBC开发的程序可以跨平台运行,且不受数据库供应商的限制。通过扩展Java,人们可以用"纯"Java语言与任意的数据库通信。

(3) JDBC的功能

建立和数据库的连接。调用DriverManager.getConnection是标准的与数据库建立连接的方法。此数据库连接方法getConnection接收一个字符串参数,DriverManager类根据参数内容找到与其对应的驱动程序进行连接,所有的驱动类在JDBC管理层中都得以注册,getConnection将会对所有的驱动程序进行检查,直到找到与字符串参数相匹配的驱动程序为止。

执行操作语句。建立连接后,就可以向其涉及的数据库传送SQL语句。Java连接数据库时需要用到三个类,通过这三个类向数据库发送SQL语句。一是Statement:Statement对象用于执行简单的SQL语句,它是由Create Statement方法创建的。二是Prepared Statement:Prepared Statement对象也用于执行SQL语句,但是它比Statement对象效率要高,因为它是事先编译过的,随时等待调用;Prepared Statement对象带有一个或多个输入参数,并且有一组方法,这些方法用于设置输入参数,在执行语句时,输入参数被发送到数据库中。三是Callable Statement:Callable Statement对象也是用于执行SQL语句的,但与上述两个对象不同的是,它用于存储过程,通过调用名称来执行相关的SQL语句。一般情况下,Create Statement方法多用于执行一些简单的SQL语句,Prepare Statement方法多用于执行带有一个或多个输入参数的SQL语句。

数据结果。Execute方法用于执行SQL语句,运行后返回的数据结果为ResultSet对象。①

6.5 "互联网+基层党组织建设"的运行模式

"互联网+基层党组织建设"的应用范围很广,几乎涵盖了传统党务的各个方面,把这些应用领域按照互联网党建系统运行时所涉及的对象不同来分类,就得到"互联网+基层党组织建设"的运行模式。大体而言,"互联网+基层党组织建

---

① 孙艳梅.电子党务信息系统的设计与实现[J].东方企业文化,2014(20):270.

设"的运行模式分为三种,分别是党务部门内部的"互联网＋基层党组织建设"、党务部门与企业间的"互联网＋基层党组织建设"以及党务部门与党员群众间的"互联网＋基层党组织建设"。

1. 党务部门内部的"互联网＋基层党组织建设"

这种运行模式是指执政党与其他部门之间、执政党的各级组织之间、执政党的各个部门之间的各种党务事务的总和。

① 电子公文系统。公文处理是党务部门的一项基础工作,传统的公文处理以纸张文件实物为载体,通过签字、盖章、发布、签收等过程实现传递,这种方式费时费力费财,传递效率低,处理速度慢,而且公文不易保存。通过电子公文系统,公文可以在各部门各地区间准确迅速地传递,各种报告、请示、文件、建议等可以直接传给领导,而批复、公告、通知、通报、指示、决定等则可以直接下达给下属,这样可以大大提高公文传输的速度,提高公文办理的效率,缓解公文传递慢所引发的信息不畅和文山会海却执行不力的问题。

② 互联网信息发布系统。中国共产党是中国特色社会主义事业的领导核心,必须制定正确的路线、方针、政策、法律制度来引领社会发展进步。发布路线、方针、政策、法律制度是制定与执行中的重要一环,路线、方针、政策、法律制度涉及面广,信息量大,同国家与个人的利益息息相关。传统的发布过程环节多,时效性差,往往党中央出台了重要的政策法规,而基层的党员和老百姓却不知道。互联网信息发布系统能有效地解决上级与下级、党员与群众、政党与社会之间的信息不对称,信息发布快,成本也不高,有助于增强群众对大政方针的了解和法律法规意识。

③ 内部办公系统。内部办公系统分为两类,一类是横向的网络办公系统,指的是同级组织的不同部门之间的联网办公、相互协同与资源信息共享,如党员基本资料系统、党员日常管理系统、部门联合办公系统、资料信息共享系统等,另一类是纵向的网络办公系统,指的是不同组织的同性质部门之间的相互沟通、信息共享与上传下达,如宣传工作系统、组织工作系统、纪检工作系统、统战工作系统、政策研究系统等。这两类网络办公系统都借助于信息与网络技术完成政党内部的许多党务事务性工作,目的是在资料信息共享的前提下实现办公自动化与党务管理网络化。

④ 财政管理系统。财政管理系统是指各地各部门建立一个向上级机关或纪检部门报告财政预算以及执行情况的系统,系统有明晰的财政拨付、支出以及相关的文字说明与图表,以便使领导或部门详细掌握财政运行状况。财政管理系统有利于强化对党务部门的财政监督,合理调配和使用财政经费,减少腐败与奢侈浪费,提高党务部门的财政管理水平。

⑤ 业绩评价系统。以互联网技术为基础的业绩评价系统可实现对党务部门和党务机关工作人员的考评考核。以前由于缺乏量化的指标,党务部门和党务机关工作人员的业绩考评考核通常被忽视了,无法形成良性的竞争和约束机制,影响党务部门工作水平和工作能力的提升,也不能充分调动党务机关工作人员的积极性。业绩评价系统通过科学的设计,量化具体的各项考核指标,依照公开、规范和透明的程序,对党务部门和党务机关工作人员的业绩进行科学的考评考核,这样不仅可以使业绩评价更加客观,也有利于形成良好的竞争与激励环境,提高党务部门的工作水平与工作能力。

2. 党务部门与企业间的"互联网＋基层党组织建设"

这种运行模式是指执政党的各级各部门与企业之间的各种党务事务的总和,其中有的是具体事务活动而与党务党建活动无关,有的则是企业的党务活动,具体有以下几种运行系统。

① 互联网采购系统。通过互联网向企业公布党务部门的采购与招标信息,为企业介绍部门采购招标的相关政策和程序,提供指导与帮助。这将有利于党务部门通过互联网采购需要的办公器材设备,在比较中选择质量好、价格低的产品,节约成本,减少开支,网上公开招标也能一定程度地减少徇私舞弊与暗箱操作行为。互联网采购系统的使用实际上不是党务活动,与企业间的这种事务活动是党务活动的辅助,但这种网上交易能降低交易成本,提高交易效率,使党务部门的采购与招标更加透明,"由于交易过程是虚拟的、高效简洁的,依托网络信托体系,交易双方并不能直接见面,可以在一定程度上杜绝收取回扣等腐败事件的发生"[①]。

② 信息咨询服务系统。党务部门可以整合自身资源,将自己掌握的数据库信息资源适当地对企业开放,满足企业对各种信息的需求。通过建立网上电子化文件资料中心,为企业查询法律法规、政策规章、办事流程、新闻信息等提供服务,同时尽量将办事过程网络化,为企业提供网络服务,虽然党务部门不直接领导参与经济建设,但是党务部门掌握国家政权,制定国家发展的大政方针,引领经济社会发展的大方向,所以,党务部门与企业发展间接相关,信息咨询服务系统对企业而言是必要的。

③ 企业网络党建系统。随着经济社会的快速发展,社会主义市场经济体制逐步确立,国有企业改革深入发展,大量的非公有制企业快速成长。企业党务工作和党建工作面临新的问题与挑战:一些国有企业党建工作弱化、组织涣散、保障无力,兼职的党务工作者多,党员教育方式单一,政工干部积极性不高;非公有制企业的党建体系不完善,有的还没有党组织,存在"隐性党员""口袋党员"和"流动党

---

① 周自豪.中国现阶段的电子党务建设研究[D].上海:华东师范大学,2006:14-15.

员",党员受教育管理的难度大。企业网络党建系统能有效地完善党组织体系,强化对非公有制企业党员的日常管理,为非公有制企业的党建工作提供技术保障;另外,企业网络党建系统形式多样灵活,内容丰富新颖,也能为国有企业的党建党务工作注入新的动力。

3. 党务部门与党员群众间的"互联网＋基层党组织建设"

这种运行模式是指政党组织与党员和群众之间的各种党务事务的总和,党务部门与社会建立广泛的网络服务连接,将党务部门为党员和群众提供的信息服务公开化、网络化,使这些服务能够处于无缝连接集成应用的状态。

① 教育培训服务。通过网络对党员干部进行的教育培训,其课程内容丰富,选择性强,没有时间、空间和规模的限制,实现随时随地学、在线学、按需要学,使党员干部真正学有所得、学有所用。

② 互联网信息服务。通过网络,党员和群众能够更方便、更快速地获得党务部门的相关信息,如领导行踪、文件发言、政策法规等;党员和群众可以在网上对党务部门的工作发表意见看法,参与组织讨论,使政策规章的制定更加科学民主,也可以和上级党务部门及领导进行交流,反映意见和问题,党员和群众参与的意识提高;在党的各级大会选举中,可以实行电子投票,在网上公布候选人的资料照片与工作业绩,听取党内党外的意见和看法,让选举者对候选人有更深入的了解,使选举更加公开透明,同时节约选举成本,推进党内民主和社会民主。

③ 智慧化的党员日常管理。通过网络可以建立党员的电子身份认证系统,此系统以党员信息数据库为基础,可以记录党员的自然属性和基本情况,如姓名、性别、民族、籍贯、级别职务、入党时间、入党介绍人、家庭情况、工作经历、培训记录等。这种电子身份认证系统需通过授权加密进行查阅,并实行动态更新,这样一来,党内的各项统计数据得以快速生成,为党的各项决策做好基础性准备。党员管理的各项活动,如党费管理、党组织关系的转移、党组织生活、党籍管理、党员档案管理、党员日常活动、出差考勤等,都可以在网络系统中进行,不仅能够方便党员的日常管理,还能够提高管理的效率与水平,为党员干部的任免、调配、考核奠定基础。①

6.6 "互联网＋基层党组织建设"的技术结构

"互联网＋基层党组织建设"的结构系统到底是怎样的？从大的方面来说,

---

① 陈志.信息时代执政党党建工作新模式——"电子党务"问题研究[D].北京:中共中央党校,2008:95.

"互联网＋基层党组织建设"是一个大的系统工程,也是一个逐步完善和渐进的过程,它不仅实现中央—地方—基层的网络多层级互联,也实现同级部门之间的横向互联。根据《2006—2020年国家信息化发展战略》,借鉴《国家信息化领导小组关于推进国家电子政务网络建设的意见》,综合中央组织部《关于进一步加强组织系统信息化工作的意见》《2006—2010年全国组织系统信息化工作规划》和《2011—2015年全国组织系统信息化工作规划》,"互联网＋基层党组织建设"的网络结构可以概括为在继续完善"三网三库一平台"的基础上,各级组织部门逐步实现整网接入大组工网,其他相关业务单位根据工作需要实现连接。各级组织部门网络涉密信息系统分级保护建设基本完成,信息安全保障体系基本完善,全国组织系统主要业务信息资源库基本建成,党员、干部、人才信息管理平台基本建成;标准规范和管理制度进一步完善,机构队伍基本适应工作要求,初步形成上下贯通、功能完备、安全可靠的组织系统信息化工作体系,为领导科学决策和工作高效运转提供有力支撑。

1. 三网

在中央组织部的文件里,"三网"特指组织部门内部局域网、全国组织系统专网和国际互联网,实际上这是按照网络的分类来划分的。网络按覆盖范围大小可以分为局域网、城域网、广域网,"三网"也是一个由小到大的划分。"互联网＋基层党组织建设"的"三网"可借此划分为党建信息化内网、党建信息化专网和党建信息化外网。

①"互联网＋基层党组织建设"内网。"互联网＋基层党组织建设"内网是党务部门和党委系统的内部办公网,内网运行的是涉密的、比较敏感的、核心的信息或数据,主要用于部门的内部办公、信息传输与管理、决策支持等。简言之,就是把每位内部工作人员的办公用计算机互联起来,按照国家安全保密规定和涉密信息网络系统建设标准运行,目的在于提高部门的办公效率和水平。网络部分采用两台十万兆的网络核心路由交换机实现千兆或者万兆的双链路互联,构建起电子党务的系统内部数据交互核心平台。与此同时,作为核心设备配置的冗余管理引擎和电源引擎,采用热插拔模块化设计,充分保障网络设备的稳定可靠性。通过设计冗余备份的网络架构,全面提升网络系统的整体稳定性。内网网络接入层采用安全智能以太网交换机,通过双链路链接网络核心设备,冗余备份了安全链接的信息,使整个网络系统的可靠性得以保证。同时,在接入层采取分布式部署交换机的安全策略,从而保障内网的入口安全性。①

内网主要有以下功能。一是办公文档管理:在内网中,同级的各个部门之间、

---

① 赵红.电子党务与党建科学化[D].上海:华东政法大学,2012:16.

部门的上下级之间可以实现联通和资源的共享,如通过内部邮件系统传递内部信息,通过公文交换系统实现公文的纵向或部门横向传递等;在内网中的办公和文档管理可以保证信息和数据的安全传递,不仅可以减少信息传递的时间、人力和物力,还可以保证准时、准确无误地传递。二是进行决策:在内网中传递的是涉密信息和核心数据,这些都是各级部门原始采集所得,通常是调研处理所得,这些数据信息往往相当有价值,表现各行各业的重要情况,经过专家的分析和党务人员的判断,可成为决策的重要依据。三是应急处理:现代社会的发展与变化要求执政党的应急危机管理能力越来越高,由于以前各部门间资源信息共享不多,往往存在各自为政的情况,一些重要的危机信息通常被"过滤"了,导致在处理危机突发事件时,部门间难以相互支持、相互协作,难以及时有效地处理问题,内网的设置可以实现资源信息共享与快速传递,为应急处理事件提供帮助。

② "互联网＋基层党组织建设"专网。内网是局域网,以块状来划分不同的区域,专网则以工作性质的不同划分网络,如组织系统的专网、教育系统的专网、宣传系统的专网、办公厅系统的专网等。以中央组织部所要求的为例,"以中央组织部为中心节点,贯通省、市、县党委组织部,连接中央和国家机关部委、部分国有重要骨干企业和高等院校组织人事部门的全国组织系统专网;内部局域网连接组织系统专网,必须符合组织系统专网建设标准,并经过安全保密主管部门和中央组织部审批"[①]。可以看出,中央组织部是此专网的中心,各地各部门的党委组织部则负责本地本部门的连接组织系统专网的规划与建设,并且逐步把内网接入党务专网。其他专网的建设可以参照这一方案,专网的运行目的主要在于加强工作性质相同的党务部门之间的沟通与联系,交流工作经验,加快信息文件传递,更好地开展党务工作。

③ "互联网＋基层党组织建设"外网。外网是与内网相对的,两者在物理上相互隔离,外网主要运行党务部门不涉密的、对外服务的、无须在内网上运行的各种党务业务网。党务外网是执政党对外的窗口,主要对党员和群众提供相关的业务服务。"外网平台建立在公共通信网络平台上,通过应用支撑平台与公共互联网络实现连接,并与各级各类的外网实现互联和信息交换。"[②]所以,外网是连接互联网的,接入国际互联网则必须严格与内部局域网、系统专网物理隔离,以确保安全运行。外网网络接入层采用安全智能以太网交换机,通过双链路链接网络核心设备,冗余备份了安全链路层信息,使整个网络系统的高可靠性得以实现。与此同时,在接入层采取分布式部署交换机的安全策略,在内网网络入口确保了外网的

[①] 关于印发《2006—2010年全国组织系统信息化工作规划》的通知[EB/OL](2006-12-30)[2017-07-28]. http://www.tadj.gov.cn/printPage.asp?ArticleID=2293.

[②] 侯康超. 中国电子政务建设的政治学透视[D]. 苏州:苏州大学,2005:26.

安全性。①

外网主要有以下功能。首先,执政党有关系统和部门的信息发布、文件查询、信息反馈等,以前主要是通过宣传刊物、纸质传媒、文件下发等方式进行的,现在外网的信息发布与查询能做到更加及时、快捷、方便与准确。其次,在面向党员和群众的业务服务方面,随着"互联网＋基层党组织建设"的使用和运行,党员和群众对它的接受和认可程度都大大提高,此时"互联网＋基层党组织建设"外网满足党员和群众的需求,为他们提供更多的服务成为一项重要职能,这也符合我党的性质和宗旨的根本要求,服务形式主要有两种,一种是单向的服务,如党员和群众在网上进行文件下载、信息查询、党费缴纳、组织关系转接、网上教育与培训、网上组织生活等,另一种是双向的交流,如党员和群众对办事程序步骤进行咨询,对某一问题发表看法,与其他党员、领导或组织交流等。最后,外网还具有面向社会的信访、投票、监督、电子统计、数据收集、留言等功能。

2. 三库

"三库"是指人员信息库、办公信息库、知识信息库。在"互联网＋基层党组织建设"中特别强调数据,所谓"三分技术、七分管理、十二分数据"②,不管是企业、政府还是执政党,开展信息化建设时都要重视数据库的建设。目前我们十分注重网络的基础设施建设与局部的应用,但是信息资源数据库开发不足,造成了"有车无货"和"有路无车"的现象。"互联网＋基层党组织建设"如果没有信息资源数据库的强大支撑,很难取得大的成效。

① 人员信息库。人员信息库是指有关人员的信息数据库,主要包括党员信息库、领导信息库、后备干部信息库、专家学者信息库、离退休人员信息库等。党员信息库用于了解或查询党员的基本情况和信息,便于党内统计数据的生成,并逐步实现党员日常管理的信息化与数字化。领导信息库用于实现领导基本信息的查询、行为行踪的动态掌握,实现干部任免、工资、待遇、奖惩、培训、监督等日常管理工作的信息化。后备干部信息库用于关注培养后备干部,对后备干部的基本情况、工作经历、能力特长、主要表现、培养经历等进行跟踪考察。专家学者信息库用于掌握专家学者的基本信息、学历职称、技术水平、科技成果、主要成绩等,为执政党的决策提供咨询。离退休人员信息库用于了解离退休人员的经历、退休生活、健康状况、意见建议等。

② 办公信息库。办公信息库是指与办公活动有关的信息数据库,主要包括文件信息库、工作情况信息库、档案信息库等。文件信息库是指各级各部门的文件集合,必须分类别分级别建好,严格区别发文范围和文件密级,实现文件的网上发

---

① 赵红.电子党务与党建科学化[D].上海:华东政法大学,2012:16.
② 国家行政学院电子政务研究中心.电子政务理论与实践[M].北京:党建读物出版社,2003:99.

布、传达、检索与查阅。工作情况信息库是各级各部门工作情况的汇总,主要包括工作简报、工作动态、交流经验、专题报道、内部参考等,实现各级各部门之间的交流与学习。档案信息库是建立各部门档案的数据库,包括个人档案、文件档案、会议档案等,不仅要把现有的重要档案进行归档,还要把以前的档案变为电子文档,实现档案管理的数字化,便于保存与查阅,当然,前提是要保证档案的安全。

③ 知识信息库。知识信息库的内容十分广泛,主要包括法律法规库、时政新闻库、党建党务资料库、杂志期刊库、文化艺术品库、干部教育培训资料库等。信息时代也是知识时代,"互联网+基层党组织建设"的运行离不开知识的集合与支撑。除了上述数据库外,各部门还需结合自己的实际和特点制定相关的数据库,知识信息库是必备的,同时是多样的,要从实际需求和客观条件出发,不断加以完善和充实。

但是实际上,信息数据库并没有得到充分的开发利用,没有被"活用"起来以产生更多的增值效益。一方面,党政部门掌握着信息资源,但出于部门利益不愿意共享,当然这也出于对保密性的考虑;另一方面,我们的信息化建设更强调基础设施建设,大量资金投向硬件配置和网站建设,缺乏对信息数据库的建设、信息录入、动态更新及充分利用。

"互联网+基层党组织建设"必须建立和完善相关的信息数据库,不仅包括上述的"三库",还包括国家人口信息库、自然地理资源信息库、经济发展信息数据库等,同时要加强对数据库的利用与更新,为"互联网+基层党组织建设"的运行奠定信息资源基础。

3. 一平台

"一平台"是指在"三网三库"的基础上,以云计算技术、移动通信技术和大数据技术等信息技术为手段,利用管理信息资源的一系列软件系统,围绕管理服务、组织生活、学习教育与交流互动等党建工作打造的基于特定身份、位置服务的移动智慧党建平台,以实现党务工作移动化、信息处理云端化和党建数据可视化。[①]"互联网+基层党组织建设"网站是"互联网+基层党组织建设"运行的综合平台,"三网三库"都是其系统背后的支撑,党员和群众或许对"三网三库"的运作缺乏专业的了解,但是智慧党建平台可以带给他们最直观的接触,成为执政党与党员群众联系的"窗口"。党建信息化功能作用的发挥最直接的依托就是智慧党建平台,党员和群众不需要知道专业的计算机知识,也不需要知道网站后台的工作服务流程,通过智慧党建平台就可以获得相关的党建党务公开信息,查询、咨询文件与服务过程,在线与其他组织、党员、领导进行交流等,所以,智慧党建平台建设尤为

---

① 黄娟,米华全,陆川.智慧党建:内涵特征、体系架构及关键技术——以"智慧红云"党建系统为例[J].电子科技大学学报(社科版),2016(1):85.

重要。

我国目前的"互联网＋基层党组织建设"平台仍然以党务网站的建设为主,各地方、各层级组织、各部门相继建立了自己的党建党务网站,这些网站主要包括时事新闻动态、信息资料查询、党史党建信息、党务日常管理、网上文件发布、办事服务指南、党员干部管理、论坛博客、基层党建、问卷调查、视频点播、网上党校、交流反馈、网站链接等内容。但是,作为新时期党建实践领域技术创新的重要内容,国内的智慧党建平台建设还处于探索阶段,比较成熟的有宁波江北区的"江北智慧党建"平台、广东移动智慧党建项目等。从全国范围来看,基于最新的云计算技术、移动通信技术和大数据技术,满足用户个性化需求的智慧党建系统成果还比较少,还有很大的发展空间。①

总之,用"三网三库一平台"概括"互联网＋基层党组织建设"的网络结构是抽象的,但又不能是绝对的,网络结构也是随技术发展和功能需求而变化的,并且本地本部门的网络结构建设必须结合本地本部门的实际展开。②

6.7 案例分析:常州市钟楼区"三微"平台助推机关党建更有"温度"③

近年来,钟楼区坚持创新载体,引导和组织机关党员加强学习,提升服务,从"党员义工 365"到"下基层、进农户、结对子",从"新阳光进社区"到"三联三送一凝聚",通过坚持不懈的主题实践活动,引导机关党员始终牢记宗旨,主动"亮身份、真服务、树形象"。2016 年,常州市钟楼区机关工委以"两学一做"为契机,精心创设"三微"平台,即"微党课、微公益、微关怀",推动机关"两学一做"学习教育深入开展,构架机关党员志愿服务绿色通道,极大地增强了机关党建新活力。

1. 推进措施

(1)微党课

针对机关党员平时工作忙、学习需求多样化等特点,开通"掌上学习课堂",开发传递图文并茂、丰富多彩的学习资源,及时推送主题聚而精、切入小而巧的学习内容,包括党章内涵、党史知识、党规党纪、习近平总书记系列重要讲话、基层党员

---

① 黄娟,米华全,陆川.智慧党建:内涵特征、体系架构及关键技术——以"智慧红云"党建系统为例[J].电子科技大学学报(社科版),2016(1):85.
② 陈志.信息时代执政党党建工作新模式——"电子党务"问题研究[D].北京:中共中央党校,2008:54-58.
③ 秦华,闰妍.常州市钟楼区:"三微"平台助推机关党建更有"温度"[EB/OL].(2016-11-30)[2018-08-18]. http://dangjian.people.com.cn/n1/2016/1130/c406978-28912076.html.

义工动态等资料,并采用漫画、图表等生动活泼的形式,不断增强微党课的吸引力、可读性。机关党员可随时随地浏览微信公众号进行学习,通过便捷有效的学习方式进一步明确党员的基本标准、规范自己的言行举止、形成强烈的服务愿望,促进"做一名合格党员"的意识入脑入心。

(2) 微公益

坚持学以致用,注重以知促行,在机关党员中实施学习教育、志愿服务"双积分"管理制度,要求机关在职党员每年学习教育积分、志愿服务积分分别不少于100分。机关党员通过登录常州在线学习或钟楼智慧党建网站获得学习教育积分;通过登录钟楼党员义工网站、微信公众号等平台就近就便认领"微心愿",帮助身边的普通党员群众解决小困难、小需求、小梦想,获得志愿服务积分。机关工委将"双积分"作为机关发展党员、预备党员转正的先决条件,对积分靠前的组织和党员优先考虑"一先两优",同时,区级机关还定期开展"党员义工之星""支部之星"等评选表彰活动,在全机关营造创先争优的良好氛围。

(3) 微关怀

在引导机关党员真诚服务群众的同时,工委也加强研究加大对机关党员的关爱力度:重点加强对遭遇突发事件、意外伤害,患大病重病等导致生活特别困难的机关党员的帮扶,让他们感受到党组织的"雪中送炭";与中国电信平台合作,积极搭建短信关爱载体,为机关党员送上生日慰问、党龄慰问、节日慰问等短信祝福,让他们感受到党组织的"锦上添花"。同时,逐步建立健全党员活动日制度,提醒党员按时参加活动,并定期组织党员干部观看红色电影、警示教育片等,充分尊重和关心党员权利,重视处理和解决党员权利保障方面的实际问题,不断增强机关党组织的"存在感"。

2. 主要成效

钟楼区机关运用"互联网+",创设"三微"平台,线上线下开展党员学习教育、志愿服务和党内关爱,为机关党的建设注入了温度,有力地推动了机关党建走在前、作表率。

(1) "三微"互动平台实现了供给与需求的无缝对接

"微党课"打破了传统党建受时空的制约,让机关党员动动手指就能随时随地学习自己感兴趣的知识信息;"微公益"让爱心传递平台成为困难群众的"心愿站"、机关爱心党员的"接力棒"和"储蓄池";"微关怀"让党员充分感受到了党组织的温情,改变了原来对机关党员"只讲奉献不谈关爱"的情形,大大增强了党组织的凝聚力。截至2016年11月,"三微"互动平台基本保持每周推送3~4期的频率,机关28个党组织556名党员积极关注和响应,"三微"互动平台把机关党组织服务党员群众的功能进一步拓展,满足了机关党员、群众与时俱进的不同需求。

(2)"三微"互动平台激发了服务与示范的内生动力

机关党建方式的创新激发了机关党员特别是年轻党员参与党建、参与志愿服务的热情。截至2016年11月,有专用标记、固定队伍的机关志愿服务队伍共计24个,其纷纷发挥特长和优势,为群众提供政策宣传、法律咨询、矛盾纠纷调解等志愿服务活动。截至2016年11月,机关党员认领微心愿254个,参与微公益1 000多人次,服务群众2 000多人次,其中,"书香点亮梦想"获得了"书香常州·悦读200"年度好活动,"机关党员走进常州儿童福利院"等活动也取得了很好的社会反响。通过志愿服务,机关党员在提升获得感和幸福感的同时,党员意识和示范意识也得到了进一步的增强。

(3)"三微"互动平台促进了效能与形象的有效提升

"三微"互动平台作为建设学习型、服务型党组织的良好载体,增强了机关党员对当前机关党建工作的认同感,使机关党员在学习中牢固树立宗旨意识和党性观念,在实践中改进作风、提升效能、转变形象。在"机关作风大家评"中,社会各界对机关的满意度达到98%以上。钟楼区运用"党建+"拓宽机关党员加强学习和志愿服务的载体,这一做法先后在《江苏组工信息》《中国组织人事报》等媒体进行刊载。开设的短信党内关爱平台多次收到党员表示感谢和感动的来电、来信,《常州新闻联播》曾在2016年"七一"前期对此进行专题报道,在全社会营造了良好的氛围,彰显了机关党建的良好效应。

6.8 调查研究:夏县水头镇创建"掌心党建"为"三基"建设插上网络翅膀[①]

柴照明通过对夏县水头镇"掌心党建"体系建设进行调研,认为其依托互联网和移动终端,着眼于党建为民服务核心,通过创新党建平台构建"互联网+党建""微信+党建"等"掌心党建"新体系,有效推进了党员教育管理、联系服务信息化,为"三基"建设插上了"网络翅膀",实现了提速提质提效。

1."掌心党建"的提出

调研期间,水头镇共有28个农村党支部,6个镇党支部,1 294名党员,其中农村党员1 106名,机关党员188名。

在信息化时代,互联网已成为人们获取信息的重要手段和工具。为适应新形势,水头镇利用微信信息传递快、辐射面广、趣味性高、维护成本低和操作性强的

---

① 柴照明.为"三基"建设插上网络翅膀——夏县水头镇创建"掌心党建"的调研与思考[J].先锋队,2017(28):22-23.

特点,实行"互联网＋党建"模式,将传统方法与网络信息技术有机结合,提出"掌心党建"工程,将党员干部和群众掌中的手机打造成工作部署台、民意收集台、业绩亮晒台和比学竞赛台,着力破解党员教育管理难、党内组织生活不经常、党内监督不够、党员服务意识不强等突出问题,着力破解管理民主落实不够好、任务推进不到位、不全面等基础工作滞后问题,着力破解农村干部组织群众能力不高、与群众沟通能力不足、服务群众能力不强等基本能力相对低问题。

2. "掌心党建"的运行

① 掌心联万家,织密服务网。该镇成立了"掌心党建"工作领导组,全镇28个村依托"互联网＋手机终端",以"掌心党建"为切入点,建立"微信＋党建"工作群,完善线上服务体系。该镇建立以34个党支部、181名干部为主的"涞水论坛""涞水政务"两大微信平台,各党支部建立以村"两委"干部、党员和群众代表为主的工作群,例如,阎赵村建立260余人"核心价值文化群","两委"干部与党员群众时时沟通,传播正能量。

② 掌心传党音,聚力强组织。以"涞水论坛"和手机终端为依托,强化党员日常教育管理、传达文件精神、安排部署工作、宣传科技法律和农村实用知识。2016年1月—2017年8月,累计推送学习内容386期,图文、视频786余条。依托"涞水政务",开展了党课讲授促学、专题讨论促学、书法演讲促学、笔记展评促学、知识测试促学的"五促五学"活动,组织网络比赛2次、专题讲座6次、典型报告15次,引导全镇党员干部凝聚力量,建强基层组织。

③ 掌心亮承诺,明责夯基础。推行"包片连村、包党建落实、包产业发展、包信访稳定、包安全生产"的"五包"机制,实行"承诺立状目标责任制"管理,村村建起承诺台账,年初各党支部书记在"涞水论坛"上亮相承诺,压实党建责任,及时反映工作动态,达到镇村工作部署、进展、监督等全程公开,有效解决了"干与不干、干多干少、干好干坏一个样"的问题。同时,以"配徽挂牌亮承诺"为重点,开展"三亮三比三评""党员示范户"创建,全镇千余名党员网上网下亮承诺,定岗亮职责,挂牌亮身份,使党员由无职变有责,由无位变有为,确保基础工作任务落地生根。

④ 掌心强管理,引领促发展。网上定目标:将镇村全年工作任务细化为六大类30个小项,予以公示。网上晒进度:每季进行一次督查,网上通报结果。网上亮制度:对各村工作制度、议事规则、办事流程等时时公布,对工程发包、财务收支等逐月公示,实现群众有效监督。网上树典型:对工作任务完成好的,及时在"涞水论坛"上发布视频,予以表扬;先后选树"最美党员""最美干部"等各类典型100个,营造了明争暗赛、争创一流的浓厚氛围。

⑤ 掌心抓学习,培训提能力。把学习党章党规,学习系列讲话和中央、省、市、县系列会议精神作为重要内容,通过短信课堂、微信课堂、网络课堂、流动课堂、典

型课堂、警示课堂、实践课堂等七大课堂,抓好"领头雁"教育培训,开展"普通党员进党校"活动,乡镇建党校、村村建夜校,保证党员每年至少进行一次党性教育和技能培训,并通过物资帮扶、产业扶持等方式,提高党员干部能力素质。

3. "掌心党建"的成效

① 基层组织全面加强。通过实施"掌心党建"工程,党员干部学习积极性、主动性和实效性进一步提升,党员主体意识得到强化。通过网上公开承诺,有效解决了党组织对党员服务渠道少,与党员群众交流互动难的问题,架起了乡镇党委—村党支部—基层党员群众的便捷、实时的沟通桥梁,有效凝聚了党群干群力量,基层组织全面加强。

② 基础工作全面扎实。通过实施"掌心党建"工程,党员群众可及时了解工作动态,镇村干部可第一时间掌握群众需求。采取网上承诺倒逼法,督促镇村干部及时解决党员群众关心的水路电等民生事业,做到群众有需求、支部有作为、党员有行动。闫赵、马乔等5个村建立了日间照料中心,兴南、大张等3个村兴办了油桃批发市场、农家土布手工制品公司等集体经济实体,带动122户368人脱贫基础工作全面进步。

③ 基本能力全面提升。通过实施"掌心党建"工程,全镇党员干部时时学习、处处培训,线上线下教育培训同跟进。党员干部和群众的思想进一步解放、观念进一步更新、作风进一步转变。村规民约和家风家训100条全部上墙,"五议两公开"重大事项决策制度有效完善,网格化卫生管理和巷道服务责任人机制,全面打造"分分钟"服务圈,党员干部服务群众、化解矛盾、引领发展能力全面提升,形成了争先进、创一流的赶超氛围。

第7章 "互联网＋基层党组织建设"的实践路径研究

7.1 "互联网＋基层党组织建设"的总体思路

7.1.1 "互联网＋基层党组织建设"应把握的几个问题

1. 处理好"知"与"行"的关系

一方面,各级党组织和广大党员要充分认识到,运用互联网技术加强和改进基层党组织建设已经成为党执政兴国的重大时代课题,重视网络、利用网络、建设网络是时代的要求、党性的要求、人民的要求,必须以积极的态度、创新的精神,把互联网放在国家长治久安的战略高度定好位,以更加开放的思想、更加宽松的环境善待互联网,以更加前瞻的眼光、更加创新的思维建设互联网。另一方面,各级党组织和广大党员要加强学习实践,把运用互联网技术开展工作作为一门必修课和基本功,加快建立党员干部网络培训制度,制定培训大纲,编写一批高质量的实用培训教材;要把提高运用互联网技术的能力纳入干部学习和培训体系,依托高校、党校和行政学院,每年分批次地对各级党员干部进行网络素质培训;定期组织党员干部到一些知名网站实地学习、现场模拟,使其熟悉网络设施的使用方法,明确发布信息、接待采访的原则要求,掌握运用网络开展党群工作的时机和方法。

2. 处理好"物"与"人"的关系

运用互联网技术加强和改进基层党组织建设,既要有物质条件,又要有人才队伍,前者是基础,后者是保障。没有网站和强大的技术平台,再好的内容都无法送达受众。要制定财政、税收、融资等优惠政策,做大做强新华网、人民网等现有的全国性知名网站,实现大范围、广领域的资源交流和共享;重点推进纪委、组织、宣传、统战、政法等党委部门系统网站及各省区市地方党委党建网站建设,形成特色;鼓励扶持区县党政网站、网页建设,扩大影响;加快推进农村自然村通电话和行政村通宽带工程,逐步建设一个自上而下、从点到面、条块结合、分工明确、各有所长、已有和在建相结合的全国性党建网络网站系统。加强对基础性网络技术、数字技术、多媒体技术、信息管理技术等关键技术的研发和应用,开发网络舆情监控系统、有害信息过滤技术、数字版权登记技术等,为互联网的管理和运用提供技术保障。同时,要努力建设一支政治强、技术精、作风好的党建网站工作队伍,牢牢掌握网络控制权、信息发布权、舆论话语权和舆论监督权。

3. 处理好"放"与"管"的关系

运用互联网技术加强和改进基层党组织建设,既要充分利用互联网资源,又要尽可能地避免由网络传播而产生的不良现象和负面影响。之所以要采用互联网技术来推进党的建设,是因为网络平台具有开放性,信息传递具有辐射性,我们必须破除一些陈旧的、封闭的、落后的、不合时宜的思想包袱,用开放的头脑在开放的网络上推进党建工作。同时,必须有意识地加强对互联网的管理,坚持在开放中管理,在管理中开放。要按照依法管理、科学管理和有效管理的要求,制定完善互联网管理法律、法规,建立健全党建网站管理规章制度和监管机制。要健全网络舆情分析研判机制,强化对网上论坛、博客、播客、即时通信等的管理,强化对网络视听节目、手机媒体的管理,加强网络视频、网络图文有害信息监管平台建设。要健全有害信息封堵删除协调机制,研究制定网络文化信息服务管理办法,严厉打击违规违法网站,基本消除网上反动、淫秽、色情内容的传播。

4. 处理好"内"与"外"的关系

运用互联网技术加强和改进基层党组织建设,要抓好"两网"建设,即正确合理地利用党政机关系统局域网与互联网这两种网络平台。系统内网与互联网在党建工作中扮演着不同的角色、肩负着不同的任务、发挥着不同的功能、产生着不同的效应。内网主要是为了保证信息安全,涉及党秘密的业务和信息;外网直接为公众提供网络服务,涉及的是非涉密的业务和信息。正确认识两网性质、合理利用两网资源为有效开展党建工作提供了多种选择和技术保障,既可以实现网络资源的优化整合,又可以有效地控制信息传达的对象、范围,在实现信息公开的同时保证机要任务不受干扰地得到执行。在实际工作中,我们要做到"内外有别",扬长避短,使两网优势在网络党建工作的不断深入过程中得到充分的体现。必须严格执行信息保密制度,准确把握涉密信息与非涉密信息的界定,严防泄密事件发生,切实保证党的信息绝对安全。同时,我们要处理好境内与境外的关系,在抓好境内互联网建设的同时,充分利用境外互联网资源,建立宣传阵地。

5. 处理好"上"与"下"的关系

运用互联网技术加强和改进基层党组织建设是一项系统工程,既是中央的战略任务,又是各级党组织的具体工作,必须充分调动中央与地方、上级与下级的积极性,聚集各方智慧和力量协同推进,防止出现"一头热"的现象。做到"上下齐心",从党中央到党的基层组织要统一思想、高度重视;做到"上下齐力",中央和地方、上级和下级都要加大财力、人力和精力的投入,共同加强互联网和党建网络的建设、运用、管理;做到"上下齐享",加强统一规划,明确中央和地方、上级和下级党建网站的职责,突出特色,避免党建网站千篇一律、雷同重复,减少资源浪费,促进资源共享。

6. 处理好"虚"与"实"的关系

互联网技术本身不具备物理形态,但是能够对现实社会产生实质性的影响。因此,在利用互联网推进基层党组织建设的过程中要充分认识网络平台的虚拟形态与实际产生的社会效应之间的关系。在党的建设中有效地利用网络平台能够提高工作效率,降低不必要的工作成本,减少相关工作环节,具有直接、迅速、便利的优点。但是,要把这些潜在的优点变为实际工作中的优势还必须建立健全一整套相应的工作流程和应急处理机制,否则不但无法发挥互联网技术的优势,反而会妨碍正常工作的运行。网络对现实世界的影响虽然表现形态多种多样,但追根溯源无非两种:利与弊。对于良性社会反响,我们自然乐见其成;对于不好的社会反响,我们更要接受挑战,抓住时机,完善工作机制。如何区分虚拟与现实,如何理清责任与过失,如何落实倒查制度,这些都是我们面临的迫切需要解决的问题。不处理好虚拟与现实的关系,就无法确认网络党建中的责任与义务,就无法明确工作中的成绩与过失,就无法落实网络党建的目标与要求,我们的党建工作就缺乏明确的衡量标准。

7. 处理好"旧"与"新"的关系

"互联网+基层党组织建设"要求我们改进传统的工作手段和方式,但这并不意味着所有的传统做法都过时了。我们不能丢掉传统的优势,如谈心谈话、进村入户、走访慰问等,尤其在农村,党建工作是好是坏关键在人。面对面的思想政治工作,切合实际的工作措施还是基层党建工作的主流,点对点是不能取代面对面的。同时要对信息系统、体系进行人性化的设计,在工作程序上,不能唯数字化、信息化、模型化,要使党建工作与互联网技术相互融合。①

7.1.2 "互联网+基层党组织建设"的指导思想

以党的十九大精神和习近平总书记系列重要讲话精神为指导,准确把握互联网技术的发展给党的基层组织建设带来的机遇和挑战,积极利用互联网技术探索

---

① 中共湖北老河口市委组织部.信息化条件下提高基层党建科学化水平研究[J].领导科学,2012(1):44-46.

构建立体化、交互式的基层党组织工作平台,拓展基层党组织开展活动、发挥作用的空间,扩大信息时代基层党组织建设的影响力,努力使互联网、手机等信息媒介成为新时期全面从严治党的有效载体、提高党员素质能力的重要途径、传播党的政策主张的重要阵地、展现新时期党的光辉形象的重要窗口。

7.1.3 "互联网+基层党组织建设"的体制机制

互联网技术条件下的基层党组织工作机制是一项复杂的系统工程,涉及组织领导、队伍建设、设备保障、外部环境、评估奖励等各种问题,必须从整体上统筹考虑和科学设计。从"互联网+"时代基层党组织工作的实际出发,结合建立网络党建工作体系的要求,应重点加强领导机制、实施机制和保障机制的创新。这三个机制是创新基层网络党建工作机制的三个主要方面,缺一不可,它们相互支持和补充,是紧密联系、不可分割的有机整体,共同作用于基层网络党建工作的不断实践之中。

1. 构建完善的领导机制

① 完善组织领导体系。"互联网+基层党组织建设"工作是在互联网环境下推进基层党的建设与时俱进,更好地发挥基层党建的引领作用和保证监督作用的必然选择。"互联网+基层党组织建设"在领导体制上应形成党委统一领导,党委职能部门和网络管理单位各司其职、密切配合的组织领导体系,上下结合、职能部门联动、党政工团学齐抓共管的立体运转组织领导体系。①

② 加强决策和规划。"互联网+基层党组织建设"工作要体现前瞻性、全局性和导向性,离不开科学的决策和整体规划。按照系统论的观点,在整体规划中,立足于建设一个自上而下、从点到面、已有和在建相结合逐步推进的党建工作网络。遵循科学的决策程序,按照决策民主化要求,建立和完善普通党员、专家咨询、领导决策相结合的决策机制,使"互联网+"时代基层党组织的各项决策更加符合网络发展和党建发展的客观规律。②

2. 构建科学的实施机制

① 主动灌输。互联网虚拟性强、自由度高,网民成分复杂,网上信息质量参差不齐,黄色、虚假、反动信息在网上大量存在,再加上敌对国家和敌对分子利用自身拥有的互联网技术优势,处心积虑地在网上进行意识形态的渗透和反动思想的宣传,给正确思想的形成带来了严重干扰。事实证明,互联网这一党建工作新领

---

① 朱延华,沈东华.简论高校网络思想政治工作的基本体系[J].学校党建与思想教育,2004(2):58-59.
② 程勉中.党建信息化的基层推进路径[J].中共贵州省委党校学报,2014(2):57-62.

域,若马克思主义不去占领,则非马克思主义甚至反马克思主义必然会去占领。因此,在这场"没有硝烟的战争"中,基层党建必须抢占网络上的马克思主义阵地,扩大"互联网+基层党组织建设"工作覆盖面。为此,应尽快建立起数量众多、有一定规模、信息量巨大的具有鲜明的马克思主义立场、观点和方法的党建网站信息传播系统,用以传播马克思列宁主义、毛泽东思想、邓小平理论、"三个代表"重要思想、科学发展观和习近平新时代中国特色社会主义思想,展示中国改革开放与社会主义现代化建设的伟大实践与成就,使马克思主义主流意识形态成为网上的重要信息资源。这是争取工作主动权、夺取互联网阵地党建工作制高点的关键。

② 积极互动。互联网所具有的强大的交互性和富有个性化的特征是传统媒体无法比拟的,尽管传统媒体也有"读者来信""编读往来"之类的联系编者与读者的渠道和窗口,但其受时间、地域以及版面等因素的影响和制约,往往存在滞后、信息量小等问题。利用互联网所提供的留言板和其他语言或图像工具,则可以实现双方之间或多方之间的超速互动。在网上,施教者与受教者可以在一种虚拟的状态下不顾及对方的地位、身份、平等、自由地进行交流,敞开心扉,畅所欲言。在这种状态下,施教者与受教者的身份会随着对问题探讨的深入而逐渐变得模糊,甚至发生转变,即可能出现受教者转变为施教者,原来的施教者反倒成为受教者的状况。按照教育学的理论,这种教育模式是最理想的状态,可以大大提高思想教育的渗透力和影响力。党建工作者应充分利用这种优势,主动上网,参与基层党员关心的热点问题的讨论,加强引导。基层党建网站可以学习、借鉴人民网"强国论坛"的经验,积极倡导并努力办好"党员论坛""党课指南""书记网上信箱"等栏目,在基层党组织与党员群众之间搭建一座"交流思想、增强信念、巩固基础、促进党建"的桥梁。①

③ 加强自律。由于互联网传播速度快、地域广,完全突破了时空限制,网络信息对人们,尤其对爱上网、知识丰富、思想活跃、对各种信息非常敏感的党员群众来说影响极大,因此,对党建工作信息既要大胆上网,及时公开,又要谨慎行事,从严把关,始终保证党建工作信息的真实性、科学性和权威性。为此,一定要严明党建工作信息发布纪律,同时要加强对党建工作队伍的自律教育,使之切实做到:党建信息发布必须遵守党的政治纪律,保证发布的信息真实、准确,不得损害党和国家的利益和形象;党建的重大理论问题研讨必须与党中央保持高度一致,在中央没有文件认可的情况下,不得擅自发布研讨结果,以免混淆视听,发布的研讨结果应对加强和改进党的建设有益;上网的党建资料必须是权威出版社公开出版的资料,对内部发行或具有保密性质的法规、条例、文件禁止照搬上网;上网资料必须

---

① 曹广全.网络党建:执政党建设的全新课题[J].党政干部学刊,2005(3):15-16.

准确,特别是党的法规、条例、文件,切不可随意从一些网站上下载后,不经处理就搬到自己的网站上,以免以讹传讹;党建热点难点问题在线调查,尤其是问卷设计,切忌提出一些似是而非的问题,以免误导网民。①

3. 构建可靠的保障机制

① 全时监控。凡事有利必有弊,互联网的自由与开放在发挥积极作用的同时,也给某些政治谣言、恶意诽谤等有害信息迅速广泛地传播提供了技术手段。要对党建网站上的网络论坛、聊天室、留言板等网络互动平台上的舆论和信息进行"全天候"的收集、整理和分析,及时掌握网上舆情动向,一旦发现不良苗头要及时采取有效措施,有针对性地做好化解工作,对随时出现的有违"四项基本原则"的言论做到及时删除,并且要善于从中发现党员群众关注的热点、难点问题,尤其是带有倾向性和群体性的问题。为此,必须建立网上信息监控机制,制定网上突发事件的防范和应急处置预案,特别要密切关注政治敏感时期网上的思想和情绪反应情况、敌对势力进行有组织的网上宣传渗透情况以及网上传播政治谣言和利用病毒技术传播反动信息等情况,做到未雨绸缪。

② 适时评估。通过网络化建设完善考评机制,建立适应时代特点的工作模式,是信息化条件下基层党建工作的新特点。首先,党组织要在互联网平台上建立客观公正的考评体系、全面系统的考核标准,实现基层党组织考评工作在网上的有序展开。其次,要通过互联网技术建立健全党建工作巡视制度,积极利用新颖的互联网交流方式,如网上留言、网络座谈会、电子形式报告等,进行网络交流和检查,及时了解基层党建工作中发现的新问题、出现的新形势,通过分析总结提出解决问题的方案。最后,在考评工作中加大网络监督力度。②

③ 队伍建设。按照"素质优良、专兼结合"的要求,组建一支由网络研发员、网络管理员、网络宣传员和网络咨询员组成的专兼职党建信息化队伍。切实加强队伍培训,不断提高其政治素质、业务能力和服务水平。加强队伍管理,充分调动和发挥"互联网+基层党组织建设"建设工作者的积极性、创造性,为构建开放统一的"互联网+基层党组织建设"系统提供人才保证和智力支持。③

④ 保证信息数据安全。信息数据的安全是网络党建有效运转的基石。随着网络化的发展,意外灾害、计算机故障、人为破坏、病毒入侵、信息篡改等事故都会对互联网造成很大的破坏,会给"互联网+基层党组织建设"工作造成较大的损失。为防止破坏,降低损失,建立健全党建信息数据安全制度势在必行。首先,要运用技术手段严格限制网络信息来源,所有的内外连接都要接受检查过滤。其

---

① 刘大秀.走近网络谈党建网站[J].党政干部论坛,2003(1):12-13.
② 陈莹.信息化条件下基层党建创新解析[J].经营管理者,2016(2):331.
③ 程勉中.党建信息化的基层推进路径[J].中共贵州省委党校学报,2014(2):57-62.

次，要制定符合实际的信息安全和网络使用安全方面的管理办法，对信息系统的安全标准、资料和网络管理以及紧急应变处理等做出明确规定。最后，要加强安全稽查和考核，对网络各责任主体与其网络行为应建立可追寻的对应关系。①

7.2 "互联网＋基层党组织建设"的基础建设

7.2.1 "互联网＋基层党组织建设"的思想建设

1. 建立网上理论宣传普及阵地

建立以党的各级组织机构网站为主干、各级党报党刊网络版为依托、各类商业网站为辅助的网上马克思主义阵地，将马克思主义经典著作、党的基本路线和方针政策、党和国家领导人重要讲话等文献资料上网，形成党的理论学习网上资源库。针对不同层次的受众，设计内容深浅不一、表现形式不同的党建网页或栏目，精心组织网上党校、网上党课等活动，让党的政治纲领、宗旨、主张、方针、政策更好地走进人民群众，真正为人民群众所了解、所掌握、所运用。在网上定期发布党建理论研究成果，并通过开设"理论网上沙龙""热点问题论坛"等活动，采取"留言板""网上聊天"等形式，引导党员和群众关注理论热点，加强理论探讨，掌握最新研究成果。

2. 建立网上舆论导向阵地

当前，互联网已成为社会舆论的重要发源地和风向标，对社会思潮的形成和社会情绪的变化发挥着举足轻重的影响作用，对互联网的掌控力直接影响舆论宣传的话语权。利用互联网的组织功能，加大互联网与传统媒体的信息资源整合，建立互动的网络系统和新型的传播机制。着眼全球、立足受众，开通网上新闻信息发布渠道，使互联网成为党的重要新闻和信息的发布站。注重新闻价值，讲究传播效果，不断更新内容、创新形式，增强网上新闻宣传内容的针对性、吸引力和感染力。坚持教育疏导和人文关怀，围绕时政新闻热点和网上焦点问题，适时发表政策解读文章与正面评论，提高网民的分析、识别能力和"免疫力"，筑牢党员和群众的精神防线。

3. 建立网上思想政治教育阵地

加强党员干部现代远程教育网络一体化建设，将党的思想政治教育的精髓融

---

① 乐斌辉.高校网络党建工作机制研究[J].湖南科技大学学报(社会科学版),2008(6):122.

入互联网的各个层面。以社会主义核心价值体系引领互联网建设,坚定党员干部在多元文化价值影响下的政治信仰,增强党组织的凝聚力。建立网上英雄模范、先进典型等荣誉库,大力宣传先进事迹,弘扬党的优良传统。建立网上优秀文化艺术作品展示平台,组织网上鉴赏活动,使人们在浏览欣赏中愉快地接受主流文化价值观的熏陶与灌输。开设"说句心里话""网络谈心""网上心理咨询室"等栏目,针对党员、群众的思想问题答疑解惑,发挥网上思想政治工作应有的效果。

4. 建立网上形势掌控阵地

大数据将数学算法运用于海量数据,通过"让数据自己说话"的方式,让决策者超越局部事实和经验判断而做出正确的形势评估,使事物发展的趋势一目了然。在当今纷繁复杂的国内外形势下,科技发展、社会动态、市场变化和国家安全等领域蕴藏着海量数据。掌握以预测为核心的大数据技术,可以揭示数据之中隐藏的规律和未来发展趋势,为党组织决策提供宝贵参考。可以说,有效运用大数据技术可以显著提高党在复杂网络舆论形势下的全局掌控能力,不断提高党组织的引领能力。[1]

7.2.2 "互联网+基层党组织建设"的组织建设

1. 推动干部队伍建设透明化

建立网上干部资料库,利用网络全面系统地记录每名干部的基本信息、工资状况、家庭关系、年度考核和培训情况,以便于高效快捷地查找出符合某些条件的干部人选,为领导决策提供参考,为年轻干部的培养和新任职干部的培训提供更加准确的数据。建立网上干部公示栏,对拟提拔和任用干部进行网上公示,接受群众的广泛评议。建立干部网上推荐制度,让广大人民群众参政议政的积极性、主动性得到更好的保护,使真正符合革命化、年轻化、知识化、专业化的方针和德才兼备标准的人才走上领导干部工作岗位。

2. 推动党员队伍建设信息化

按照建设一支"素质优良、结构合理、规模适度、作用突出"的党员队伍的要求,充分利用互联网高效、新颖生动的信息传播途径,开展党员信息管理、党组织管理、实时在线交流、党内视频会议、党内统计报表、网上党费缴纳、网上党课等党务活动,为流动党员转接组织关系、寻找党组织等提供咨询服务,为广大党员及群众查阅党员信息资源提供便利,及时反映党的组织建设动态,交流党的建设经验,传播党的建设知识,探讨党的建设实践,把党员教育、管理、监督和服务有机结合

---

[1] 魏靖宇,刘晓宇. 运用大数据提高党建工作科学化水平[N]. 人民日报,2015-04-23.

起来,不断提高党员的思想素质,不断提高党员服务科学发展的能力。

3. 推动组织决策制定民主化

坚持和完善民主集中制,推动"互联网＋基层党组织建设"突破机制和程序制约,充分尊重群众的首创精神,及时总结来自基层和实践的丰富经验,进一步完善党委内部的议事和决策机制。在进行政策措施制定、工作计划拟订、重大事项决定等工作前,要开展网上信息调查,通过互联网收集广大党员群众的意志和要求。决策过程中,在利用传统工作方式的基础上,通过网上"建言献策""问政于民"等形式,让广大党员群众参与决策、充分表达意见。同时,建立健全领导、专家、网民相结合的决策机制,成立网上决策研究和咨询机构,在民主的基础上实行科学集中,使党的重大决策程序更加民主,充分代表党员群众的意愿,体现各级党组织的意志。[①]

4. 推动网上党组织活动多样化

活动创新是目前党的基层组织创新的一个突破口。应改变传统的"开会、学习、看报和发展党员"这种固有模式,通过创新活动载体,扩大党员之间的交流,增强党组织的亲和力和感召力。例如:通过QQ、微信等互动讨论平台增加党员之间的交流,尤其要加强对流动党员的管理和服务;通过红色影片资源加强革命传统教育,加深党员对理论的理解,提高党员的认识实践水平。[②]

7.2.3 "互联网＋基层党组织建设"的作风建设

1. 创新作风建设形式

通过制作作风建设专题网页,开辟作风建设专项栏目,刊登作风、效能建设调研报告,刊发简报、选登信息、摘录新闻,举办作风建设知识竞赛、有奖征文、警句征集、网络民意调查、行业作风展示、先进典型宣传等网络作风建设活动,吸引党员和群众关注参与。加强与新闻媒体的协调互动,积极宣传作风建设行动快、措施实、成效大的正面典型,适度曝光个别作风不正的反面典型,推出一系列兼具理论价值和实践意义的综述、评论,不断巩固深化党的作风建设成果和经验做法。深入推进网络问政工作,凡涉及民生的重大问题和重大决策,各级党政部门及领导干部都必须通过网络征求民意、汇集民智,使网络问政真正成为一种"从各个层次、各个领域扩大公民有序政治参与"常态化、制度化的途径和方法。

2. 丰富作风建设内容

敞开网络作风建设群众参与入口,简化网络作风建设系统操作程序,简明扼

---

① 庄前生,朱红军.运用网络科技杠杆加速推进党的建设[J].红旗文稿,2012(17):29-32.
② 代金平,辛春.网络党建理论与实践研究[M].北京:中国社会科学出版社,2016:159.

要地提示用户的权利义务,以及不可诬陷、侮辱、诽谤他人等纪律要求,设置"问题举报""意见建议"和"其他"等选项,将作风建设内容扩大到思想作风、学风、工作作风、领导作风、生活作风等各个方面,广泛、真实地收集问题,征求群众对党的作风的意见和建议。将权力运行的整个过程加以公开,对群众的意见和建议进行回复,对经调查失实的问题做出结论,公示经调查属实的问题的处理结果,落实群众的知情权。

3. 拓展作风建设范围

将党的各级组织、党的机关、国家机关、镇乡街道、事业单位以及领导干部、广大党员等纳入网络党的作风建设范畴,尤其是行政执法部门和"窗口"服务单位,公布其作风建设内容,畅通群众了解情况的渠道,通过开展网上党的作风民意调查、作风民意测评、批评与自我批评等活动,公开接受群众的评议,推动党的组织和广大党员思想作风、学风、工作作风、领导作风、生活作风转变,切实做到让群众满意。

4. 研判作风建设趋势

通过大数据可以了解各地党群干群关系的发展趋势,有针对性地加强党的作风建设,判断当前和未来一个时期内党群干群关系的状况以及矛盾焦点,从而进行及时有效的化解,这对于推动目前正在开展的党的群众路线教育实践活动也将产生积极作用,有利于提升全党特别是基层组织联系群众、服务群众的能力。[①]

5. 增强作风建设成效

大数据改变了决策者长期以来依靠经验、习惯进行决策的方式,使直觉判断让位于精准的数据分析。过去"知识就是力量"的响亮口号在大数据时代已经演变成"全知就是全能"。只有掌握足够的数据,才能及时精准地了解民情民意,了解党群干群关系的发展趋势,从而有针对性地采取措施,增强作风建设的效果。通过对群工系统中数据的分析,获取"办结率、评价率、满意率、乡镇街道工作实效性和群众认可度"等考核领导干部群众工作的第一手材料。及时总结研判这些材料,积极回应群众反映突出的问题,构建"小事不出村居、大事不出乡镇街道、难事不出区县"的问题处理格局,从而保证领导干部工作作风建设从"群众中来",改变"不把解决群众诉求问题当作工作常态而习惯通过开展活动来抓工作"的传统做法。[②] 大数据的分析和预测将使党服务群众更加精准、更加科学,公共管理能力也能得到显著提升。大数据的分析结果对于预测群众的思想动态也有很大帮助,甚至可以开启党服务群众的个性化时代,这对于党在新时期凝聚人心具有不可估量

---

① 赵淑梅."大数据"与提高党的建设科学化水平[J].江西社会科学,2014(6):12-13.
② 吴侃.基于"互联网+"的领导干部工作作风建设倒逼机制研究[J].探索,2016(5):77-78.

的意义。①

7.2.4 "互联网＋基层党组织建设"的制度建设

1. 增强制度建设的针对性

充分利用网络论坛、博客、QQ、微信等平台,开展"制度建设大家谈""建言制度建设"等活动,广泛听取各级党组织、广大党员和群众对制定制度的建议,确保各项制度的出台科学合理。开辟网上意见反馈渠道,让群众自由评议党所制定的各项政策在实际操作中存在的问题,提出修改意见或完善办法,不断推进党的制度创新,引导加深党员、群众对党的制度建设的理解和支持。通过大数据技术科学评估现有制度体系的运行状况,找出影响制度运行的因子。各级组织部门可以将基层调研得到的数据同日常谈话记录、部门工作总结、网上相关评论等信息通过技术手段综合在一起,整合为一个庞大的数据库,从而利用海量数据进行全面分析,对党建制度体系运行状况得出有针对性、说服力的评估结果,为完善党建制度体系提供决策参考。①

2. 增强制度建设的透明性

面对互联网增强社会活动透明度的实际,进一步规范党的制度建设的各项程序,使党的制度建设坚定不移地走规范化道路。把握互联网发展对我国政治制度发展提出的新要求,把制度建设网上公示、网民意愿征集、网民意见反馈等作为党的制度建设基本程序,建立制度制定信息发布、制度网上意见征集、制度操作情况反馈等基本制度性程序。遵循互联网条件下党内信息沟通的特点,改变原来的制度建设自上而下、单向形成模式,发展纵横双向反馈、选择、调节方式,在保持全党政治高度一致的前提下,不断推进党内制度建设的民主进程。

3. 增强制度建设的实效性

利用党建网站开展各级党组织和全体党员贯彻执行制度意识的经常性教育,使其树立党的制度是党内法规的观念,从思想上和行动上增强贯彻执行制度的自觉性。利用党员干部信息管理系统,组织各级党组织和党员学习、领会、执行好制度,以上带下,发挥好领导干部和基层党支部执行制度表率和基础作用。广泛收集网上党组织、广大党员及人民群众的意见与要求,认真抓好对党的各项制度的督促检查,经常了解和掌握党的各项制度的执行情况,定期进行网络通报,肯定成绩,查找问题,总结推广经验,制定改进措施,形成全方位的相互制约机制,共同促进党的各项制度的贯彻落实。

---

① 魏靖宇,刘晓宇.运用大数据提高党建工作科学化水平[N].人民日报,2015-04-23.

4. 增强服务方式的灵活性

按照"一个支部一个网络阵地、一个党员一个电子档案"的思路对党务进行有效管理,实现网上档案管理、网上党籍管理、网上党费管理、网上党员考核、网上民主评议等活动,构建统一的党员动态信息库,建立面向基层广大党员的服务平台和双向交流窗口。①

7.2.5 "互联网+基层党组织建设"的廉政建设

1. 构建网络反腐倡廉格局

充分认识互联网发展带来的深刻影响,切实加强新形势下反腐倡廉网络信息收集、研判和处置工作,拓宽了解社情民意的渠道,充分发挥广大人民群众在反腐倡廉建设中的积极作用,不断推进党风廉政建设和反腐败工作。将纪检监察法律法规查询、政府网上采购、网上行政审批、人大议案管理、政协提案管理等内容整合集中到网上。通过互联网这个阵地,大力宣传党开展反腐倡廉工作的路线、方针和政策,及时上传反腐倡廉重要言论、政策理论和工作动态,针对一些网民的模糊认识,解疑释惑,澄清谣言,从而赢得广大人民群众的普遍理解和支持。大力弘扬优秀传统廉政文化,营造积极向上的网络反腐倡廉文化氛围,用廉政文化占领网上阵地,以廉政氛围熏陶人,以优良风尚影响人,以优秀品德感召人,培养人们的廉洁从政的信仰和追求。

2. 完善网络反腐倡廉机制

采取网上党风廉政建设问卷调查等形式开展民意调查,及时了解人民群众对党风廉政建设和反腐败斗争的意见和建议;设置网络廉情直报点,广泛收集信息,建立健全测评预警信息收集网络;建立网络信息发布制度,通过多种手段适时发布有关地区或部门的党风廉政测评预警信息,及时准确地掌握党员干部在党风廉政建设方面存在的苗头性、倾向性问题,做到早发现、早提醒、早预防、早纠正。积极探索网上举报、下访等新的方法和途径,拓宽信访渠道,方便群众监督;对与群众利益密切相关的重大事项的决策采取网络公示制,提高行政行为的透明度;完善经济发展环境投诉中心建设,构建方便快捷、统一有序的廉政投诉网络等。

3. 健全网络反腐倡廉体系

利用网络公开透明的特点,促进政务公开建设,将公务活动及服务要求在网上公示于民,自觉接受群众监督;制定行政信息公开办法,明确公开范围、方法和

---

① 中共湖北老河口市委组织部.信息化条件下提高基层党建科学化水平研究[J].领导科学,2012(1):44-46.

程序;积极推行网上审批,完善行政服务中心内部运行管理机制,建立行政服务中心与部门办事大厅间互联互通的自动化信息管理系统,为群众提供公开、透明、高效的公共服务。利用在网上注册领导干部生活圈、社会圈监督网站,对每名干部实行动态监督管理,为今后发现线索、处理问题拓宽渠道,构建八小时外生活圈监督体系。大力推进"阳光工程"建设,把重要政务活动、工程项目招投标、政府采购等在网上发布,最大限度地扩大人民群众的知情权和监督权。

4. 壮大网络反腐队伍

反腐败斗争是民心所向,治理腐败问题必须要有良好的群众基础。作为党反腐败斗争的新途径,网络反腐一定要坚持密切联系群众的优良传统,争取广大人民群众的支持和信任,保持政府与群众间的良好沟通与互动,通力合作,纪检监察部门要充分发挥反腐败斗争中的主导作用,聚集社会上包括广大网民的各方力量,齐心协力推进反腐败行动。完善网络反腐制度平台,对于群众的举报信息一定要积极回应,并根据举报信息充分调查。①

7.3 "互联网+"时代党员队伍的开放式管理

1. 构建开放统一的党建信息平台,建立和完善城乡一体的党员管理体系

① 完善党建信息平台,分级开放信息管理权限,进一步发挥其党员管理、多边互动、信息发布的基本功能。县(区)委组织部负责党组织机构增减和全县综合性信息维护,各基层党组织负责本党组织及本党组织内党员的基本信息维护,党员个人申报信息的维护由党员自己负责。根据互联网开放性、多样性强的特点,各基层党组织要进一步通过电子邮件、视频对话、网上聊天、博客留言等多种方式,引导广大党员群众利用党建信息平台进行互动交流。

② 全面实行党员电子活动证制度,建立全域覆盖、多边互动的全员动态信息库,实现党员的城乡一体化管理。在基于互联网、面向全社会的党建信息平台上为每名党员统一制作电子活动证,将其作为党员网上身份识别、活动记载的凭证,电子活动证主要记载党员基本情况、党费缴纳、学习培训、义工服务、组织生活、群众帮扶等信息,党员凭电子活动证可以到任何基层党组织和党员活动中心报到或参加活动。各级党组织要借助于党员电子活动证,分类建立党员全员信息库、流动党员信息库和困难党员信息库,切实加强党员管理。

③ 全面实行网上转接组织关系制度,确保党员能够通过手机支付等手段缴纳

---

① 代金平,辛春.网络党建理论与实践研究[M].北京:中国社会科学出版社,2016:209-210.

党费,简化程序,方便党员履行义务。各级党组织要按照以人为本的原则,大力推行网上转接组织关系,为党员转接组织关系提供方便。针对党员流动性增强、缴纳党费不便的实际情况,在实行传统的现金缴纳党费的基础上,全面推行网上缴纳党费和手机缴纳党费;各级党组织要进一步加大对网上和手机缴纳党费的培训和宣传力度,让党员熟知网上和手机缴纳党费的程序,推进党务工作信息化进程。

④ 运用大数据技术可以对基层党员、流动党员实施有效管理。大数据技术可以使党务管理和服务直接针对党员的个性化需求。大数据技术具有强大的区域、行业和部门渗透力,能够充分利用信息化手段组建全新的党建数据平台,为存储数据、分析问题和进行党务决策提供支持。这对于加强基层党员和流动党员管理、提高基层党组织的战斗力具有深远意义。①

2. 建设开放便利的党员服务中心,努力打造联系和服务党员的温馨平台

① 建设功能完备、服务周到、面向全社会开放的党员服务中心。按照服务社会、服务群众、服务党员的要求,在机关、社区、农村、企业和互联网建设面向所有党员和群众的服务、教育、活动、管理"四位一体"的党员服务中心。各级党组织要加强对党员服务中心的管理和应用,不断拓展和完善功能,为广大党员群众提供用工、房屋租赁等信息,解决他们的实际困难。努力把党员服务中心打造为:吸纳流动党员,加强流动党员教育管理的接纳地;推进"两新"组织党组织建设,扩大党的组织和工作覆盖面的孵化器;引领党员思想、规范党员管理、提供党务服务、发挥党员作用的根据地;开展各种服务活动,满足党员和群众多样化需求,促进党组织和党员作用充分发挥,树立基层党组织和党员良好形象的资源共享平台和服务窗口。

② 建立党员活动日制度。各级党组织要借助于党建信息平台的"短信群发"等功能,用手机短信、电子邮件等形式提醒党员在"活动日"到党组织或党员服务中心报到,并为报到的党员提供活动、就业、培训等相关信息。广大党员特别是流动党员要按照就近、就便的原则,每月至少到相应的党组织或党员服务中心报到一次,积极参加义工服务活动和讨论决定重大事项等。提倡机关党员以"网上报到"形式参与党组织活动。

3. 建立开放灵活的党员义工团队,着力培育党员履行义务、发挥作用的有效载体

① 组建和培育以党支部为依托、以党员为主体、面向社会群众开放的义工服务团队。充分发挥各级组织、群团组织以及其他社会组织的优势,全面整合党群资源,按照"自愿参加、无私奉献,整合力量、注重特色,持之以恒、务求实效"的原则,成立以党员为主体、面向社会群众开放的义工服务团队,引导广大党员、群

---

① 魏靖宇,刘晓宇.运用大数据提高党建工作科学化水平[N].人民日报,2015-04-23.

众结合自身特长和爱好自由选择活动,切实为群众办实事、解难事、做好事,为社会公益事业献爱心、做贡献,实现义工服务活动的经常化、长期化和规范化。

② 全面实行党员义工计时制度,凡男性未满60周岁,女性未满55周岁,身体条件允许的党员每年必须完成16小时以上的义工服务。各级党组织要将党员开展义工活动的情况录入党建信息平台,通过信息平台对党员做义工的时长进行公开,并将其作为党员年度考核、民主评议的重要内容和依据,确保参加公益性、社会性的义工服务成为每名党员的自觉行动。

4. 建立开放透明的党员发展与退出机制,加大社会公众对党员发展和管理的监督力度

① 全面实行发展党员公示制度。各级党组织要将入党积极分子的培养、发展对象的确定以及发展计划、党员标准、发展程序等通过党建信息平台在一定范围内公开,接受党员和群众的监督,着力构建开放、民主的党员发展新机制,保证党员发展质量。

② 建立预备党员、入党积极分子义工服务制度。各级党组织在开展党群义工服务活动中,要重点搞好预备党员和入党积极分子的义工服务管理,并将每名预备党员和入党积极分子的义工服务情况作为转正和吸收为发展对象的依据。

③ 探索党员有序退出的形式。探索对失去联系、长期不缴纳党费、不履行党员义务的党员进行有序退出的具体方法,规范党籍管理,树立党员良好形象。

5. 探索开放有序的组织生活管理,切实为丰富组织生活、提高党内生活质量积累经验

① 试行组织生活招投标和公示制度。将党员组织生活"基本型"的规定动作和"主题型"的个性化活动有机结合起来,对"主题型"组织生活引进"项目管理"理念,采取自下而上的方式公开征集和确定组织生活的主题,通过党建信息平台"党务竞标"栏目等途径向各基层党组织、党员服务中心或义工服务团队进行公开招标,上级党组织对"中标"的基层党组织、党员服务中心或义工服务团队给予必要的工作经费等方面的支持,并通过党建信息平台或其他方式向广大党员和社会公布,方便党员参加组织生活。

② 对党员参加组织生活实行就近就便管理。结合党员电子活动证的全面推广使用,对党员参加组织生活推行开放式的管理。广大党员可以按照就近、就便的原则,参加任何党组织、党员服务中心或义工服务团队的活动。通过建立的党员电子活动证,统计党员参加组织生活的次数,考评组织活动开展的质量。[1]

---

[1] 中共大渡口区委关于对党员队伍实行开放式管理的意见[Z].2008-03-12.
程勉中.党建信息化的基层推进路径[J].中共贵州省委党校学报,2014(2):57-62.

7.4 "互联网+"时代党员队伍的动态式管理

① 创建流动党员组织结构。创建适合流动党员管理的组织结构,由于流动党员多数是外出务工人员,其在流入地往往在非公有制经济组织和社会组织中工作,因此,必须在非公有制经济组织和社会组织中建立党组织,把流动党员纳入党组织管理,工作单位没有党组织也不符合设立党组织条件的,以就近企业联合组建党组织,或以住宅区、商业区、专业市场为地域单位组建党组织,或在投资服务中心、行业协会等单位和行业联合组建党组织进行管理。流动党员党组织的创建是一个智慧型和技术型的问题,绝不能浮在表面、流于形式,责任方要根据党员的文化素质、从业状况、年龄结构等实际情况,把党员划分为不同类型,根据党员的类型和特点分层次分类型加强管理,从而形成城乡互动、城乡一体、静态和动态互补的党员管理体制。①

② 构建流动党员管理平台。构建开放、互通、共享的流动党员管理平台,利用互联网交互式的联络手段,在党员与基层党组织之间、党员与党员之间建立起便捷的交流渠道,更有效地保护流动党员的利益,提高流动党员的参与意识和积极性,形成党组织与流动党员的良性互动机制。在党建网站上开辟"流动党员之家"专栏,登载党内动态、学习辅导、家乡变化、创业信息等内容,满足流动党员的不同需求。② 利用QQ、微信等为流动党员创建相互交流学习的平台,加强与流动党员的联络,增强党的凝聚力。③

③ 流动党员信息库的建设。为进一步加强和改进流动党员教育、服务和管理工作,各乡镇(街道)党(工)委要结合党组织和党员信息库建设工作,对所有外出三个月以上的党员、从外地流入本地本单位三个月以上的党员、本地本单位已在外地建立的流动党组织、外地在本地本单位建立的流动党组织的有关情况进行登记,建立准确的流出党员、流入党员和流出党组织、流入党组织台账,建设流动党员信息库,并及时对流动党员信息库进行更新和维护,利用大数据技术挖掘隐藏于数据库内部的潜在信息,把握发展趋势,解读大数据结论,据此制定出行之有效的流动党员教育管理方案。依托中国共产党党务管理系统,构建代表流动党员身份的电子标识,以实现党组织与流动党员之间的有效互动,加强对流动党员的

---

① 梁捍东.流动党员动态管理机制探析[J].河北省社会主义学院学报,2012(4):70-74.
② 何伟,汪晓凤.党员流动趋势与流动党员管理的实证研究[J].重庆邮电大学学报(社会科学版),2010(4):18-20.
③ 曹振国.网络化时代加强民办高校流动党员管理的对策思考[J].开封教育学院学报,2016(5):205.

管理。①

④ 虚拟党组织的构建。运用互联网技术建立虚拟党组织,创新管理模式,突破时空界限,实现对流动党员的动态管理。流动党员外出打工,他们的作息时间不统一,要组织他们在一起开会、过组织生活非常困难,但绝大部分流动党员都有手机,有些党员还有计算机,针对流动党员的现状,可构建虚拟党组织,引导流动党员通过网站、微信公众号和手机短信等多元化方式加强与党组织的联系,随时随地汇报学习和思想。②

⑤ 建立流动党员的思想政治教育机制。流动党员的思想政治教育是当前党员队伍建设的重点和难点之一。要在服务和激励中加强流动党员教育管理工作。把便捷有效作为教育管理的突破口,把发挥作用作为教育管理的落脚点,采取多种形式,让流动党员能够得到和乐于接受思想政治教育,增强党性观念、组织观念和光荣感、归属感、责任感。特别是在当前的创建先进基层党组织、争当优秀共产党员活动中,一定要做到活动全覆盖、精神全覆盖。我们在调研中了解到,很多县乡党委对流动党员的"行前教育"和"返乡教育"做得很好,甚至对外出集中、人数较多、距流出地不太远的党员,还能够"送学上门",更多的是搭建互联网平台开放式地引导流动党员接受教育和培训。例如,安国市以党组织为单位对长期在外的党员采取"寄学送教"的方式,利用书信、快递、电子邮箱等形式把学习资料、文件精神及要求传达到流动党员群体。这些做法很有效果,值得肯定。

⑥ 创新流动党员教育管理工作的评价方式。基层党组织的绩效评价是一个具有导向性和促进性的工作载体。流动党员教育管理的出发点和落脚点都是基层的党组织。我们可以转换评价主体和丰富创新评价方式,以此为导向创新流动党员教育管理工作。我们可以把流动党员教育管理工作的成效作为衡量和评价基层党组织工作实绩的一个重要指标。在这个信息反馈评价的运转体系中,流动党员无疑是工作成效的主要评价者,最有发言权。因此,要改变以往的评价方式,实现评价主体的转换,以这种倒逼形式推动基层党组织工作者落实各项服务内容、推进各项管理机制的创新。在这一过程中,基层党组织的管理和评价创新又激活了两地组织对流动党员的评价方式的创新。承德隆化县实行"双向测评"加强对流动党员的考核管理,颇有新意。"双向测评"即基层党组织对流动党员实行双百分测评制,其中 100 分测评权交给流入地党组织或外流党员临时党支部,其对党员的年度表现和发挥作用情况分项打分,并将评分填写在流动党员所持的联系卡上,两地组织及群众测评分相加,即为该党员年度表现和发挥作用情况终评

---

① 曹振国.网络化时代加强民办高校流动党员管理的对策思考[J].开封教育学院学报,2016(5):205.
② 庞廉.广东省党务工作信息化管理途径及措施[D].广州:华南理工大学,2005.

格次,据实兑现奖惩,并记入个人档案。①

7.5 "互联网+"时代党员队伍的教育培训工作

1. 网上教育培训应遵循的原则

① 趣味性原则。最大限度地发挥网上教育培训的优势,激发广大党员的学习兴趣;充分利用声音、图片和影音等多媒体文件,以党员喜闻乐见的形式展示培训内容的魅力和趣味性,提高培训效率和质量。

② 个性化原则。最大限度地体现个性化特点,克服"大统一"的传统培训模式弊端,开放性地对待不同的培训内容和不同的培训个体。根据不同岗位确定不同培训内容,结合实际需要,分级分类地开展教育培训。

③ 互动性原则。最大限度地体现教育培训内容的内在互动性,包括人与机器间的互动性、教师与学员间的互动性、学员与学员间的互动性,将学习寓于交互活动之中,以体现学习本质,激发潜能。

④ 开放性原则。互联网可以向党员提供近乎无限的学习资源,设计网络软件时要充分运用这一优势,尽量开发学习资源,满足党员个性化学习需要,提高党员的综合素质。②

⑤ 时间性原则。与时俱进是新形势下对党员教育培训工作所提出的新任务和新要求。随着当今时代的发展,党员教育培训工作应当要求党员们能够紧抓机遇不放松,勇于面对挑战,这就决定了党员群体教育培训工作无论是从内容上还是从形式上均要做到与时俱进,顺应当今时代发展之大潮,真正地站在时代发展之最前沿,全力以赴让广大党员干部的思想水平与知识素养能够跟上时代前进之步伐。③

⑥ 实效性原则。最大限度地激发党员群众学习的主动性和创造性,分析培训需求,制订培训计划,评估培训质量,避免无效培训,努力提高培训效果。

⑦ 精准性原则。利用大数据分析技术,通过对数据的收集统计、分析研判能准确掌握党员群众的思想状况、实际需求,并针对党员各自的特点实现按需施教、分类培训,让"学习套餐"变成"私人订制",使党员教育内容变得兴趣化、个性化与精准化。④

---

① 梁捍东.流动党员动态管理机制探析[J].河北省社会主义学院学报,2012(4):70-74.
② 刘敏.基于网络环境的税务公务员教育培训研究[D].长春:东北师范大学,2008:18-19.
③ 肖国庆.加强党员教育培训新机制建设的实践研究[J].企业研究,2013(20):187-188.
④ 高致国.党员教育要适应"互联网+"[J].共产党员(河北),2016(33):52.

2. 网上教育培训应突出的意识

① 提升现代意识。突出网络的客观性、时效性、互动性,增强新颖性、丰富性和实用性。在网页设置上,要符合时代发展要求,从栏目、版面、图片、标识、色彩、内容等方面精心设计,力争做到形式新颖、内容丰富、信息容量大、图文并茂,充分满足党员群众的不同需求,增强吸引力。

② 突出阵地意识。互联网技术的发展及影响告诉我们,网络社会不是思想政治教育的"真空地带",更不能成为党建工作的"盲区"。因此,要充分发挥网络在传播马克思主义中的主阵地作用,从占领和争夺新世纪思想舆论阵地的高度,切实重视党员教育管理工作。

③ 强调精品意识。在党员教育管理中运用互联网技术,一个重要的表现形式就是党建工作要上网,即办好党建网站。而要办好党建网站,一定要树立品牌意识。要科学筛选内容,树立品牌栏目,突出网络党建的特色,有党徽、党旗等体现党的形象的统一标志。要突出网站的"四性",即思想性和战斗性、丰富性和实用性、新颖性和亲切性、交互性和即时性。

④ 提高安全意识。技术性和安全性是建好党建网站的保障,网站信息必须严格遵守有关规定,不得泄露党和国家的任何秘密。这就要求:首先,加强技术力量,采用先进的网络安全技术,不断提高网站的安全性、可靠性,加强对网站的维护和安全管理,及时发现和制止针对网站的恶意攻击行为;其次,搞好业务培训,提高网络管理人员素质,建设一支新型的既有较高马列主义素养、又有较高网络技术水平的网络传播干部队伍;最后,加强网络管理,严格相关文件和材料的上网审批制度,认真执行有关网络安全的各项规定,确保网络运行安全。

3. 完善大规模培训党员的有效方法

① 探索党员培训项目管理制度。按照党员培训全覆盖的要求,各基层党组织每年要对党员进行一次以上的集中或分类培训。各级党组织要结合党员的特点,积极推行菜单式培训,探索实行项目管理的方式方法,把重点培训的项目按照市场运作的方式面向社会培训机构公开招标,以进一步整合培训资源,提高培训质量,增强培训实效。

② 试行机关党员学分制度。改变过去党员只能参加本人党籍所在党组织的教育培训,学习结果运用比较单一的实际情况,对机关党员学习教育采取"学分制"管理。各级党组织要把党员参加组织生活、学习培训、实践锻炼等折算成学分进行量化管理,对党员的学习成果通过党建信息平台进行统一管理,把党员学分完成、评比情况作为机关干部评先评优和提拔晋升考察的重要内容。对当年未完成学分计划的党员取消"优秀党员"评选资格。

③ 建立党员教育培训电子档案制度。结合党员管理权限的开放,党员可以根

据自身的职业、兴趣和流动状况,自行安排时间参加任何党组织的学习教育活动。各级党组织要结合党员电子活动证的全面推广使用和党员全员信息库的建立,按照一人一档的原则,将每名党员的培训情况及时录入党员电子活动证,并借助于党建信息平台对每名党员的培训情况进行适时掌控和定期分析。

④ 建立党员干部在线学习平台。在党建信息平台上开设党员教育培训在线学习与管理窗口,建立党员教育培训动态信息库,各级党组织要适应新形势的发展和需要,充分利用在线学习平台加强对党员教育培训的管理。党员领导干部要带头积极利用在线学习平台开展学习,并对在线学习情况以适当的方式进行鼓励。

7.6 "互联网+基层党组织建设"提升基层党组织社会动员能力

1. 建设党组织内部的快速动员系统

参照现实生活中的组织管理模式,依托党员、党组织信息库,在互联网上建立起网上党组织体系,利用电子邮件、手机短信、公告和在线学习等系统开展网上党务工作,上情下达、下情上报,进行网上组织动员,形成开放的网上党组织动员新格局。

2. 建设面向社会的互联网党建信息发布系统

各地党组织利用信息发布系统发布党建要闻、工作动态等,实现了单向社会动员功能。在此基础上要大胆创新,建立有限授权、分级发布的信息发布机制,采取重大事件专题发布、手机党报普遍发布等形式,让每个基层党组织、党员都可以在自己权限范围内发布相关信息,使每个党组织有专属网页,方便组织活动,使每期党报有重点方向,方便传达最新动态,使每一重大事件有专题学习,方便引导和教育党员群众。做到每个党组织都是编辑部,每名党员都是记者。

3. 建设面向社会的快速动员系统

通过建设网上党群联动系统,搭建起有效的面向社会的动员平台。网上党群联动系统开设网上义工组织、网上困难帮扶、网上党员服务中心、网上组织连线等内容版块,通过网络公告、手机短信、手机彩信、网上活动组织等系统,面向全社会发布党群活动公告、信息,接受党员群众开展网上组建义工队、网上报名参加活动、网上登记困难求助信息、网上结对帮扶等活动,实现强大的面向社会动员功能。

4. 建设面向社会的互联网舆论引导系统

随着强调互动的 Web 2.0 大潮席卷而来,网络上充斥着越来越多不同的意识形态和言论。在这种新的形势下,党如何能够保持在网络上的话语权,避免网络"失声"的尴尬与危险,是当前党建工作的又一难点问题。抓住 Web 2.0 的特点,积极利用博客、论坛、社区等平台,组建相当规模的网络宣传员队伍,借助于党员博客、党建论坛、支部留言、手机短信互动等手段,使用博客文章、论坛帖子、网上留言和短信讨论等方式主动进行网络舆论引导,构筑起面向社会、有序的网络舆论引导体系。[1]

7.7 利用"微信自媒体平台"深入挖掘手机网络的党建功能

1. 党建"微信自媒体平台"是对网络党建的补充与拓展

党建"微信自媒体平台"指的是通过"计算机—网络—手机"的链接,建立一条以计算机为终端,以网络为媒介,以手机为接收方的快捷的信息传递渠道。相对于计算机网络党建而言,党建"微信自媒体平台"一方面延续了计算机网络党建的交互性、生动性等特点,另一方面也可以对计算机网络党建做进一步的补充与拓展,主要表现在以下几个方面。

① 从空间看,微信与移动终端的结合具有"4A"元素的特点,即 Anytime(任何时间)、Anywhere(任何地点)、Anyone(任何人)、Anything(任何事),可以进一步打破信息传播的时空限制。[2] 党建"微信自媒体平台"可以开启移动课堂,可以将党员教育内容以微信推送的形式发送到每名党员的手机上,能够让党员"走到哪,学到哪",无须固定的教室,也无须计算机与网线,是对原有固定课堂教育与计算机网络远程教育的有效补充,进一步增强了党员教育的灵活性。

② 从时效看,党员无论何时都可以通过随身携带的手机来获取、学习有关党建资料和相关知识信息,既可以更有效地实现计算机网络远程教育"党员经常受教育"的宗旨,又可以实现党务信息的及时传播,提高信息传递的效率,尤其在突发事件发生时,可以提高党组织的整体反应速度与应急能力。

③ 从覆盖面看,党建"微信自媒体平台"可以弥补计算机网络的不足。就目前而言,手机的普及率远远高于计算机的普及率,手机网络的使用范围远远大于计算机网络的使用范围,腾讯公司《2015 年业绩报告》中提到,微信已覆盖 90%以上的智能手机,已经成为人们生活中不可或缺的日常使用工具。党建"微信自媒体

---

[1] 李泽军.借助信息化手段提升党的社会动员能力的实践[J].中国浦东干部学院学报,2008(5):127-129.
夏德才.维护网上虚拟社会稳定工作探析[J].公安研究,2012(4):14-16.
[2] 田海云.微信自媒体平台在高校党建工作中的运用探析[J].思想理论教育导刊,2015(8):133.

平台"可以让网络党建延伸至部分计算机尚未普及的地区,进一步扩大党建信息的覆盖面,尤其对于经济欠发达地区的网络党建大有裨益。

④ 从信息传播速度看,微信的"微内容"使得信息传播速度更快,传播内容更具冲击力和震撼力。微信作为一种当代社交媒介工具,实时互动是其最大的特点,实现了大众化自我传播。微信是以人为中心的自媒体,每一个用户都是一个信息传播节点,用户对感兴趣的信息进行转发和跟随,形成裂变式的传播,表现出明显的扁平化趋势。同时,微信利用公众平台、朋友圈分享信息等手段建立了半熟人关系。这种基于熟人建立的关系和基于邀请制建立的圈子有利于增加集体之间的信息交互和信任度,有利于增强用户之间的连接强度。①

2. 党建"手机平台"的构建路径

① 构建党建"微信自媒体平台"。在单位和个人之间构建"微信自媒体平台"网络,从而形成"党建引领、微信搭台、全面覆盖、党群互动"的"微党建"立体服务体系。通过宣传、组织、动员将党员全面纳入"微党建",实现"微党建"网络全覆盖。此外,与党建网站、党建微博、QQ群等其他网络载体形成互补,产生"共振"效应,形成党建工作的网络"载体合力"。

② 畅通流程,健全机制。按照"分级建平台,层层抓管理,上下共联动"的原则,建立各层级党支部层层嵌套的微信党建平台,实时联动。总平台实时指导,统筹管理各支部微信公众号的工作动态,畅通流程,保证"微党建"体系的高效运转。

③ 加强培训工作,提升"微能力"。首先,提高广大党员的微信媒介素养。目前,部分党员存在自媒体技术意识淡薄、观念更新不够等不足之处,另外,党建"微信自媒体平台"的功能较为系统全面,有必要通过专门的培训和专题学习使广大党员更新观念,熟悉微信,提高"微"能力,掌握"微党建"的各项功能应用,充分发挥"微党建"应有的作用。其次,提高党务工作者的信息素养。"微党建"对党务工作者的信息素养提出新要求,党务工作者需提高微信媒介素养,迎接自媒体时代的挑战。对"微党建"平台管理者进行培训,使其熟知微信媒体技术、宣传技巧,提高其业务能力、信息敏感性及辨真能力等,从而进行有效的"微党建"传播议程设置、传播舆情控制及传播环境建设。①

7.8 案例分析:建设五大平台提高基层党组织建设智慧化水平

贵州省桐梓县在开展"创先争优"活动中,以服务型党组织创建为载体,针对

---

① 田海云.微信自媒体平台在高校党建工作中的运用探析[J].思想理论教育导刊,2015(8):135-136.

上级党组织如何服务下级党组织、党组织如何服务群众、党组织如何服务发展进行了有效探索,充分利用现代信息技术手段整合资源,搭建了工作、学习、管理、监督和服务五位一体的党务政务信息化"五大平台",建立了县、乡镇、村(社区)、组四级"互联网＋党建"运行管理的长效机制。①

1. 服务群众的工作平台"直通车"

为了更好地服务群众、方便群众办事,该县通过电信网络光纤实现了24个乡镇、县级党务政务服务中心和具有行政审批权限的县直机关单位部门的有效连接,打造了由"网上电子审批系统""村(社区)网上服务大厅""组工干部办公系统"组成的"工作平台"。该县全面清理和规范行政审批行为,下放行政审批权限,将网上电子行政审批延伸到乡镇党务政务综合服务中心,前移行政审批受理窗口,实现了群众、单位部门行政审批事项网上办理,有效促进了干部作风转变,防止了腐败现象的发生,破解了群众办事难和机关部门办事效率不高的难题。

以前,群众到村、到乡镇办事,由于受审批服务权限限制,一些办理事项需要到县直机关单位部门才能办理,除了要耽误时间、开销路费外,还经常会发生到了相关单位部门找不到人、办不了事的情况。工作平台搭建后,县、乡镇、村(社区)、组运用现代网络技术直接服务基层党员、群众,真正实现了"全程代办"和"一条龙"服务。村(社区)网上服务大厅的开通使群众在村(社区)服务中心就可以进行农村合作医疗、民政救济、宅基地审批、民用木材砍伐等事项的申报和办理,可以说是在家门口申报、在家门口领证,彻底将以前的"干部动嘴群众跑腿"转变为"群众动嘴干部跑腿",实现了党建工作由管理向服务的转变。

工作平台搭建后,各乡镇结合实际积极探索服务群众的运行机制,形成了"一镇一特、一村一品"的服务特色。水坝塘镇针对大量劳动力外出务工致使土地撂荒的现状,有效整合资源,由村民委员会按照"分户租进、统一租出、大户发展"的办法,建立"土地银行",帮助群众"经营土地",有效地解决了外出务工人员的后顾之忧,同时促进了产业结构调整。天坪乡为了服务旅游产业的发展,紧紧围绕"保护好绿岭蓝天",针对群众最为关注的林业热点问题创新设置了"林业站＋村"的"一台四室"(综合办事平台和林业纠纷调解室、村站信息互动室、林政资源共管室、林业法规宣传室)服务模式,有效整合了林业站和村支两委人力资源。建立了集管理、教育、宣传、服务、监督为一体的联合服务团队开展为民服务,例如,容光乡元木村村民李明才需办理二孩生育证,在以前,要到县计生局才能办理,要是资料不齐,还得往返跑,来回需要车费60元,现只要备齐材料,就可快速地在网上完成报批,在家门口就可办理好。

---

① 中共桐梓县委组织部.搭建"五大平台"推进基层党建工作科学化[J/OL].(2011-06-10)[2017-07-29].http://roll.sohu.com/20110610/n309879427.shtml.

该平台开通运行至 2011 年 6 月,全县 24 个乡镇已全面利用网上行政审批系统开展报件,县国土局、林业局、计生局、卫生局、畜牧产业办和财政局通过乡镇网上报件受理审批办理事件 1 400 余件,仅为群众节约的路费就达十几万元,真正成了为群众提供方便快捷服务的"直通车"。

2. 增强本领的学习平台"充电器"

在大胆探索"开放式"党课的实践中,搭建了由"桐梓党建网""流动党员网上学习管理平台""干部在线学习考评系统"和"远程教育点播中心"四部分组成的学习平台,有效破解了党员干部学习方式单一和效果不佳的难题,实现了党建工作由传统向现代的转变。

"以前我们要了解一些党的政策方针、党建知识、重要人事任免信息等,都只能通过看报纸和开会了解,现在桐梓党建网开通后,通过远程教育光纤网,在村里一点就知道了,真是方便。"这是远在桐梓县城 150 千米外的水坝塘镇平头村的党员的感慨。

由于副乡(科)级以上党员领导干部分管工作都较多,工学矛盾较突出。"干部在线学习考评系统"搭建后,改变了过去"一支笔、一张嘴、一张报"的学习方式,做到了文字、图画、视频等多种形式相结合。党员干部还可以通过"视频点播系统"随到随学、即需即学,增强了学习的效果。截至 2011 年 6 月,该平台已拥有 6 000 多个视频课件、3 500 小时的视频点播资源,极大地满足了不同党员群体的需求。全县 642 名党员干部在线学习时长共计两万多小时,流动党员有 200 多人次参加了网上学习和讨论,该平台被广大党员干部誉为增强本领的"充电器"。

"通过学习平台增强本领、在学习中争当优秀"成了全县广大基层党员干部的一种时尚和自觉行为。针对工业经济时代干部存在的心理健康问题,学习平台及时收录了心理专家讲授的干部心理调适方面的课程供大家学习,该课程一经推出就得到了党员干部的青睐,截至 2011 年 6 月,学习该课程的达 1 000 余人(次)。在各级党委加大公开选拔党政领导干部后,学习平台专门上传了 50 余个关于公选领导干部考试的辅导课件供党员干部学习。原茅石乡乡长李远志利用该平台公选专题辅导课件进行学习,在 2010 年 7 月参加重庆市公选时考取了忠县一乡镇任党委书记,他感慨说:"学习平台简直就是我们的百家讲坛,我在学习平台所学的东西,在考试时帮了我的大忙。"

远在广东省东莞市后街镇一企业打工的天坪乡沿岩村青年党员陆远涛怎么也没想到,他到广东省打工三年多一直没能参加组织生活会,这次党组织竟主动找上门"认亲"来了。原来,流动党员网上学习管理平台开通后,天坪乡党委专门给他申请了流动党员实名登记,他在车间办公室通过互联网便可以直接参加"网上组织生活会"。他在该企业工作一向突出,车间需要一名党员任车间主任助理,但由于企业无法确定他的党员身份又没有其他符合条件的党员而空缺。这次通过流动党员实名系统,他所在的企业确认他的党员身份后,直接就将他任命为车间主任助理,他的工资从普通工人的2 000元/月变为行政管理人员的3 800元/月。说到该平台,陆远涛说:"这个平台比我在企业尽心尽力工作十年带来的实惠还要大。"

3. 规范台账的管理平台"数据库"

该县依托网络技术架通了全县24个乡镇的电子党务内网,采取物理隔离党内重要信息的安全保密方式,建设以"中国共产党基本信息管理系统和领导查询系统""流动党员信息管理系统"和"贫困党员信息管理系统"为主要内容的管理平台,实现了前端及时维护、上级组织动态监管的党员信息数据库,实现了组织系统内的信息共享,做到了鼠标一动,党员信息一目了然,有效破解了党员基本信息、流动党员信息、贫困党员信息等内容更新和管理服务不到位的难题。

网上党组织关系转接功能的开通使县乡两级可直接通过网络进行党员管理和查询、转接组织关系、开展前端维护。全县936名流动党员、1 138名贫困党员以及1.8万名党员的基本信息全部进入管理平台,为开展便捷的党员查询和全方位的管理提供了条件,为开展党内关怀、帮扶提供了便利,切实增强了党员干部工作的透明度,提高了组织工作的满意度。例如,在天坪乡工作的党员娄方雍因工作调动到县建设局,按以前的程序,组织关系转接需要他本人在天坪乡、县委组织部、县直属机关工委、县建设局党支部办理,如遇上经办人员外出或学习,他还得往返几次。而因为管理平台的开通和使用,天坪乡的组织干部在互联网上可以直接将他的党员基本情况数据传到县直属机关工委,县直属机关工委的计算机系统会自动弹出提示框,工作人员可以直接将他的党员信息转到县建设局党支部。管理平台成了全县党员电子台账信息的"数据库"。

4. 保障运行的监督平台"警示牌"

为了确保各级党员干部能及时为群众办事,确保服务型党组织运行机制的顺畅,在县党务政务服务中心和各乡镇党务政务综合服务中心设置了高精度旋转视频监控设备,便于纪检监察及监督部门对县乡党务政务服务中心的工作运行、服务态度、服务方式等方面的情况进行全程监督。监督平台主要由视频会议系统和电子监察系统构成。监督平台还设置了专门的班子运转及干部考察工作室,采用耳麦传输的方式,及时了解各单位、各部门班子运转及干部的现实表现情况。

原容光乡党委书记张廷伟感慨地说:"以前开会,来回要坐五六个小时的车,人也很疲惫,开会时注意力无法集中,达不到开会的目的。现在好了,只要准时打开视频会议系统,就可以参加会议,既节省了时间和精力,又能在第一时间把会议精神传达下去,及时安排开展工作,提高了工作效率。"

电子监察系统主要对网上电子行政受理、审批、办理、办结等方面的情况进行监察。例如,在运行中个别部门因办理不及时而导致系统提示"红牌"和"黄牌"数量较多,纪检监察部门经过调查督促整改,有效杜绝了"办理拖拉""受而不理"等现象的发生,为打造"阳光政府"奠定了基础,实现了党建工作从常规向廉洁、透明、高效的转变,破解了沟通不畅和工作执行力不强的难题。

5. 凝聚民心的服务平台"连心桥"

为了能够切实"解民急、帮民需",该县通过建立手机短信互动、桐梓党建快讯、亲情联络、农民工之家、诉求咨询等服务平台,把舆情收集、民意调查、意见征求、事件咨询和舆情反馈等"问计于民"的议事环节从办公室搬到网络上,拓宽和畅通了党员干部诉求、监督、举报、参政议政的渠道。

服务平台的搭建破解了党组织与群众互动沟通和服务渠道不广的难题,广泛地凝聚了民心。例如,松坎镇结合镇情开通了"便民服务110接处室"和"便民服务网上直通室",组织党员志愿服务队及时处理群众的需求和问题。服务平台成了干部群众、基层组织遇到困难时的"党内110"。

芭蕉乡预备党员李昌书到广东省一工厂打工,到2010年7月预备期满,在以前,他需要请假赶回乡里办理转正手续。而今,利用流动党员谈心室,李昌书在网络上就可以向组织汇报思想、工作等各方面情况,接受组织的考核,2010年7月,乡党委按时召开党员大会,讨论通过了他的转正申请,为他节约了上千元的费用支出。流动党员谈心室开通以来,仅芭蕉乡就通过流动党员谈心室了解入党积极分子和预备党员的相关情况发展流动党员9人,转正1人。

坡渡镇党委组织党员成立"红帽子"服务队,其在发生自然灾害、艰难险阻、紧急情况和群众急需帮助时冲锋在前,服务群众。2010年7月10日抗洪救灾中,坡渡中学遭受洪涝灾害,山洪涌进校园,导致主教学楼围墙垮塌,一楼教室进水深达30厘米,学校后山也出现了泥石流灾害险情,坡渡镇充分利用手机短信互动平台第一时间向党员干部通报灾情,指挥抗洪抢险。由30余名党员组成的"红帽子"志愿服务队第一时间赶到学校,紧急疏散师生600余名,转移课桌300余套,保障了学生和学校的安全。在这次洪灾中,镇党委通过服务平台指挥党员干部解救受困学生、群众共1 000余人,排除重大险情6处,减少经济损失400余万元。

通过服务平台全县共发布"创先争优"宣传信息短信5 000多条、抗旱救灾等方面的短信6 000多条,向流动党员发送短信1 200余条,发布桐梓党建快讯10万余条(次),发布其他即时性信息1.7万余条(次)。2010年6月27日,桐梓县开展"一节一庆一会",利用手机短信互动平台向全县党员干部发送各种宣传信息和通知2万余条,确保了这项大型活动有序开展,服务平台成了党员和群众的"连心桥"。

由于"五大平台"的高效运行,桐梓县各级党员干部通过实践"创先争优",提高了党务政务服务水平,提升了工作效率。2010年前十个月办件量达54 720件,与2009年同期相比,增长20个百分点,服务大厅收费额达1 787万元,是2009年同期收费额的53倍。基本形成了"党建工作一键通、学习培训一站通、党员管理一网通、服务信息一信通、群众办事一点通"的格局。

正是"五大平台"这枝嫁接在现代信息化技术上的服务型党组织之花的绽放,全面引领了桐梓基层党建的"百花争艳",促进了党建基础的全面夯实,提高了基层党建的科学化水平,为促进桐梓地方经济社会快速发展、科学发展插上了腾飞的翅膀。

7.9 调查研究:"互联网+"时代江苏省非公有制经济组织和社会组织党员教育工作的调查①

非公有制经济组织和社会组织是党的基层组织建设的重要领域,如何加强和改进"互联网+"时代这两大领域的党员教育工作是一个全新的课题。盛克勤等人通过问卷调查、座谈交流、实地考察、个别访谈等方式,赴多个江苏省辖市、县(市、区)开展调研,基本掌握了江苏省非公有制经济组织和社会组织党员教育工作的现状,分析了"互联网+"时代非公有制经济组织和社会组织党员教育工作存在的问题,研究并提出了加强和改进党员教育工作的对策与思路。

1. 江苏省加强非公有制经济组织和社会组织党员教育的主要做法与成效

(1) 深入开展主题教育活动,引导党员增强党性

以先进性教育、学习实践科学发展观、创先争优等主题教育活动为契机,把加强党员教育作为主题教育活动的重点,通过确立特色鲜明的活动主题、创设符合实际的活动载体,引导党员在主题实践中接受教育、增强党性。一是确立鲜明主题引导党员增强党性。紧紧围绕"促进科学发展、建设美好江苏"总体目标,分别确立"争创科学发展示范非公企业""公平正义、诚信服务""科学发展争一流"等具有鲜明企业特色、符合党员实际需求的主题,引导党员进一步增强党性,增进组织团结。二是创新活动载体引导党员增强党性。在非公有制经济组织和社会组织中实施凝聚力工程,引导党员围绕构建和谐企业和开展诚信服务,用先进的思想、过硬的本领、良好的口碑展示党员的先进性。把行业党建和创先争优活动与健全完善行业自律体系结合起来,以创新律师行业"双促双助"法律服务、创新注册会

---

① 盛克勤.以信息化推进非公有制经济组织和社会组织党员教育科学化——关于信息网络化条件下非公有制经济组织和社会组织党员教育工作的调研报告[J].唯实,2012(10):28-33.

计师行业"党员诚信示范岗"等活动为载体,推动全省行业党建与行业发展相同步、共提高。三是运用先进典型引导党员增强党性。充分发挥先进典型的示范引领作用,大力选树和培养一批走在时代前列、具有广泛影响、党员可信可学的先进典型群体,其中,吴仁宝、张云泉、邓建军、陈燕萍等相继成为全国重大典型。通过学用先进典型引导党员增强党性,推动具体实践。

(2) 分层分类实施集中培训,提升党员能力素质

围绕不同阶段的中心任务,江苏省委组织部从2004年开始,先后多次大规模集中培训非公有制经济组织和社会组织党组织书记、党员骨干,切实增强他们的党性观念和能力素质。一是大规模培训非公企业党组织书记。2004年以来,坚持省、市、县三级联动,集中培训全省近4万名非公企业党员业主、党组织负责人和党建工作指导员,拉开了全省大规模培训的序幕。2011年以来,江苏省委组织部以"服务发展能力强、凝聚员工能力强"为主题,将全省近4万名规模以上非公企业党组织书记和片区综合党组织书记全部轮训一遍,着力推动非公企业党组织书记由业余型向专业型、由事务型向服务型、由执行型向创新型的转变。非公企业党组织书记参加省委组织部组织的"双强"培训,深受鼓舞,倍感温暖,感受到了上级党委对非公企业党建工作的高度重视,增强了做好党建工作的信心和动力。红豆集团党委书记、总裁周海江说:"举办'双强'党组织书记培训太重要了!省委提出党建工作创新工程不久,组织部门立即着手组织'双强'党组织书记培训,体现了抓工作的主动性、敏感性。"二是实施党员职工成长计划。2008年以来,由各级组织部门会同人力资源和社会保障、总工会等部门,在全省建成2 000多个"党员职工示范培训基地",通过开展岗位练兵、技能竞赛、创建党员示范岗等活动,引导党员职工把学习理论与提升技能结合起来,帮助党员更好地立足岗位成长成才。2010年以来,连云港市整合职业技术院校、大型企业等教育资源,举办了33次党员职工岗位技能培训班,3 100多名党员职工通过培养提升技能,成为企业生产经营的骨干。三是实施社会组织诚信服务带头人工程。学习实践活动期间,省委组织部以增强诚信服务责任、提高诚信服务能力、树立诚信服务形象为目标,对全省5 000名社会组织党组织书记集中开展培训,引导社会组织党组织负责人争做牢记宗旨、心系群众、诚信服务的带头人,树立社会组织党员的先进形象。

(3) 创新运用先进互联网技术,增强党员教育实效

适应信息网络化快速发展的形势,充分利用手机、网络、电视等信息传播手段,提高教育培训的实效性。在省级层面发挥"一网一站一台"作用。一是开办江苏先锋网。设立学用典型、党建工作、市场信息、网上书屋等主题栏目。截至2012年3月,江苏先锋网已上传电子图书22万册,发布各类党员教育动态信息5万余条,总访问量550多万人次。二是加强远程教育站点建设。在完成乡镇(街道)和村(社区)远程教育站点建设任务的同时,向非公有制经济组织和社会组织延伸,

目前全省基本实现了远程教育全覆盖。三是开办"时代风范"栏目。通过在江苏卫视开设"时代风范"专栏,宣传报道先进典型和学用标兵。全省各地和一些有条件的非公企业积极运用现代信息手段开展党员教育工作。淮安市与江苏联通公司联手开通党建手机报,如皋、句容、大丰等县级市设立"手机课堂",将"两新"组织党员全部纳入信息传递范围。雨润集团依托局域网和雨润党建网,借助于QQ群、博客等形式,组织4 000多名党员开展培训。麦德隆集团南京分公司利用OA办公系统打造移动党务平台,定期举办视频党课活动,组织党员开展跨地区、跨国界的支部生活。

(4) 整合教育培训资源,保证党员教育正常开展

加强统筹协调,从阵地、师资、教材等方面推动教育保障进一步落到实处。一是发挥基层党校主阵地作用。以乡镇党校为主体,把非公有制经济组织和社会组织党员纳入党员教育培训的整体规划。截至2012年,江苏省共建有基层党校3 200多所,平均每年培训非公有制经济组织和社会组织党员近7万名。依托全省1.8万个党员服务中心(站),将规模较小、培训资源有限的非公有制经济组织和社会组织党员统一组织起来,开展教育培训。二是加强师资队伍建设。按照数量充足、结构合理、素质优良、专兼结合的要求,建设由党校教师、专家学者、先进模范和领导干部组成的党员教育培训师资队伍。泰州市组建了一支由2 000多名党务干部、科技专家及教师组成的师资队伍,定期组织他们到非公企业和社会组织集中讲课、巡回指导,受到了广大党员的欢迎。三是整合教材资源。每次主题教育活动期间,省委都坚持编写专门的教育培训教材,各地也根据实际进行自编教材的深度开发。南通市相继编印了《沿江开发中的"南通现象"》《践行科学发展观典型案例100则》等教材,启发广大非公企业党员用科学发展观武装头脑、推动工作;苏州市专门编写了《苏州基层党建工作50个范例》,推广常德盛"乡情工作法"、陈惠芬"融合工作法"等典型工作法,进一步开发和丰富了教育资源。

2. 江苏省非公有制经济组织和社会组织党员教育存在的突出问题和原因分析

(1) 思想认识不够、工作保障较弱,与党组织应该发挥的先进性作用不相适应

一些地方对非公有制经济组织和社会组织党员教育工作重视不够,没有纳入本地党员教育培训总体规划,教育目标不清、措施不实、成效不明显,基本处于"无为"状态。有些业主不同程度地存在"重发展、轻党建"倾向,说起来重要、做起来次要、忙起来不要,舍不得投入必要的人力、财力、物力开展党员教育,导致党员教育工作保障薄弱,成为"被遗忘的角落"。据统计,截至2011年年底,全省17.4万家建立党组织的非公企业中,设立党员教育活动室的仅5.1万家,占29.3%,党组织活动经费纳入企业财务预算,达到职工年度工资总额的千分之五的仅4.5万家,占26.1%。对全省1 074名非公有制经济组织和社会组织党员的问卷调查表

明,29.6%的调查对象认为现在的党员教育走形式,16.5%的调查对象认为基层党组织对党员教育重视不够,如图7-1所示。

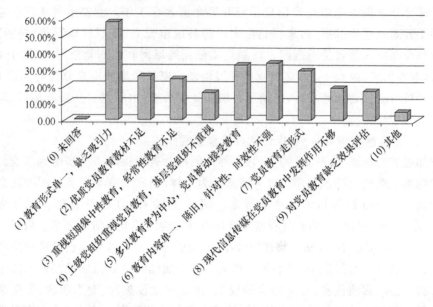

图7-1 调查对象认为目前的党员教育存在的问题

(2) 教育方式单一、内容相对陈旧,与党员提升自身能力素质的需求不相适应

在组织非公有制经济组织和社会组织党员教育时,仍以封闭的、单向灌输的开大会、读文件、放电教片等传统方式为主,而党员普遍感兴趣的"案例式""启发式""互动式"等教育方式不多,特别是现代信息传媒在党员教育中发挥作用不够,作为主流意识形态传播载体的党员教育网站数量甚少,且功能单一。据调查,58.1%的调查对象认为当前的教育形式单一,缺乏吸引力,32.6%的调查对象认为目前党员教育多以教育者为中心,党员被动接受教育。在教育内容上,34.5%的调查对象认为教育内容单一、陈旧,针对性、时效性不强,26.0%的调查对象认为优质党员教育教材不足,如图7-1所示。

(3) 党员流动性强、组织难度较大,与实现党员教育有效覆盖的要求不相适应

非公有制经济组织和社会组织党员面广量大、流动性强,队伍结构复杂,素质参差不齐,客观上造成了党员教育组织难度大、时间难保证等问题。据调查,2011年,仍有20.9%的调查对象没有参加过集中培训(如图7-2所示),6.0%的调查对象没有上过党课(如图7-3所示)。究其原因主要有:一是党员生产经营活动任务相对较重,工学矛盾突出,居住较为分散,特别是在一些人数少、效益差的单位,党员

工作岗位变动频繁,难以掌握去向,很难专门集中组织教育;二是一些党员打工意识较浓,临时心态较重,对教育培训认识有偏差,把参加教育培训看作一种负担,有的流动党员虽有组织关系却不愿参加组织活动,甚至该转组织关系的也不转,成为"档案"党员;三是教育管理体制还不顺,激励、考核、监督等机制有待健全,对党员参加教育缺乏有效引导和约束。

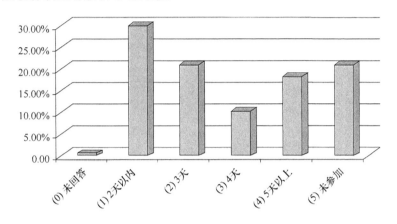

图 7-2 调查对象参加集中培训的情况

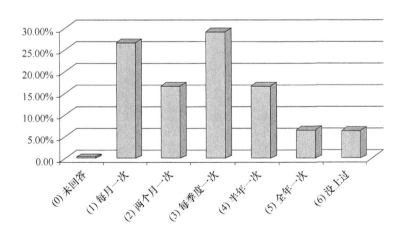

图 7-3 调查对象上党课情况

(4)党建力量薄弱、技术能力不强,与信息网络快速发展的趋势不相适应

不少非公有制经济组织和社会组织党组织负责人从本单位的企业主、生产经营骨干党员中选举产生,多数没有从事过党务工作,对新形势下如何加强党建工作、开展党员教育经验不足、研究不够、办法不多。党务工作者队伍逐步呈现出年

龄老化、知识退化、能力弱化的现象,全省近4万名规模以上非公企业党组织书记和片区综合党组织书记平均年龄为46.2岁,他们接受信息网络等新生事物的意识不强,在开展党员教育时仍普遍沿袭一块黑板、一支粉笔、一份讲稿的老办法,不会甚至不愿使用网络等现代信息技术手段,无法适应信息网络快速发展对党员教育带来的冲击和挑战。

第8章 研究结论

1. "互联网＋"与基层党组织建设融合共生

随着以计算机、通信技术为核心的现代互联网技术的出现、发展和广泛应用，人类进入有赖于物质、能源和信息的互联网社会。信息化是当今时代的主要特征，它的出现给人类带来了新的资源、新的财富和新的社会生产力，也给国际社会带来了新的竞争方式、新的竞争手段和新的竞争内容。信息传播的形式、内容、途径正发生着革命性的变革，从根本上改变着世界原有的秩序、文化和制度安排，对执政党的执政能力建设提出了严峻的挑战，也带来了新的巨大机遇。

党的执政能力建设的一个重要方面在于执政活动的信息基础建设，信息质量的优劣、传输速度的快慢、应用的合理与否已经成为加强执政党的执政能力和建设的关键因素。信息化特别是互联网形成的虚拟世界，既有利于拓展党的活动空间和活动方式，又使党面临着网上思想舆论阵地和网络舆论分析引导能力的挑战，既有利于增强决策透明度和公众参与度，又使党面临着网上虚拟社会呼声与网下现实社会问题相互交织的挑战，既有利于扩大党组织覆盖面和党员参与面，又使党面临着虚拟世界各种政治力量和虚拟组织的挑战，既有利于突发事件信息公开透明，又使党面临着应急管理能力的挑战等。这些都是新时期党的执政能力和建设不容回避的重大问题，也给我们党提出了信息化条件下党的领导和党的建设的新的重大任务。

"党的建设是与党所处的时代、环境和任务紧紧联系在一起的。"因此，"要在实践中寻找新思路、新办法，使党的建设的路子越走越宽，使党的体制、机制、政策、措施、规章等，更加符合时代的要求，始终走在时代的前列"。"互联网＋党建"是信息时代执政党党建工作创新的一种有效尝试，随着5G等新技术的深入推广，互联网、手机等在全社会的普及和应用将进一步升级，党的建设与互联网技术的融合共生度将进一步增强。

党的基层组织是党全部工作和战斗力的基础，是落实党的路线方针政策和各项工作任务的战斗堡垒。"只有切实加强基层党的建设，做好抓基层打基础工作，才能不断夯实党执政的组织基础。"推进基层党组织工作信息化，顺应基层党建工作与新技术"融合共生"的趋势,实现基层党建工作由"传统"向"现代"转变、由"相对封闭"向"有序开放"转变、由"单边灌输"向"多方互动"转变、由"管制型"向"服务型"转变,全面提升基层党组织工作的效率和水平,具有重要的理论意义与实践意义。

2. "互联网＋"提高基层党组织建设智慧化水平

面对全球大发展、大变革、大调整对执政党提出的新要求、新挑战,许多国家的执政党更多地把注意力集中在党的基层组织建设、社会基础培育、公众影响力提升上,更加注重基层党组织活动方式的灵活性与多样性,积极利用现代互联网技术手段实现向社会化、网络化、互动式的机制与方式转变。美国、法国、韩国、新加坡等国家执政党的基层组织在运用互联网技术"宣传政治主张""互动沟通交流""发展电子投票""组织竞选力量""接受社会监督"等方面开展了一系列工作,突出强化"沟通"与"服务"功能,德国社会民主党甚至提出建立"网络党"。国内一些地方和部门也相继建立了"党建网",开辟了"流动党员之家"专栏,提出了"党员电子活动证""党员电子档案""网上党支部""手机缴纳党费""网络了解党员意见"等创新实践,尝试把互联网、手机信息等技术手段引入基层党建工作,创新基层党组织的工作内容和活动方式。

习近平总书记在全国组织部长会议上明确指出"要高度重视信息化发展对党的建设的影响,做到网络发展到哪里党的工作就覆盖到哪里,充分运用信息技术改进党员教育管理、提高群众工作水平"。党的十八大报告作出了"要以改革创新精神全面推进党的建设新的伟大工程,全面提高党的建设科学化水平"的重大战略部署。信息化是科学化的题中之义和内在要求,运用互联网技术提高基层党组织建设智慧化水平既是大势所趋也是现实选择。

运用互联网技术加强和改进基层党组织建设:必须坚持正确的政治方向,始终保持马克思主义的指导地位,大力弘扬社会主义核心价值体系;必须充分关注互联网技术的发展和影响,主动研究,积极利用,拓展党建工作新途径;必须坚持科学管理,建立管理体制,完善管理模式,提高管理水平;必须大胆探索,勇于创新,在内容建设、运行机制、队伍培养和技术保障等方面不断取得新的突破。通过上下努力,让互联网技术真正成为实现基层党组织建设新目标的重要手段、推动基层党组织建设新发展的重要载体、展示基层党组织建设新成就的重要窗口、提高基层党组织建设智慧化水平的重要平台。

"互联网＋"提高基层党组织建设智慧化水平主要体现了六个"新"。

① 沟通交流的"新直通车"。"互联网＋基层党组织建设"搭建起新时期党组织与党组织、党组织与党员、党组织与群众沟通的桥梁,重构了党组织、党员、群众三者之间的互动关系,密切了党同人民群众的血肉联系,推动了以人为本思想的

实现,增强了党组织的凝聚力、吸引力和向心力。

② 增强活力的"新助推器"。"互联网+基层党组织建设"实现了网上档案管理、网上党籍管理、网上党费管理、网上党员考核、网上民主评议、网上申请入党、网上思想汇报等活动,提高了党员党内政治参与的积极性,实现了对流动党员的动态管理,构筑起城乡一体的基层党建新格局。

③ 党内民主的"新形式"。"互联网+基层党组织建设"为党内民主发展提供了新的机遇和新的途径,有利于加强党组织与党员的信息交流,有利于党员更好地了解党的各项方针政策,有利于落实党员的知情权、参与权、选择权、监督权,有利于党员更好地参与党组织的各项活动,从而促进党内民主建设,提高决策的民主化、科学化水平,提高决策的有效性。

④ 学习培训的"新课堂"。"互联网+基层党组织建设"下的学习培训模式具有交互性、个别性、开放性、选择性、参与性、创新性等特点,有利于提高党员培训质量,降低党员培训成本,克服党员培训中的工学矛盾,提高党员参与培训的积极性,实现了党员干部教育培训由传统的时间管理向效益管理的转变。

⑤ 思想政治工作的"新载体"。"互联网+基层党组织建设"给思想政治工作带来了更为广阔的阵地、更为多样的渠道、更为灵活的方法,为社会主义先进文化传播提供了更为广阔的空间。通过电子公告牌、博客、即时聊天工具、网站、电子邮件、手机短信等,有效提升了基层党组织的舆论引导能力和社会动员能力。

⑥ 反腐倡廉的"新阵地"。"互联网+基层党组织建设"强化了对权力的制约和监督,建立起规范的权力运行机制,有利于构建网络反腐倡廉新格局,完善网络反腐倡廉新机制,健全网络反腐倡廉新体系,从而巩固党的阶级基础和群众基础。

参考文献

1. 普通图书

[1] 阿尔温·托夫勒.第三次浪潮[M].北京:生活·读书·新知三联书店,1984:533.

[2] 尼葛洛庞帝.数字化生存[M].海口:海南出版社,1997.

[3] Ward S, Lusoli W, Gibson R. Virtually participating: A survey of online party members[M]. Amsterdam: IOS Press, 2002.

[4] 中国软件与技术服务股份有限公司党委"互联网＋基层党建"研究中心.互联网＋基层党建[M].北京:党建读物出版社,2017.

[5] 欧阳旭辉.新时代互联网＋基层党建工作实用手册[M].北京:研究出版社,2018:14.

[6] 代金平,辛春.网络党建理论与实践研究[M].北京:中国社会科学出版社,2016.

[7] 马克思,恩格斯.马克思恩格斯全集(第47卷)[M].北京:人民出版社,1979:532.

[8] 马克思,恩格斯.马克思恩格斯选集(第1卷)[M].北京:人民出版社,1995:273.

[9] 约翰·奈斯比特.大趋势——改变我们生活的十个新方向[M].北京:新华出版社,1985:163.

[10] 塞缪尔·亨廷顿,等.民主的危机[M].北京:求实出版社,1989.

[11] 保尔·海尔伍德.西班牙政府与政治[M].伦敦:麦贞米隆出版公司,1996:179.

[12] 弗朗索瓦·博雷拉.今日法国政党[M].复旦大学国际政治系,译.上海:上海人民出版社,1977:84.

[13] 刘建兰,佟岩.中国电子党务建设[M].北京:社会科学文献出版社,2009.

[14] 陈建波,庄前生.互联网时代党的建设研究[M].北京:中国社会科学出版社,2017:44-46.

[15] 沃纳·赛佛林,小詹姆斯·坦卡德.传播理论:起源、方法与应用[M].北京:华夏出版社,2000:82.

[16] 阿尔文·托夫勒.力量的转移:临近21世纪时的知识、财富和暴力[M].北京:新华出版社,1991:348.

[17] 比尔·盖茨.未来之路[M].北京:北京大学出版社,1996.

[18] 埃瑟·戴森.2.0版数字化时代的生活设计[M].海口:海南出版社,1998:17.

[19] 李强.自由主义[M].北京:中国社会科学出版社,1998:216-218.

[20] 邓小平.邓小平文选(第2卷)[M].北京:人民出版社,1994:152.

[21] 马克思,恩格斯.马克思恩格斯全集(第46卷上)[M].北京:人民出版社,1979:494.

[22] 李斌.网络政治学导论[M].北京:中国社会科学出版社,2006.

[23] 袁峰,顾铮铮,孙珏.网络社会的政府与政治——网络技术在现代社会中的政治效应分析[M].北京:北京大学出版社,2006:147.

[24] 赵明东.互联网社会的政府治理[M].天津:天津人民出版社,2003:225-238.

[25] 马德秀.电子党务初步实践与探索[M].北京:中共党史出版社,2006.

[26] 江源富,赵经纬,程德林.电子政务[M].北京:国家行政学院出版社,2005.

[27] 杨善林,李兴国,何建民.信息管理学[M].北京:高等教育出版社,2003:188.

[28] 王平.城市信息化与政府治理模式的创新[M].上海:学林出版社,2006:44.

[29] Benedikt M. Cyberspace: First steps[M]. Cambridge, MA: The MIT Press,1994:123.

[30] 国家行政学院电子政务研究中心.电子政务理论与实践[M].北京:党建读物出版社,2003:99.

2. 期刊

[1] 刘榆芳."互联网+"时代基层党建工作创新[J].中共山西省委党校学报,2018(2):41.

[2] 蔡向阳.党的建设信息化的创新与发展[J].信息化建设,2009(12):36-39.

[3] 王莉.信息化:党的建设科学化的新路径[J].电化教育研究,2014(3):38.

[4] 赵颖萍.对互联网时代下网络党建工作的探索[J].沈阳干部学刊,2014(5):11-12.

[5] 尤仁林.网络信息环境与民族地区党的建设[J].云南民族大学学报(哲学社会科学版),2010(4):21-24.

[6] 黄威威,崔伟.浅谈"互联网+"干部教育培训[J].党政干部学刊,2015(7):60.

[7] 李君如.推进党建信息化的三个问题[J].中国信息界,2006(22):21-23.

[8] 刘利琼.信息化时代党建工作面临的挑战和对策[J].党政研究,2014(3):48-53.

[9] 吴昊,赵光亮."互联网+"基层党建工作的现实要求与困惑之解[J].领导科学,2015(11):43.

[10] 马利军."互联网+"时代的党建工作创新[J].东方企业文化,2015(23):6.

[11] 王康慧.互联网+发展对推进党建工作创新发展的分析[J].理论观察,2017(11):28-29.

[12] 杨开达.用"互联网+"思维推动"两学一做"[J].中共乌鲁木齐市委党校学报,2016(3):31-34.

[13] 翁淮南."互联网+党建"彰显中国特色党建宣传新优势[J].党员干部之友,2017(9):1-2.

[14] 陈甦,刘小妹.我国"互联网+党建"新模式成效斐然[J].人民论坛,2017(1):103-105.

[15] 金芳,司文密.以互联网思维搭建平台提升党建智慧化水平[J].企业文明,2017(1):80-81.

[16] 中国移动通信集团广东有限公司广州分公司.打造"互联网+党建党廉"内嵌化量化管理新思路[J].通讯世界,2017(20):252-253.

[17] 石萌,林河."互联网+党建"研究综述[J].中国电子科学研究院学报,2018(3):351-352.

[18] 苗奇,郭维嘉.大数据时代提升"互联网+党建"技术平台建设的研究[J].中共南昌市委党校学报,2016(6):47-51.

[19] 赵强."大数据"时代国企党建信息化之路[J].中国党政干部论坛,2017(5):50-53.

[20] 王久龙.基于互联网背景的党建信息化研究[J].党史博采,2015(12):37.

[21] 刘红凛.党建信息化的发展进程与"互联网+党建"[J].南京政治学院学报,2016(1):37-38.

[22] 储霞.运用互联网开展党建工作的思考[J].理论探索,2012(1):66.

[23] 柳俊丰,刘彬."互联网+党建"的发展历程、现实困境和推进策略[J].中共山西省委党校学报,2016(5):99.

[24] 吴丹丹."互联网+"时代创新党建工作的若干思考[J].理论建设,2016(6):76.

[25] 肖文超,李艳芳.电子党务建设:一个研究述评[J].中共南京市委党校学报,2009(2):98-102.

[26] 张立彬,赵铁锁,李广生.信息时代对人类生存发展的影响[J].图书情报,2005(5):2-6.

[27] 阿雷曼.变幻年代的政党[J].议会周报副刊,政治与现代史,1996(6):33-34.

[28] 龚晨.信息化与党的建设相融合的必要性分析[J].西藏发展论坛,2014(4):9.

[29] 段志超,张鹤立.网络化背景下党员生活方式的现代性转型[J].探索,2006(4):32-35.

[30] 谢俊贵.凝视网络社会——卡斯特尔互联网社会理论述评[J].湖南师范大学社会科学学报,2001(3):41-47.

[31] 白淑英.网络技术对人类沟通方式的影响[J].学术交流,2001(1):93-96.

[32] 刘军,张俊山.对党建工作网络化问题的思考[J].求实,2002(5):16-18.

[33] 李万一,李文,郭文玲.运用互联网技术推进党建的思考[J].社会科学论坛,2012:238.

[34] 何林.推动"互联网＋党建"融合发展[J].人民论坛,2019(4):116-117.

[35] 郭翔,梁宏.推进基层党建信息化建设[J].党政论坛,2015:8-9.

[36] 张静怡.用"互联网＋"激发党建工作"磁场效应"[J].人民论坛,2019(1):113.

[37] 颜敏.知识经济与民主政治[J].社会科学研究,2000(5):19-22.

[38] 安云初.刍论网络政治参与对执政安全的负面影响[J].广东行政学院学报,2007(04):19-23.

[39] 托马斯·迈尔,等.关于媒体社会中政党政治的对话[J].当代世界与社会主义,2000(4):4-13.

[40] 田海云.微信自媒体平台在高校党建工作中的运用探析[J].思想政治教育导刊,2015(8):134.

[41] 程勉中.党建信息化的基层推进路径[J].中共贵州省委党校学报,2014(2):57-62.

[42] 谢晓庆,邱雨蔚.基层党建工作创新路径探索——以宜昌市基层党组织"智慧党建"工作模式为例[J].三峡大学学报(人文社会科学版),2018(3):30-33.

[43] 单秀华,高书香,闫方平,等."互联网＋"时代大学生党性意识调查[J].承德石油高等专科学校学报,2017(50):86-89.

[44] 何伟.信息体制影响公司治理模式[J].商业研究,2004(14):64-65.

[45] 郭健彪,陈墀成.加强党的执政能力建设的信息基础初探[J].当代世界与社会主义,2008(6):141-143.

[46] 金正帅.西方发达国家执政党党内民主建设及启示[J].长春工业大学学报（社会科学版），2006(1)：18-20.

[47] 邱国栋,杨梅.试析网络政治参与对执政安全的消极影响[J].湖北经济学院学报（人文社会科学版），2008(8)：79-80.

[48] 邱晓燕,邱爽.信息不对称视角下的执政能力建设[J].云南社会科学，2005(5)：13-16.

[49] 赵金旭.互联网＋企业党建＝？[J].企业文明，2015(9)：81.

[50] 代群,郭奔胜,黄豁,等.新技术党建形态[J].瞭望，2009(37)：33-35.

[51] 肖新国.现代信息技术对党内民主建设的影响分析与思考[J].湘潮，2011(10)：29-30.

[52] 赖雨晨.官员"开博"彰显"电子民主"[J].半月谈，2007(11)：22.

[53] 周新华.运用"互联网＋"为党建工作插上"智慧"的双翼——江西省德兴市"互联网＋党建"工作实践与探索[J].中国有色金属，2018(5)：66-67.

[54] 齐先朴.浅析西方政党的网上党建[J].唯实，2007(6)：29-31.

[55] 孙朝晖.江苏省高淳县农村网络党建的有益探索[J].红旗文稿，2005(19)：4.

[56] 林英健.利用互联网技术开展党建工作[J].党建研究，2003(4)：43-44.

[57] 梁志坚.四川省电子党务的实践与思考[J].秘书工作，2004(11)：33-34.

[58] 刘宗洪.信息化技术与基层党建创新——以上海为例[J].探索，2015(2)：31.

[59] 张亚勇.以党建工作信息化推进基层服务型党组织建设[J].学习论坛，2015(3)：24.

[60] 熊国斌.运用互联网思维助力全面从严治党——以武汉铁路局网上党校建设为例[J].理论学习与探索，2017(5)：28-30.

[61] 联合调研组.运用"互联网＋"思维助推党建工作创新——关于随州市加强基层服务型党组织建设的调查报告[J].政策，2015(10)：65-67.

[62] 徐明,李震国.网络社会动员作用机制与路径选择[J].中国行政管理，2016(10)：52.

[63] 杨华.网络文化的本质特征及其当下意义[J].东疆学刊，2004(1)：86-90.

[64] 王同昌,单博迪.当前党员退出机制存在的问题及对策[J].理论导训，2014(6)：60-62.

[65] 董宜彦.对基层党员教育培训存在问题的思考[J].学理论，2014(35)：103-104.

[66] 安明刚,陶文亮.现代信息技术在高校党员教育管理中的应用[J].贵州工业大学学报（社会科学版），2004(4)：11-15.

[67] 杨晓丽.网络环境下的学习模式初探[J].中国教育信息化,2008(6):33-35.

[68] 戴昌军,杜艳莉,王志锋.依托信息技术建平台改革干部培训拓途径[J].科教文汇,2013(4):14.

[69] 乔东林,武丽志,赖显明.利用网络教育开展党员培训的模式与效果研究[J].党建研究,2009(23):115-117.

[70] 赵鼎新.集体行动、搭便车理论与形式社会学方法[J].社会学研究,2006(1):1-21.

[71] 夏德才.维护网上虚拟社会稳定工作探析[J].公安研究,2012(4):11-16.

[72] 卢国显.农民工治安参与的实证研究[J].中国人民公安大学学报(社会科学版),2008(5):131-136.

[73] 王妍舒,张宗鑫.从雷洋事件看新媒体生态中的网络动员[J].青年记者,2016(26):20.

[74] 李不难.化解网络社会动员中消极行动力量的思考[J].西安政治学院学报,2010(3):32-34.

[75] 冯志峰,商丽萍.互联网企业党建工作的实践探索——杭州市高新技术开发区企业党建调查[J].中国领导科学,2017(8):57-62.

[76] 邓群策.略论推进基层党组织工作信息化[J].党建研究,2010(5):30-31.

[77] 郑玉杰.运用党建信息化平台不断提高党员教育管理工作效率[J].学理论,2009(15):178-179.

[78] 王代言.加强高校党校网络化建设[J].中共四川省委省级机关党校学报,2005(1):91-92.

[79] 杨大力.党建信息化价值和功能研究[J].广东科技,2013(22):194-195.

[80] 申振东,唐子惠.高校党的建设信息系统的评价标准[J].湖南科技学院学报,2008(3):74-75.

[81] 孙艳梅.电子党务信息系统的设计与实现[J].东方企业文化,2014(20):270.

[82] 黄娟,米华全,陆川.智慧党建:内涵特征、体系架构及关键技术——以"智慧红云"党建系统为例[J].电子科技大学学报(社科版),2016(1):85.

[83] 柴照明.为"三基"建设插上网络翅膀——夏县水头镇创建"掌心党建"的调研与思考[J].先锋队,2017(28):22-23.

[84] 中共湖北老河口市委组织部.信息化条件下提高基层党建科学化水平研究[J].领导科学,2012(1):44-46.

[85] 朱延华,沈东华.简论高校网络思想政治工作的基本体系[J].学校党建与思想教育,2004(2):58-59.

[86] 曹广全.网络党建:执政党建设的全新课题[J].党政干部学刊,2005(3):15-16.

[87] 刘大秀.走近网络谈党建网站[J].党政干部论坛,2003(1):12-13.

[88] 陈莹.信息化条件下基层党建创新解析[J].经营管理者,2016(2):331.

[89] 乐斌辉.高校网络党建工作机制研究[J].湖南科技大学学报(社会科学版),2008(6):122.

[90] 庄前生,朱红军.运用网络科技杠杆加速推进党的建设[J].红旗文稿,2012(17):29-32.

[91] 赵淑梅."大数据"与提高党的建设科学化水平[J].江西社会科学,2014(6):12-13.

[92] 吴侃.基于"互联网＋"的领导干部工作作风建设倒逼机制研究[J].探索,2016(5):77-78.

[93] 梁捍东.流动党员动态管理机制探析[J].河北省社会主义学院学报,2012(4):70-74.

[94] 何伟,汪晓凤.党员流动趋势与流动党员管理的实证研究[J].重庆邮电大学学报(社会科学版),2010(4):18-20.

[95] 曹振国.网络化时代加强民办高校流动党员管理的对策思考[J].开封教育学院学报,2016(5):205.

[96] 肖国庆.加强党员教育培训新机制建设的实践研究[J].企业研究,2013(20):187-188.

[97] 高致凯.党员教育要适应"互联网＋"[J].共产党员(河北),2016(33):52.

[98] 李泽军.借助信息化手段提升党的社会动员能力的实践[J].中国浦东干部学院学报,2008(5):127-129.

[99] 盛克勤.以信息化推进非公有制经济组织和社会组织党员教育科学化——关于信息网络化条件下非公有制经济组织和社会组织党员教育工作的调研报告[J].唯实,2012(10):28-33.

[100] 夏行.论"智慧党建"的"江北实验"及其发展战略构想[J].领导科学,2013(3):39-42.

[101] 刘阳.积极把握网络条件下意识形态工作的主动权[J].前线,2007(7):36.

[102] 乐斌辉,宋元林.高校网络党建工作机制创新研究[J].湖南科技大学学报(社会科学版),2008(6):118-122.

[103] Boogers M, Voerman G. Surfing citizens and floating voters: Results of an online survey of visitors to political websites during the Dutch 2002 General Elections[J]. Information Polity: The International Journal of Government and Democracy in the Information Age,2003(8):17-27.

[104] Hoff J. Members of parliaments' use of ICT in a comparative European perspective[J]. Information Polity,2004,9(1-2):5-16.

[105] Farmer R, Fender R. E-parties: Democratic and republican state parties in 2000[J]. Party Politics,2005(11):47-58.

[106] Karan K, Gimeno J D M, Tandoc E. The Internet and mobile technologies in election campaigns: The GABRIELA Women's Party during the 2007 Philippine Elections[J]. Journal of Information Technology & Politics,2009, 6(3-4):326-339.

[107] Lev-On A. Campaigning online: Use of the Internet by parties, candidates and voters in national and local election campaigns in Israel[J]. Policy and Internet,2011,3(1):1-28.

[108] Baxter G, Marcella R, Varfis E. The use of the Internet by political parties and candidates in Scotland during the 2010 UK general election campaign[J]. Aslib Proceedings,2011,63(5):464-483.

[109] Reddick C G, Turner M. Channel choice and public service delivery in Canada: Comparing E-government to traditional service delivery[J]. Government Information Quarterly,2012,29(1):1-11.

[110] George V, Sebastian M P. Remote Internet voting: Developing a secure and efficient frontend[J]. CSI Transactions on ICT,2013,1(3):231-241.

[111] Vaccari C. You've got (no) mail: How parties and candidates respond to E-mail inquires in western democracies[J]. Journal of Information Technology & Politics,2014,11(2):245-258.

[112] Luca M D, Theviot A. French primary elections and the Internet, the social network of the Socialist Party, the Coopol[J]. International Journal of E-Politics(IJEP),2014(3):46-65.

[113] Gibson R K, McAllister I. Normalising or equalising party competition? Assessing the impact of the web on election campaigning[J]. Political Studies,2014,63(3):529-547.

[114] Naseer M M, Mahmood K. Ready for E-electioneering? Empirical evidence from Pakistani political parties' websites[J]. Internet Research,2016,26(4): 901-918.

[115] Potter J D, Dunaway J L. Voters' perceptions of party platforms: The role of changing information contexts[J]. Social Science Quarterly, 2017,98(3):804-817.

[116] Gerl K, Marschall S, Wilker N. Does the Internet encourage political participation? Use of an online platform by members of a German political party[J]. Policy & Internet,2018:87-118.

3. 学位论文

[1] 陈志.信息时代执政党党建工作新模式——"电子党务"问题研究[D].北京:中共中央党校,2008.

[2] 何川."互联网+"背景下基层党建科学化研究[D].成都:中共四川省委党校,2017:5.

[3] 周自豪.中国现阶段的电子党务建设研究[D].上海:华东师范大学,2006.

[4] 孙栋.基于网络环境下党的建设创新研究[D].武汉:武汉理工大学,2009.

[5] 李林.党的信息工作与党的执政能力建设研究[D].长春:东北师范大学,2011.

[6] 王锐.电子党务与党内和谐——党内和谐建设的网络途径研究[D].新乡:河南师范大学,2008.

[7] 苏青场.新媒体与党的建设[D].北京:中共中央党校,2012:122-123.

[8] 郭宝兴.论党建工作的信息化[D].北京:中国人民大学,2006.

[9] 李珺.基于工作流的电子党务系统的研究[D].武汉:湖北工业大学,2009:6-7.

[10] 庞廉.广东省党务工作信息化管理途径及措施[D].广州:华南理工大学,2005.

[11] 风林.全面建设小康社会过程中的城市文化建设[D].北京:中共中央党校,2005:106.

[12] 常倩倩.互联网技术发展与党内民主建设研究[D].武汉:华中师范大学,2009.

[13] 吏曼君.网络环境下学生自主学习模式的研究与实践[D].天津:天津师范大学,2009.

[14] 晏荣.网络动员:社会动员的一种新形式[D].北京:中共中央党校,2009.

[15] 徐迎祖.网络动员及其管理[D].天津:南开大学,2013:151.

[16] 张伟.高密党建网站信息管理系统的设计与实现[D].济南:山东大学,2009.

[17] 赵红.电子党务与党建科学化——以宁波江北电子党建为例[D].上海:华东政法大学,2012.

[18] 侯康超.中国电子政务建设的政治学透视[D].苏州:苏州大学,2005:26.

[19] 刘敏.基于网络环境的税务公务员教育培训研究[D].长春:东北师范大学,2008:18-19.

4. 报纸

[1] 中国互联网络信息中心.中国互联网络发展状况统计报告[N].经济日报,

2017-02-02.

[2] 李君如.推进党建信息化是时代的要求[N].光明日报,2007-01-14.

[3] 何伟.信息技术推动现代企业制度构建中职工为本思想的实现[N].经理日报,2004-11-01.

[4] 屈晓华.用好互联网技术发展党内民主[N].学习时报,2017-03-15(4).

[5] 魏靖宇,刘晓勇.运用大数据提高党建工作科学化水平[N].人民日报,2015-04-23.

[6] 欧阳淞.充分发挥基层党组织在推动科学发展、促进社会和谐中的作用[N].人民日报,2009-10-28.

[7] 潘华.互联网社会动员:变革"群众运动式"的传统社会动员[N].中国经济导报,2016-11-11(2).

5．电子资源

[1] 张国锋,刘雪芬,钱显鸣.互联网社会党建工作面临的新问题及对策研究[EB/OL].(2010-03-26)[2019-07-26].http://www.doc88.com/p-01273217679.html.

[2] 童发根.以党建信息化推动党建科学化[EB/OL].(2010-07-23)[2019-07-27].http://wenku.baidu.com/view/d4d696dba58da0116c1749ff.html.

[3] 左梦.推进"互联网＋党建"的动员令[EB/OL].(2015-07-03)[2016-12-01].http://pinglun.youth.cn/ll/201507/t20150703_6821192.htm.

[4] 程少华,傅丁根.网络监督:蓬勃中呼唤规范[EB/OL].(2009-02-03)[2017-07-22].http://news.dayoo.com/china/200902/03/53868_5261087.htm.

[5] 刘元旭.两会观察:网络监督渐成为反腐倡廉的新锐力量[EB/OL].(2011-03-13)[2017-07-22].http://www.china.com.cn/2011/2011-03/13/content_22128597.htm.

[6] 张蔚然.中国力推信息技术反腐败让权力在网上透明运行[EB/OL].(2011-09-14)[2017-07-22].http://news.cnnb.com.cn/system/2011/09/14/007076668.html.

[7] 山东岱岳组研.山东泰安岱岳:探索建立农村基层党建动态管理[EB/OL].(2010-02-26)[2019-07-27].http://dangjian.people.com.cn/GB/11034666.html.

[8] 刘仁明.智慧党建平台的"智慧"之处[EB/OL].(2018-09-28)[2019-09-28].http://theory.people.com.cn/n1/2018/0928/c40531-30317996.html.

[9] 秦华,闫妍.安徽宁国:以"智慧党建"模式提升基层党建工作水平[EB/OL].(2017-02-27)[2018-08-13].http://dangjian.people.com.cn/n1/2017/0227/

c406978-29109381. html.

[10] 关于印发《2006—2010年全国组织系统信息化工作规划》的通知[EB/OL]. (2006-12-30)[2017-07-28]. http://www.tadj.gov.cn/printPage.asp?ArtieleID=2293.

[11] 秦华,闫妍.常州市钟楼区:"三微"平台助推机关党建更有"温度"[EB/OL]. (2016-11-30)[2018-08-18]. http://dangjian.people.com.cn/n1/2016/1130/c406978-28912076. html.

[12] 中共桐梓县委组织部.搭建"五大平台"推进基层党建工作科学化[EB/OL]. (2011-06-10)[2017-07-29]. http://roll.sohu.com/20110610/n309879427. html.

[13] 秦华,乔业琼.四川盐亭:移动互联网与党建深度融合之路径探索[EB/OL]. (2017-02-27)[2019-09-30]. http://dangjian.people.com.cn/n1/2017/0227/c406978-29110175. html.